JN045511

Tamizo Kushida

櫛田民蔵

マルクス探求の生涯

石河康国 著

社会評論社

櫛田民蔵　マルクス探究の生涯　＊目次

はじめに

櫛田民蔵（一八八五〜一九三四）は、日本におけるマルクス経済学の開拓者である。

社会主義の開拓者と言えば、幸徳秋水、堺利彦、片山潜、山川均などの名があがる。マルクス経済学者としては、猪俣津南雄、向坂逸郎、野呂栄太郎、山田盛太郎、宇野弘蔵ら昭和期の面々がうかび、その前の世代では河上肇を思いうかべるであろう。河上と並び一時代を画したオールマイティの福田徳三もいたが、マルクス経済学の知識はあっても納得していなかった。しかし河上肇も、マルクス経済学者ではあったが、むしろ文化人としての教養と求道の生涯で今日まで名を遺している。その河上肇に従いながら、師をのりこえ、マルクス経済学自体に肉迫し、それを彫琢し、次の世代に供した人物としては、やはり櫛田民蔵なのである。

『櫛田民蔵全集』は一九三五年から三六年にかけて刊行され、戦後すぐ一九四七年にその復刻版が、さらに一九七〇年代末から八〇年代の初にかけて、『日記と書簡』を添えて新たな版が刊行された。『全集』が三回も刊行されるマルクス経済学者は類例がない。

櫛田民蔵の何が多くのマルクス学者を魅了したのだろうか。

まず未踏の領域に体当たりで挑み、マルクスのいわんとするところを懸命に探し出し納得していった姿である。現在、マルクス・エンゲルスの著作はたやすく入手できるし『マルクス・エンゲルス全集』も新メガ版まで刊行されている。櫛田民蔵の時代はそうはいかなかった。訳本はごくわずかで、先ず英語、ドイツ語に習熟していなければならなかった。何をどのような順序で読んだらいいか誰も教えてくれなかった。似て非なる文献を渉猟したあげく、多くがマルクスとは異質であることにやっと気づくことが多かった。しかしこの寄り道だらけの探究だからこそ、マルクス体得への道だったのである。新幹線より鈍行の方が遥かに印象豊かなのと同じである。ちょうど櫛田が経済学にいどみはじめたころ、日本の経済学界は、古典派経済学、限界効用学派、歴史学派が混然とし、その混然のなかをマルクスを求めて櫛田は彷徨った。そのさなかに、櫛田よりもっと面倒に迷い続けた河上肇と交わされた濃密な人間関係と相互批判は、一つのドラマである。

本評伝は寄り道がいかに櫛田をマルクス理解に導いたか、河上肇との関係を通じて追跡してみた。

櫛田民蔵の仕事で、学究たちから注目されたのは、史的唯物論（唯物史観）の探究である。河上肇はその仕事ぶりに瞠目し、大内兵衛はその業績を後世に伝えることに熱心だった。

近年、史的唯物論は関心をもたれず、肯定的に語られることは少なくなった。コミンテルンの時代に、「史的唯物論」にある種の政治的イメージが付着し、今日では古着あつかいされがちのようだ。櫛田民蔵の学問的人生の前半は史的唯物論の探究の旅といってもいいが、その旅程をたどっていくと、そういうイメージではかたづけられない世界が見える。彼はマルクス・エンゲルスの原典を順を追って読み進んだのであるが、当時手に取ることができた文献、「ヘーゲル法哲学批判序説」や「フォイエルバッハ・テーゼ」、『哲学の貧困』、「『経済学批判』序説」などを咀嚼して、史的唯物論を納得するのである。そしてそれによってはじめて古典派経済学をのりこえるのである。

この旅は、改めて史的唯物論をとらえ直す上で、有意義であると思い、本評伝で詳しく追った。

寡作の櫛田ではあったが、日本におけるマルクス経済学と、限界効用学派などブルジョア経済学との本格的な論争の火ぶたを切ったのは彼であった。

小泉信三、土方成美、高田保馬、二木保幾というブルジョア経済学陣営の最先端をゆく面々を、ほとんど一人で相手取って、価値論争を展開した。

この種の論争はマルクス経済学派内部の論争も惹起する。河上肇の「価値人類犠牲説批判」にはじまり、地代論争、小作料論争における野呂栄太郎らとの論争へと戦線を拡大し、後半生は猛烈な論争の日々であった。そして夜を徹して論争文の執筆に熱中している最中、書斎で昏倒しあの世に旅立った。長谷川如是閑はこの壮絶な最期を「学徒としての殉職」と称した。

彼の論争がマルクス経済学のレベルを大いにアップしたことは、その筋の共通認識だった。むろん櫛田の結論は十全なものであるとはいえない。しかし櫛田が格闘した問題は、たとえば『資本論』劈頭の「商品」をどう理解するか、差額地代論における「虚偽の価値」とは何か、日本農業における「封建遺制」の性格をどう分析するか、等々、戦後も論争の重要な課題とされたのである。問題を見定めることが、解決を示すよりも学問にとって重要であるならば、櫛田はまことに重要な諸問題を後世に投げかけたといってよい。

櫛田民蔵が人をひきつけたのは、その人生である。

だいたい経済学者として名を成す者は、旧制高校を経て帝国大学か東京商大、早・慶に進み、大学教授として腰をすえる場合が多かった。他方櫛田は、いわきの没落中農の長男でありながら家出をし、苦学をしながら専門学校を渡り歩き、最後は京都帝大を卒業した。その後も己にふさわしい学問の場をさがし、大原社会問題研究所におちつくまでは『大阪朝日』の論説記者、同志社大学、東京帝大講師と職を転々とした。だが、知的欲求をみたすため家族も捨てたという類とはちがう。農家の長男として一家を助けたいという気持ちから、さまざまな職につくことも考えながら、しかしマルクスを究める道を泥臭く歩み続けた。世間の学者を相手に堂々の論争を論壇で展開するようになってからも、一向に「洗練」されず、人におもねらず、『改造』や『中央公論』など総合雑誌よりは地味な研究雑誌の方に筆を執り、一冊の著書も上梓せず、いわき地方の濃厚な土の匂いを周囲に感じさせ続けた。

一歩間違えれば奇人・変人あつかいされかねなかったこのキャラクターが、河上肇だけでなく、高野岩三郎、大内兵衛、森戸辰男、長谷川如是閑、権田保之助、向坂逸郎など当代一流のインテリゲンチャを惹きつけてやまなかったのだと思う。

櫛田民蔵が没してから一世紀近くたとうとしている。昨今、新進気鋭の若き研究者たちが、ふたたび果敢にマルクスに挑み、それぞれに成果を世に問うている。あの世から櫛田民蔵はよろこんでいるにちがいない。しかし、精魂込めた大論争が見えないところに物足りなさを感じているかもしれぬ。

マルクス探究に生命をかけて論争の時代を生き抜いた男の生涯を回顧するのも、現代へのなにがしかの刺戟になるものと思う。

第一章 彷徨せる若者

1. 福島県小川村上小川

櫛田民蔵は一八八五年一一月一六日に福島県石城群上小川村字上小川（現在のいわき市小川町上小川　常磐東線の小川郷駅から一・五キロ）に父兵蔵、母キサの長男として生まれた。キサは次男・政松、三男・三郎を生んで一年ほどして一九〇五年三月に病没し、後妻にチカが来たが、そのとき民蔵はすでに故郷を離れていた。櫛田民蔵の「日記」（櫛田克己編・社会主義協会『櫛田民蔵　日記と書簡』所収。以下「日記」）の一九〇八年七月二九日に生家の盛衰がこう記されている。かつては「下男二人、下女二人、外に木挽の十人も使って」いた「材木商」だったが失敗。「父は借財の為に殆ど判断力を鈍くした。…田地は悉く他人に売却して…今は小作人の地位に下った」。

すぐ近くには詩人・草野心平（一九〇三年生まれ）の生家がある。心平は櫛田の末弟・三郎と同い年で幼友達であった。以下心平の筆を借りて、民蔵の育った環境を紹介しよう。

「阿武隈山脈が太平洋に向ってつきる南端、それは恰度Y字型になって、その中の空間が石城の平野である。…私たちの上小川はYの字の三つの線の合致点で、後ろにもう老年の阿武隈を背負い、前面に夏井の清流を越えて、その支脈水石山や阿伽井嶽を額の上に望むところである。それがなだらかに南に消えるところが常磐炭田、…上小川は現在七十戸ばかりの寒村で農を生業としている。近頃はしかし農村の一般的疲労のために、小作兼手間稼ぎで漸くその日暮らしをしている状態である。櫛田さんの家はこの七十戸群の一番高みの個所、即ち阿武隈山脈の尾根が急斜しそしてゆるやかに尽きてる後原の小松原のふところにある。いまはその直ぐ眼の前を磐越東線の貨物列車やマッチ箱のような客車が走っている。その線路をはさんで櫛田さんと私の家は歩いて約三分の距離にある。櫛田さんの家はどっちかといえば矢張り貧農の部に属すだろう。次弟政松氏は現在上小川役場の書記、私と同級生であった末弟三郎君は二本松在の小学校の先生をしている。実父兵蔵氏は数年前死去、実母は私などの物憶えのないころに死に、いまは第二の母と政松氏夫妻が一切をやっている。…この大字上小川村は近在の村々の中でも血液が最もすぐれ、白井遠平もここで生まれた。櫛田さんは夭折した母親の血を余分に受けついだらしく、小学校時代から神童であったそうである。」

櫛田民蔵の生家　1929年撮影

　この文章は櫛田民蔵没後すぐの一九三四年一二月に、雑誌『社会』第三巻二号に掲載され、戦後に加筆された追悼文である。政松は「上小川村の書記」だったとあるが、下小川村と上小川村合同の役場で、その後合併されて小川村となった。政松はその村長を務め、町になってからは助役を務めた。

　民蔵は旧制中学に通学した一八九八年までしか郷里にいなかったが、常磐東線の開通による変貌を別にすれば幼年時代の環境はこうだったであろう。一世紀を経た今でも面影は色濃く残っている。

　民蔵生家は櫛田民蔵の弟・政松の孫にあたる櫛田啓子さんがまもり、線路をはさんで三分の草野心平生家は改修され記念館としてある。生家から数分の所に民蔵がかよった常慶寺が現在もある。常慶寺の住職・渡辺隆善師のもとに

幼い民蔵は毎晩来て、四書、五経、十八史略を習った（小林一二「永井元蔵と櫛田民蔵」いわき『地方史研究』一〇号一九七二年一二月）。師は民蔵を教えながら「この子は大物になる」と感心したという（小川町の長老・国府田英二氏の回想）。渡辺師は後に水戸の神崎寺住職となり、民蔵に終生慕われる。白井遠平は自由民権運動に参加した大地主で炭鉱主となり代議士にもなった人物で、常慶寺の墓地には、白井遠平と草野心平と櫛田民蔵の墓がある（櫛田は多摩霊園と分骨）。墓地のむこうには、国府田氏の回想によればやはり櫛田を見込んで医者にしようと学資援助をつづけた医者の永井元蔵の生家が今もある。永井元蔵は、白井遠平が無医村であった小川に招いた人物だ。前掲小林一二によれば、民蔵は母キサに連れられて永井宅に出入りし、外国文化の話を聞かされて、外国語への興味をもったという。

生家に今も残る櫛田民蔵の時代からの蔵　2020年撮影

本評伝では、後年になってもこれらの方々の名前がときおり登場する。

櫛田民蔵は十数年しか上小川には暮らさなかったのに、郷土のひとびとの嘱望を一身にせおい、土の匂いを濃厚にはなつ性格を隠すこともなく生涯を終えた。むろん当時の時世だから、「赤」の学者として、あるいは「奇人・変人」としての毀誉褒貶は郷土だからこそあったにちがいない。国府田氏によれば、敗戦後もしばらくは櫛田家の親族もふくめて民蔵のことは話題にしなかったという。法政大学出身者の「石城法友会」が中心となって一九五六年に櫛田民蔵先生追悼講演会を開催したころから、郷里でもその業績をたたえるようになったのではないか。一九七七年一一月には小川中学校の庭に、大内兵衛による顕彰文と、櫛田の日記からとった「何事か為せ　為さざる可からず　生まれたる者は！」が、草野心平の筆できざまれた顕彰碑が建立され、盛大に記念式がもたれた。また小川の公民館には櫛田の頭部のブロンズ像が置かれている。

また一九八五年には櫛田民蔵生誕百年を記念し、大村哲也・いわき市会議員を中心に『『何事かを為せ。為さざるべからず』櫛田民蔵・評伝」が刊行された。田畑金光いわき市長が「序」を寄せ、次弟・政松の「兄民蔵の思い出」（以下「政松思い出」）など貴重な証言が収録されている。

都会の波に「生まれ」を流してしまいがちだった往時のマルクス主義者では、異色の存在だったといってよい。学問への姿勢とともにそのキャラクターが、河上肇、高野岩三郎、大内兵衛、権田保之助、長谷川如是閑、森戸辰男、向坂逸郎らをひきつけたのであろう。

2. 少年時代～東京外国語学校

櫛田民蔵の生涯でさまざまな証言があって、正確な経歴をつかみにくいのは、磐城中学校から東京の錦城中学までの時期である。

一番知られているのは法政大学教授の大島清が七八年にNHKで放送した「櫛田民蔵の人と学問」（社会主義協会版『櫛田民蔵全集』第三巻所収）である。大島清は、大内兵衛、

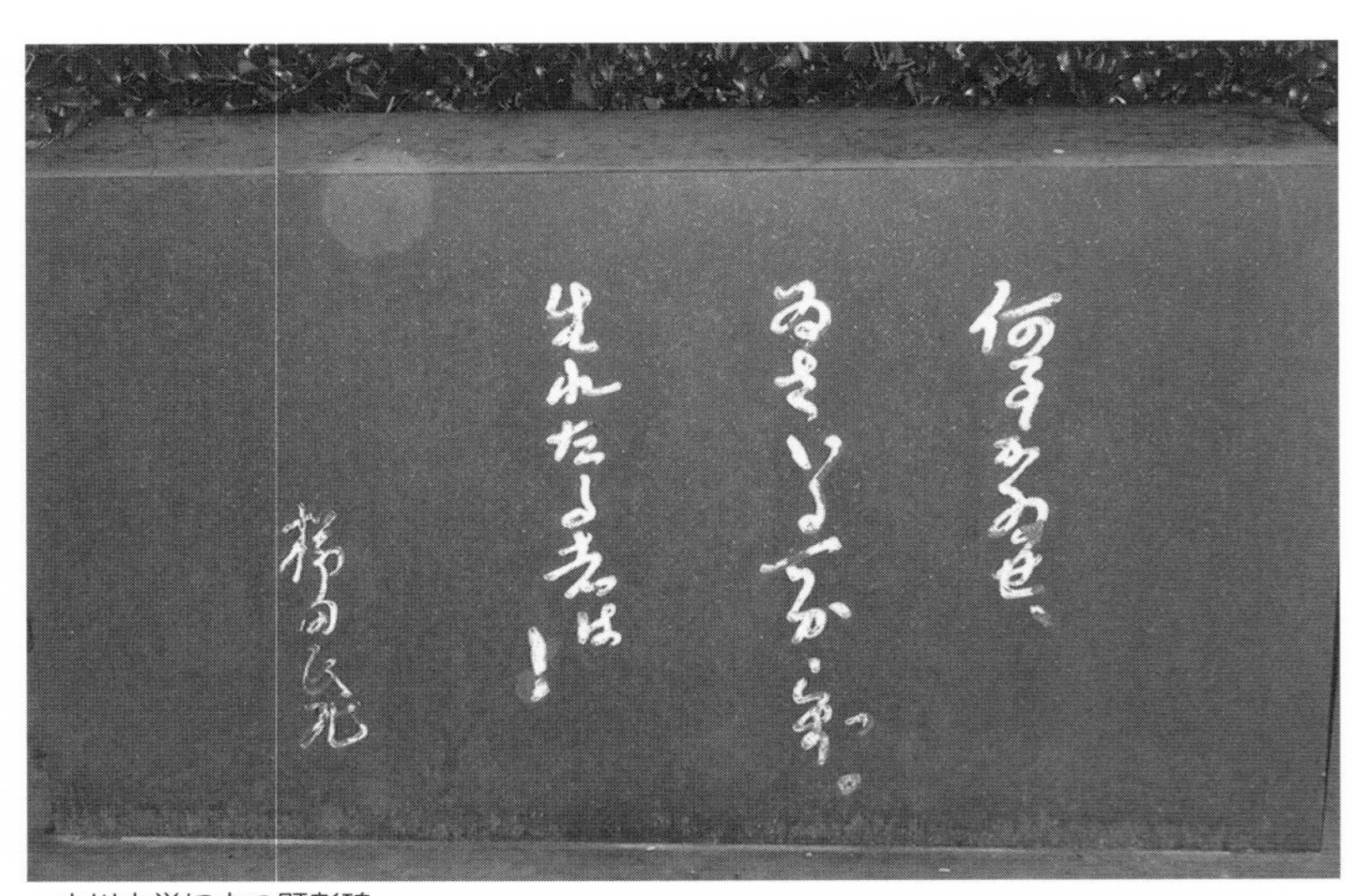

小川中学に立つ顕彰碑
草野心平の筆で「何事か為せ　為さざる可からず　生まれたる者は！」と刻まれている

錦城中学時代の櫛田民蔵
1903 年

向坂逸郎と並び、櫛田民蔵の業績を世に残すためにつくした人物である。彼は大要こう述べている。

小学校五年のとき櫛田は中学校入学を望んだが、父親は「百姓の子が何で中学に行く必要がある」と許さなかった。民蔵少年が進学をせがんでこっぴどく怒られたときも「彼はその日納屋にとじこもり、飯を食わずにがんばっている」。たまりかねて母・キサが父親を説得して進学できた。しかし民蔵は「田舎の中学では十分な学問ができないと思うようになった。そんなある時彼は父親から、税金を納めるのだからこれを村役場に持っていくように、といって金を渡された。民蔵少年は大胆不敵にもその金をすっかり着服して、その日のうちに東京へ脱走した」。

ただこの大島の話はやや不正確な所がありはしょっているので、他の証言も紹介しておこう。

櫛田は一八九八年に尋常小学校を卒業すると四月に平（現在のいわき市平）の磐城中学校に入学した。当時は普通だったであろうが、往復四里半の道を、棕櫚の鼻緒の下駄をはいて歩いて通ったという。

母は「ある日平に出たついでに中学校によって見て、たくさんいる中学生で、竹の皮の緒の下駄を履いていたのは民蔵だけだ、と大変可哀そうに話したことがあった」（「政松思い出」）。

さて民蔵が父親とぶつかって税金を着服してとんずらしたときのことは「政松思い出」ではこう述べられている。民蔵が「数え年十五の秋であった。父と一緒に藁をぼっち場に運んでいた時、往復のたびごとに、『ちゃん、今度仙台の学校へやって』と、何べんとなくねだるので、父はついに腹をたて『この忙しいのに、この野郎学校の事ばかり騒いでいやがる。ごせっ腹やける野郎だ、押っつぶしてくれる』とばかり…押っ歩（ママ）ってしまった。兄はとうとうなき出して、『藁運びなどしない』と止めてしまった。」それを見た母は藁運びはいいから役場へ税金を納めてきなさいと「大金の金八円を渡して役場へやりました。夕方になっても、役場から帰って来ないので、これはおかしいと心配し始めて…毎日毎日騒いでいた。仙台の学校へ行ったのかと、初めて気付き、なんだか役場へ行くのに、洋傘など持って行ったから不思議と思っていたと、父母はまた新たな心配に入った事になりました。一週間程過ぎて、仙台の兄から手紙が来た。それによると、福島の箱根万次郎さんと二人で、仙台に来て、新聞配達をして、東北学院に入ることにした、無断で来た事は、どうぞ許してくださいという意味の手紙であった。」その後何日か過ぎて帰って来て「手をついてあやまった姿が、いまもって目に浮かんで来る。その後仙台で一年あまり、勉強を続けて来ましたが、それから福島へ転校し、ここでも請負師の息子さんと成績争いから対立するように、また居ずらくなり、今度はたくさん友人も出ている東京へ行くことになりました」。

政松の回想も、やや異なった証言もあるが、臨場感はある。

小学校の同窓の松崎政之助の回想(法大石城法友会『望峰』一九五七年六月)によっても税金の「着服」は八円とされている。松崎家は民蔵の母キサの遠縁にあたり、実家が裕福な地主だったため、政之助も親族から金を集めて逃亡資金を援助したという。後に親友となる権田保之助は、櫛田から「役場に収める親父の税金を持って仙台へ遁げ、其処で苦学を始めることになった」と「しんみり」語られたと回想している(「櫛田君の思ひ出」『改造』一九三四年一二月号)。長男の櫛田克己によれば「家をとびだして仙台へ行き東北学院にはいった。これは挫折。ふたたび平の磐城中学に入る。これは学校のストライキで在学二年で中退。それから水戸の寺の渡辺隆善師のもとで勉強する。…渡辺隆善師は水戸の神崎寺に移る前は上小川村の常慶寺の和尚だった人である。櫛田の才能を愛して彼をたいせつにして漢文などを教えた。櫛田はこの和尚の師恩を終生忘れなかった」(「櫛田民蔵素描」『社会主義』一九八〇年六月号)。東北学院から磐城中学にもどったという点で、先の政松の回想とはちがう。

それはともかく、隆善師の存在は櫛田の人生にとって大きいものだった。東京に出てからも帰郷の途中に水戸の神崎寺に師をたづね逗留したり、京都帝大生になっても「師の高恩を思ふに懐旧の情に堪へず」と長文の手紙を出したりした。隆善師は東京でおこなわれた櫛田の葬儀に読経にかけつけた。

櫛田は外国語の勉強を当時から志していて、外人の教師のいる近隣の学校は東北学院だけだったのである。それから上京し一九〇一年には慶應義塾内の三田英語学校を前身とする錦城中学に四年生で転入した。このころの学資は、父母が「月五円か六円の送金に大分骨を折ったらしい。殊に母は毎日水車で米一俵八銭位の賃引きをして、夜となく昼となく働いて、この送金のたしにした」。櫛田は煙草が大好きで、買う金がないので「火鉢のすいがらを集めたり、道ばたから拾ったりして吸っていたという」(「政松思い出」)。牛乳配達や人力車の車夫をしながら、郷里の篤農家、医師、小学教師らの資金援助にも頼った。まさかマルクスに挑むことになるとは思わず、故郷に錦を飾る人材だと期しての援助もあったろうが、櫛田の懸命さに惹かれた人物も少なくなかったろう。

以降、京都帝大に進むまで学資援助をしてくれた郷里の人物は、日記や書簡、回想類に名前がでてくるだけでも十指をくだらない。櫛田のキャラクターと上小川村の人情のなせるところであろう。

一九〇五年に「在学中ノ品行ヲ査定シテ優等トス」という賞状を手に錦城中学を卒業し、九月に東京外国語学校(現東京外語大)に入学しドイツ語を専攻した。この年の三月に母キサが病没した。民蔵は帰省し死に目に会えた。「母に民蔵です、民蔵です、と云ったら、『おう、お前も立派になったな』と一言いったきりで瞑目した。…兄もしばらくは泣いていたようであった」(「政松思い出」)。

錦城中学から東京外語の初めまでと思われるが、櫛田が下宿していたのは、明石原人で有名な考古学者・長良信夫の伯母の家の二階だった。まだ少年だった長良は、その伯母から櫛田の話を聞かされた。「櫛田さんはご飯をいちどきにたくさん食べたためしがなかった、と伯母は言う。腹がくちくなると眼の皮がたるんで眠くなる、すると勉強に熱中できないからというのがその理由だった。そこで櫛田さんは伯母に小さなおにぎりを作ってもらい、それを一つ、二つとつまみ食いしながら、夜おそくまで勉強するのである。『牛乳配達も、人力車夫も、はげしい労働よ。お腹はすくし、くたびれるし、それを我慢して腹三分にしておくのだからね。ふつうの人ではできないだろうね』。伯母はそう言って感にたえたような表情を見せるのがつねだった」。長良はやはり独学・苦学の士でのちに櫛田から英語の手ほどきを受けた。そして櫛田を「自分にとってかけがえのない存在」と語っていたという(以上　長岡新吉『日本資本主義論争の群像』より)。

3. 権田保之助との出会い

やや偏屈な櫛田にもやっと都会の友人ができる。

前記権田保之助の「思ひ出」によれば、一九〇六年の初夏、高野岩三郎の経済原論の講義の教室で、幸徳秋水に読みふけっている櫛田を見かけてはじめて声をかけた。「都会育ちの軽薄なそして幸徳秋水の社会主義神髄を読破し、平民社の出版物には皆一通り目を通してゐた思ひ上がった私は、東北丸出しの重厚なその青年に甚だ不躾にも『その本は面白いですか?』と頗る皮肉な調子で話し掛けた。すると驚いたやうな眼を上げたその青年は『えゝ』と云って太く點頭いた」。こうして二人は終生の友人となる。初対面当時、櫛田は二一歳、権田一九歳だった。

権田は外語を出てから東京帝大の美学科に進み、後世ドイツ語学者として大成し、また日本芸能の研究者としても名をはせた人物である。権田は早熟で新しい思潮に関心が強く、櫛田は三歳年下の彼から新思潮の香りを吸った。櫛田も負けず劣らず早熟で、「日記」の一九〇四年の記述には、錦城中学在学中だった櫛田が「平民社ニ出入シ其ノ事務ヲ助ケ居リシガ…発売禁止ノ宣告ヲ受クルノ止ムナキニ至リ、余憤慨措ク能ハズ遂ニ拙文ヲモ顧ミズ一編ヲ草シテ平民社ニ送ル」とある。

また教会にも足をはこび、キリスト者の海老名弾正の講話を聴き感激して手紙を出したりしている。「日記」には、第二インタナショナル・シュツットガルト大会、クロポトキン、マルクス、ラサールなどの言葉が、脈絡もなくたくさん出て来る。「週刊平民新聞」の紙面をかざった人名である。ただ彼らの分別はついていなかった。

一九〇六年の「日記」には「六月二十八日　錦輝館で幸徳秋水の演説きく。余が心意は益々虚無主義に傾きぬ云々」とある。ちょうど五日前に幸徳秋水は米国から完全な無政府主義者となって帰朝したばかりだった。秋水の怪気炎に櫛田はあてられたのである。興奮冷めやらず親友権田と夜を徹してかたり合ったのであろう。日記には権田と「例により社会主義の事ばかり…話何時つく可しとも見えず」とある。

明けて一九〇七年一月八日　権田と平民社を訪問し、幸徳・堺利彦・西川光二郎・石川三四郎と会っている（一月八日「日記」）。このころには「週刊平民新聞」は廃刊だったが、『直言』、『社会主義研究』（堺利彦編集のもの。『共産党宣言』や『空想より科学へ』の抄訳が初めて載った）を購読している。のちに京都帝大にこの種文献を河上肇の仲介で大量に寄贈し喜ばれたから、幾度かの転居にもかかわらず大事に手放さなかったものと思われる。

二月三日の「日記」では「秋水氏の『余が思想の変化』をよむ、痛快、論の当否を問わず余は実に氏の人格ニ多大ノ尊敬ヲ払ハザルベカラズ。議会政策か労働者の直接行動か、イズレガ是ナルヤは確然論下スルコト不能、我国今日の労働者の現状ニ鑑ムルニ後者ハ之ヲ来すこと甚遠キニ有可キヲ思フ」と判断もしていた。同二三日には「社会党の演説会に行く」とある。これは二二日の日本社会党第二回大会をさすと思われる。このとき幸徳秋水と田添鉄二が議会政策か直接行動かの大論争を展開したのだが、櫛田はこの歴史的大会も傍聴したようだ。

二月二六日には、権田と連れ立って平民社を訪問し、その足で足尾鉱毒事件裁判の傍聴にいくが法廷が延期になった。四月一一日には「田中正造鉱毒裁判傍聴」と記している。正造翁の大演説も目の当たりにしたのであろう。

一〇月一八日の日記には「幸徳秋水氏の送別会に出席す」とある。

秋水が病気療養のために土佐に帰る送別会で、百人近い参加者には堺や山川をはじめ、片山潜、田添鉄二、張継、北一輝など錚々たる顔ぶれがそろった。秋水は彼らをまえに一時間以上の告別の辞をふるった。櫛田は翌一九日の「日記」にこう記した。

「近世社会主義と無政府主義はその根底を一にするものなのか。これ幸徳氏が告別の辞として吾に提供したる大問題なり。余は信ず。マルクスの社会主義は其の根底は全く社会の習慣的に発達したる道徳の上にあり。然るに無政府主義の主張は全く之に反し全く歴史的発展の Tradition を無視し人間本能の満足を根柢に有す」。「革命の第一足として先ず本能論を唱え出すか如きは愚か」なり。

ただ、マルクス主義と無政府主義という大問題の答をまだ見出すわけではない。平民社に接近したり、幸徳秋水に心服したり、マルクスやクロポトキンを「平民新聞」などから聞きかじったりするのは、当時の野望と反逆精神に満ちていた青年達には共通の風潮であった。それらの若者のうち、マルクス主義の道にすすむのはむしろ少数であり、他はアナルコ・サンジカリズムへ、キリスト教社会主義へ、議会改良主義へ、あるいは国家社会主義へと拡散してゆくのである。櫛田とても例外ではない。

三月八日の日記には、高野岩三郎の経済学講義を聞いて「分配論の結論『元来労働者生計の程度は一定変わらぬものにあらずして、社会の進歩と共に上昇する…』『況や労働者がトレドユニオンの手段を以て賃銭を高ムルコトヲ願に於ておや』に至り、筆記しながら何の故やは知らねど情高まりて思わず先生の顔を見つむ—高野氏健在なれ」と記されていた。後年、嘉治隆一は、櫛田は「河上さんが世間で考えているように、自分の経済学の最初の先生ではなく、ほんとうの先生は高野さんで、外語の時習った最初の先生だ」と語っていたと証言している（座談会『河上肇と櫛田民蔵』。この座談会は一九四九年に、櫛田と親交のあった長谷川如是閑、小島祐馬、大内兵衛が嘉治隆一の司会でおこなったもの。『朝日評論』同年九月号に掲載）。若き櫛田は東京外語の時から高野岩三郎に何か惹かれるものを感じていたのだろう。無政府主義やマルクス主義をなまかじりしていた時期にはそれに惹かれたとはいえ、高野流のおちついた経済学への関心は櫛田の心の底に芽生えたのではないか。東京外語時代は高野との交流の記録はないが、五年後には、櫛田は高野の指導下で、社会政策学の迂路をへて、あらためてマルクス主義に接近していくのである。

東京外語では山口小太郎というドイツ語の教授からは見込まれ、個人的にも親しくなった。山口教授は櫛田の京都帝大時代も学資の援助をつづけ、のちのち娘の富貴子（フキ）は櫛田民蔵に嫁ぐことになる。河上、高野と並ぶ恩師の一人となる。また山口教授の友人で東京帝大卒のドイツ文学者・藤代禎輔（漱石の友人）とも親しくしてもらった。藤代は、櫛田が京都に行くと同じ時期に京都帝大講師として京都に居を移した。櫛田はその家に世話になるのである。

それはさておき、一九〇八年に入るとドイツ語翻訳もできるようになり、『新仏教』の二月号、三月号にショウペンハウアーの論文を訳出・掲載し、筆で身を立てる一歩を踏みだした。「或る時突然訪れて来た同君は、出っ張った口元に綻び相な得意さを見せて、やおら取り出したのが雑誌『新仏教』の一冊。其処には櫛田君がコツ〳〵と訳し上げたショーペンハウエルの…中の一節が、何とか云ふ匿名で載せられてゐる」（前掲権田「思ひ出」）。櫛田とショーペンハウエルのとりあわせは妙だが、東京外語教授の水野繁太郎の影響であった。権田は櫛田にさそわれて「学校を休んで、櫛田君の駿河台の下宿に閉ぢ籠って、パンを齧り、ニコライ堂の鐘を聞きながら、ショーペンハウエルの宗教論を翻訳するまでになって了った」（同前）。この翻訳には思い入れもあったようで、二〇年後に同人社から刊行される。

権田によれば、卒業をひかえた櫛田に、恩師山口小太郎は「某省の嘱託の口」を用意していた。同期卒業生一八名ばかりの中、帝大に進む者は権田と櫛田もふくめ五名ほどで、就職先をけった二人は「山口先生の許に呼び付けられて、其の不心得を諭された」。

櫛田は一九〇八年三月に東京外語を卒業すると四月二〇日に帰省した。その日の様子と心中は七月二九日の「日記」に記されている。それによれば、義母は寝ずに待っていて父は卒業証書を神棚に捧げた。櫛田は「狂気せんばかりに自分に頼らんとして居る人があるのに、ナセ自分ハ大学ナドへ行かねばならぬのであらふかと、噫思ひは自分は余程の罪人である」と忸怩たる思いだった。しかし「家内がこんなに喜んでくれても余は何か物足りぬ不安の感がする。噫余の母は生きて居なかったのだ。…真に余の成功を喜ぶ人は已に死んで居るのである」。父も継母もよろこぶのは「現在の苦痛を余に拠って脱却せんが為に喜ぶのである。…父は始めから学問には不賛成を唱へた人であった。

到底自分が子の為に苦痛を堪ゆる人ではない。母もしながらへて居給へしならば、余は喜んで、役所の腰弁当にでも会社の番頭にでもなったであらふ」。

民蔵にとっては実母・キサの存在は大きかったのだ。翌日、京都帝大の志望を打ち明けたところ、「父は非常に立腹し幾度か不孝の子と罵った。弟は泣いた。母は眉をひそめた」。

こうして屈折した心境で家族の期待をも振り切って、ふたたび学問の道に進む櫛田であった。とはいえ家に頼るわけにはいかない。「日記」（一九〇八年一二月三一日の回想）によれば、再度五月に帰省し徴兵検査を受けたが近眼で不合格。「学資金の調達に苦心し、永井元蔵、草野時次郎、桜内篤弥三氏の厚意による月拾五円の学資金を調達するを得たり。…入学準備金として金五拾円を草野四郎平氏より調達するにあたり最も奔走の労を取りくれしは柳内本吉氏なり」。しかし山口教授より「資金調達なりしを以って、永井、草野時次郎二氏に対し学資の送金を断る」。肉体労働のアルバイトや翻訳料稼ぎなどだけでは足りず、この調子の苦労がなお何年もつづくのである。

こうした苦学の経験は大成した櫛田に同じような境遇の若者への共感を身につけさせた。櫛田が大原社会問題研究所（以下大原研究所）に落ちついた一九二三年一月に、櫛田は弟政松に宛てて末弟三郎の将来を案じた手紙を出している。そのなかで（三郎も）「田舎に居ても心掛け一つで勉強の出来ない筈はない」としつつ、（大原研究所に）「使ってください」といってくる若者には、尋常小学校しか出ないで語学もできないのに百姓をしながら二三歳まで独学で立派な論文を持参した者もいる。櫛田が「大阪朝日」に給仕で雇い入れた両親のない青年も一九歳で弁護士資格をとった等々の例をあげて、「かふ言ふ人々の出世する話を聞くと、私自身は涙がコボれるやうに嬉しい」とのべていた。

4．河上肇との出会い—京都帝大

一九〇八年六月に櫛田は東京から京都へむかった。京都についてすぐの「日記」には「何処を見ても生気なし、急に嫌気を催し帰りたくなった」（六月一〇日）とある。なぜか京都の風土は最初からなじめず、東京に気持ちが飛ぶことしばしばだった。大内兵衛の回想などで、櫛田は河上肇を慕って京都帝大に進んだといわれることが多いが、それはちがうようだ。河上が京都帝大の講師になるのも、櫛田の入学と同じ時期であった。

七月二五日には京都帝大法科政治科（経済学部独立前）

編入試験に合格し、九月に入学した。東京外語時代から懇意の藤代禎輔宅（京都帝大教授になる）に下宿代は無料でおかせてもらうことになった。

東京帝大美学科に進んだ権田は、東京で櫛田の学資調達のために骨を折った。権田の前記「思ひ出」によれば、京大進学を叱られたにもかかわらず、櫛田は山口先生に「学資の心配を頼み込んだ」。「山口先生も櫛田君が可愛かった。寧ろ惚れ込んでゐたと云っていゝ位だ。其処で山口先生に

京都帝大生。左・櫛田、右・友人大山寿

懇意な仲であった当時学習院教授の白鳥庫吉博士に紹介して、同博士が管理していた岩倉侯爵家の奨学金を出して貰ふことになった」。そして権田は毎月牛込にあった「白鳥博士邸へ伺って、月額の十五円を受取り、その足で新小川町の…山口先生の宅に御届けした。すると山口先生はそれにさらに五円を加へて、二十円の金を京都に送っておられた」。一方櫛田はこの二〇円を手にすると、藤代家に飯代を払うと申出た。藤代夫人が受けつけなかったところ、「櫛田君は飯代を取ってくれない所には居られないと云って、即日、直ぐ隣の下宿屋へ引越して了った。しかし藤代家では櫛田君の性質を愛し、櫛田君も藤代家の人々に多大の好感を持ってゐたので、遂に飯代五円を納めることに妥協成立して、又、藤代家へ逆戻りした」。

さて、意気盛んだった櫛田は、生意気なことや大志を権田保之助にたくさん書きおくっている。櫛田は自分の出した手紙の写しを「日記」に控えていたので、そこからひろってみよう（以下「日記」に控えた手紙を「日記写」とする。断りなき手紙は実物が『櫛田民蔵　日記と書簡』に収録されているものである）。

「京都大学は助教授や講師の勉強する所で、学生は其相手をする処らしい」（一九〇八年九月二四日「日記写」）。「経済学中殊に経済学史と経済史学とを研究せんと欲す」。「ダ

1918年の河上肇

ルウインとマルクスの二大思想…にあたらんとす」。「余が書架を飾りし二書あり」（一〇月三一日「日記写」）。「二書」はマルクスの『経済学批判』とクロポトキンの『一革命家の思い出』であった。マルクス主義か無政府主義かで煩悶した数年前の余韻を思わせる書架である。漠然とはしているが社会主義を究めるという方向は定まったようで、その筋では先輩格の権田にこう書き送っていた。「社会主義というバンドで兄と結びつき…今では少し物の分かる様になった。感謝せずにおられぬ感だ」（一二月二五日「日記写」）。

　意気さかんだった櫛田を悩ませたのは頻発する持病の「朕の腫物」だった。「日記」にも書簡にもたびたび「朕の腫物」という表現が使われているが、場合によっては不敬罪でひっぱられかねない言葉だった。脱腸の一種で睾丸を圧迫したらしい。椅子に座れないので困ったり、治療費に欠いて借金したり難儀だった。京大を卒業するころには治まったようだ。

　さて、櫛田の成長にとって欠かせぬ人物といえば六歳年上の河上肇である。この両人の関係は二〇年弱にわたるのだが、その濃密さたるやすくなくとも日本のマルクス主義学者では類例を見ないといって良い。最後は河上の方が癇癪をおこして喧嘩別れになったが、その後でも奇妙な出あいがあるのである。いずれにせよ、河上なくして櫛田なく、櫛田なくして河上なしの二〇年間であった。河上の『自叙伝』で毀誉褒貶の的として、マルクス主義関係者で一番多く登場する人物は櫛田ではなかろうか。

　また、河上は日本共産党員として刑に服し一九三七年に保釈されてから間もなく、河上の在獄中に早逝した櫛田民蔵の夫人・フキから櫛田宛の河上書簡を託された。戦時下に隠遁生活にあった河上は、これを整理し注釈を附し、「櫛田民蔵君に送れる書簡についての思出」（以下「思出」）をしたためてフキ夫人に献呈した。敗戦後の一九四六年、「思出」と書簡の多くを大内兵衛が編纂し一部割愛して『河上肇より櫛田民蔵への書簡』と題して鎌倉文庫から公にした（後に補強されて法政大学出版会から刊行された。また岩波書店『河上肇全集』二四巻には全書簡が収録されている）。そこには両人の交友と理論的な切磋琢磨の様が、素直に記されていて興味がつきない。河上の鏡に映った櫛田像であり、本評伝でたびたび引用する。

河上肇は思いこみが激しく、『自叙伝』では鈴木安蔵、岩田義道をはじめ「同志」にたいしてすら誤解にもとづく猜疑がかけられている。櫛田もやり玉にはあげられている。河上が、他の面々とは一味ちがって、愛着が感じられる。河上にとって、櫛田は特別の存在だったと考えられる。

両人の出会いはどのようなものだったろうか。櫛田の「日記」では河上の名前は入学後もなかなか出てこない。河上は京大に赴任する前から論壇に名をはせていたから、櫛田はその名を知らないわけはなかった。しかし個人的に接する動機は、教えを乞うというものではなく、仕事の斡旋依頼だった。先の河上の「思出」にはこうある。

「第一日の講義が済むと間もなく櫛田君は…私の寓居を訪れられた。河津暹氏の紹介状を持参されたと記憶する。…紹介状には櫛田君は自分で学資を稼ぐ必要があるから、外国の新聞雑誌の記事を適当に選んでそれを同君に翻訳させ、それを『日本経済新誌』に送るやうにしてくれ、といふ意味のことが書いてあったと記憶する。…それ以後櫛田君はよく私の宅に遊びに来られて、学問上の話に時の移るのも忘れるといふ調子であった。朝から来られて、午餐を共にし、やがて晩餐をも共にし、夜更けて帰路につかれるやうなことも、決して稀ではなかった」。

このとき河上三〇歳、櫛田二四歳であった。河上の講義は経済史だった。

河津教授は東京帝大法学部で河上の先輩。月二回刊の『日本経済新誌』を二人で発行していた。同誌の時報欄への櫛田の執筆は一九〇九年九月からはじまり稿料（翻訳）は月額五円だった。これと郷里の篤志家や山口教授からの生活費援助、さらに岩倉侯爵家からの奨学金を受け、あわせて何とかなっていた。

櫛田の日記に河上の名が登場するのは入学してから四カ月ほどたった〇九年一月四日で、『日本経済新誌』に掲載された河上先生の「天地の恩と衆生の恩」は「趣味たっぷり」とあった。まずは名文に惹かれ、性格的にも気が合ったらしく面談してからは急速に河上に傾倒していく。四月六日の「日記」には「河上先生を訪ふ。朝九時より午後三時迄、時を睨んで語る。先生の思想と余の思想とは全く一致す。笠を傾けて旧知の如しとは其れ先生の如きか」と、早くも意気投合ぶりだ。

とはいえ河上もまだトルストイに惹かれ、「無我愛」を説く宗教家・伊藤証信の道場「無我苑」で修行にはげみ、そこにも飽きたらず社会政策的な関心をもって『日本経済新誌』を刊行し、京都帝大に招かれてやっと落ちついたばかりであった。むろんマルクスについても関心はあった。

河上がこれぞ唯物史観と思いこみ一九〇六年に翻訳したのが、米国の学者・セリグマンの『歴史の経済的説明・新史観』であった。しかしこれはマルクスの唯物史観とは似て非なるもので、後年河上は己の勘違いを正すことになる。だがむしろ当時の櫛田は、河上のこうした無茶苦茶な求道者ぶりに魅力を感じたのではなかろうか。いずれにせよマルクスの学理とはなお遠い世界で二人は共鳴しあったのである。

櫛田も河上に負けぬくらい無茶だった。京都帝大の学生生活が一年も経たないうちに、「東大転学の事を決す。同時に高等文官試験に明年度応ぜん事を決す」（六月一日「日記」）と思いたった。高等文官試験は難関で、一九〇八年度は京大から一三人しか合格せず、それでも東大より多いと話題になった。「もし東大に転する能はずんば東京にありて独立の勉強をなし試験の時のみ来りて当大学を卒業せんか、色々とまどえり」（六月二〇日「日記」）とあるから、大学の学風というよりはとにかく京都住まいが厭になったようである。さっそく六月二五日には東京にゆき、権田保之助と相談した。「権田兄と日々接するの目的を以て東大転学を企て今一年なりとも入学せんと思った」とも「日記」に記している。しかし「東大にては傍系の学校出身者は入れないとの事で…到々京大にとどまることに決めた」（七月三〇日「日記」）。

京都に舞いもどってからは『日本経済新誌』への寄稿の実績が認められたのか、海外事情の翻訳だけでなく論文の掲載もできるようになった。残されている河上からの初来信は九月二六日で、「フックス経済学」翻訳を出版し「多少の金にかえ」てはどうかと勧めてきた。これは河上が打診した出版社の有斐閣の都合で実現はしなかったが、たびたび稿料になる仕事をまわしてくれ、文章についてもていねいに添削や注意をしてくれるようになった。

仕送りしてくれる山口小太郎には櫛田はマメに近況報告の手紙を出しているが、年末に出した書簡では、「某教授（河上らしい）と議論し教授から「兄は非常の懐疑者なり、兄の如きはそを教育するに困難なる人物なり」といわれる。「これ恐らくは不肖に対する適評ならんか」と報告している。櫛田は河上に対しても崇め奉るようなところはなく、ズケズケと意見を言い合うような仲のよい師弟関係だったらしい。「河上論文」について「まことに所論の如し。然れどもこれ又た何人も知れることをやかましく云ひ建てたに過ぎず」などと切りすてる記述も「日記」にある。

一九一〇年に入ると、「日記」によれば一月など年始はむろんのこと毎週のごとく河上宅を訪れている。ある日は原稿の清書したものを持参し河上に点検してもらったり、ある日は二人で議論が盛りあがったのか帰宅してから「爾後十年を出でずして必ずや社会主義の政党樹立せらるるに至らん。…何事かを為せ、為さざるべからず。生まれたるものは」（一月一七日）と興奮の余韻を記している。なおこの「何事かなせ」云々の文字は、いわき市小川町の中学校校庭に建立された櫛田の記念碑に刻まれる。

一方二五歳そこそこの独り身の櫛田であった。京都で遊ばぬはずもない。「酒に、女に、原稿に、試験に…一学年は終わりたり」（六月二九日「日記」）。これが京都帝大一年目の総括だった。

七月の夏休みには例によって親友権田をたずねて上京し、「岩倉侯爵家へも出頭、昨年九月より本年七月に至る奨学金百六十五円の受領証を提出」とか、白鳥博士宅で「六十五円受領」などと金策もいそがしかったらしい。

さてそうこうしているうちに、年末に結婚問題がもちあがりこじれてしまった。権田から妹との婚約を勧められ、一方同じころ学資援助もしてくれた上小川の医師・永井元蔵から娘との婚約を求められた。永井家との縁談はかねてから櫛田の父からも民蔵に持ちこまれていた。

「権田の妹君と婚姻問題起こる。…恩人永井元蔵氏の令嬢との婚姻問題起こる。問題は同時に起これり。遂に双方とも成らず。一は余が多年の恋人也、一は余が多年の義理ある人也…情に行かむか、義理に従はむか…遂に両者を棄てたるなり」（一二月末「日記」）ということになった。実は権田の妹との件は権田にも思惑があり「余を妹君の婿として、氏が亡母の廃絶家を起さしめんと」したのにたいし、櫛田も家を捨てるわけにいかなかったのだ（一二月二五日「日記」）。そこで権田とは翌年夏まで絶交状態になった。

一方永井家の方はやはり翌年春にこじれ、「永井家の感情を害し、…一種の狂人なりとして人格を中傷し…金銭の融通など致すまじき由言明」されただけでなく、「福島新聞に中傷の投書有之趣…当大学などへも小生を中傷したる各種の投書も舞込みしやも知れず候」（郷里の世話になった知人・草野四郎平宛書簡）という騒ぎになった。

どうも若いころの櫛田は、女性関係になると不器用で、あらぬ誤解をされたりするタイプだったらしい。帝大出の学士様ともなれば、それなりの縁談も持ちこまれたろう。やや風変わりなキャラからすると、ことわり方も下手だったにちがいない。草野宛書簡の最後には「生まれて廿有七歳常ニ世間の悪罵と貧困とに育てられし小生。柳は緑也花は紅也。今将た何ぞ世評を気にかけ申さんや。悪罵と貧困とは寧ろ小生を育つるの糧食に候怠眠を醒ますの警鐘ニ候」とあった。

この種のことは以降も幾度かくりかえされる。永井元蔵は櫛田を幼いころから見込んだ人物であったし、「日記」などにはその後も永井家からの学資援助にたびたび触れているから、関係は修復したようだ。しかし六月には権田の妹への「恋慕の情がむらむらと起こって来た」ので上京したが、すでに彼女は婚約していて「時既に遅し」だった。権田との絶交状態も、しばらくして対面してから「悪感を悉く一掃し去った」（以上「日記」）ので、二人の交流は再開される。

話は逸れるが、弟政松が一八歳になったときというから、一九一一年か一二年のことであろう。民蔵が政松に「田舎の埋もれ木にするのは惜しい。お前なら学資を出してくれる人がたくさんある」と勉強のために上京することを勧めた。そして政松も父母には無断で上京し、権田の下宿にやっかいになった。学資は毎月永井元蔵が出してくれる手筈も整えた。当時の民蔵の政松宛書簡（草野心平文学記念館所蔵）には、学資は「永井様の外それぞれ村の有力な方にお頼みしてあるから」心配無用とあり、また「権田君は俺が最も尊敬する友人である…何事も同君の言を聴いて行動せられよ」とある。しかし一月もたたぬうちに父親が、権田の所にやってきて連れ帰ってしまった（以上「政松思い出」）。

ところで、一九一〇年から一一年一月にかけては、大逆事件の検挙と幸徳をはじめとする一二名の処刑という大逆事件が起きるのであるが、一〇年一〇月八日の「日記」に社会主義者の検挙と新聞の口止めの噂を記しただけで、他にはすくなくとも遺された日記や書簡には事件に触れた記載が見あたらない。錦城中学や東京外語時代には、幸徳の演説を幾度も聞き、少人数での面談の場もあったと考えられる。幸徳らの処刑に言及しないのは不自然だ。河上との刺戟的な学問の議論と、「酒と女」と、婚約問題のこじれで他に関心がむかなかったのか、ショックで筆にすること能わずだったのか、それとも権力にたいして用心したのか。真相はわからない。

5．人生の進路をめぐり煩悶

ともかくさまざまな方面で煩悶の日々を送りながらも、櫛田の思想遍歴はしだいにその分野を経済学に定めていった。

無政府主義と社会主義、議会改良と直接行動など当時の左翼論壇をにぎわせていた議論への関心も抱いていたであろう。ただこれといった方向性を定めていたわけではない。一九一〇年五月の権田宛書簡（「日記控」）では「社会主義は到底世界の大勢である。…僕は今こそ社会主義の味方であるが、社会主義が一層勢力を占めて来るやうな時は、自分は恐らく社会主義の敵となるであらふ。僕は到底時代の反抗児である」、「今後七、八年を期して、ミルとマルクスの比較研究をして見たい」と記している。とりあえず社会主義は「反抗」の次元に保留しておいて、まずは古典派経済学とマルクス経済学の「比較」の入口にたったのは、幸いであった。「反抗」の延長線上に社会主義に走っていたら、どこへ飛んでいくかわからなかった。福田徳三に刺激されたり、河上の幅の広い研鑚を追いながら、みずからの研究すべきテキストを見出していったのであろう。

一九一一年一一月の『京都法学会雑誌』には「利子論の変遷」というベーム・バヴェルクの翻訳を寄せた。櫛田はバヴェルク流の論調にたいしては後年全面的に批判することになるのだが、このころは最先端の理論経済学として一目置いていたと思われる。批判の対象をじっくり勉強しておいたことが後々役に立つ。

河上がマルクスの理論と人柄に惹かれるにつれ、櫛田も影響された。一九一一年一二月に権田に宛てた手紙でこうしたためている。河上から「マルクスとミルの像を聞き僕自らの経験が多少此等先人の其れと似通うてる処のあるものを知り、中心抑ゆべからざるプライドを感ずる。…『資本論』は半ば其の火のつく様な厄介な恋愛上の煩悶と懊悩…の成果で実に其 better half の賜物とも云へる。…妻が死んだときエンゲルスは『嗚呼マルクスも亦近き乎』と云って居る。…ミルの恋したのは人の妻君であった。…恋すること実に三十余年其の夫なる人の死に及んではじめて同棲した。…彼の有名な自由論は実に其の妻テーローアに捧げたものである」。女性問題で苦労する自分と、マルクスやミルを重ねているところなど、いかにも若き櫛田である。

河上とならび櫛田の心底におよぶ交流をしたのは権田だった。一九一一年末に手紙を整理したところ「権田兄よりのもの一番多く、三日に一度、若しくは五日に一度の平均にも相なるべく候」と「日記」に記している。櫛田からの権田宛書簡も一〇月以降は三日に一回ほど出している。書簡には、カント、ショーペンハウアー、ミル、マルクス、バヴェルクなどの名前が飛びかっていた。一二月四日の書簡では、河上訳の例のセリグマン『歴史の経済的説明・新史観』（一九〇六年訳出）も勧めている。「唯物史観に関する海外の出版物は最近非常な勢いである。然し僕は読まないから申上げる訳に行かぬ」と付記している。

また、翌一二年一月元旦の夜、「河上先生と夜更け迄膝を交えて話しこみ」、権田の卒業論文用に唯物史観の参考書として、河上からツガン・バラノフスキー、ブディン、シュタムラーの原書を推されたと、「櫛田日記」にある。唯物史観に限っていえばこのうちまともに紹介していたのはブディンだけであって、他は怪しかった。堺利彦によれば、唯物史観を日本に紹介したのは、俗流経済学者・ローリアの「社会の経済的基礎」、セリグマンの『新史観』、藤井健次郎の「唯物史観」(『中央公論』一九〇九)だという。堺自身も一九一〇年〜一二年にかけよく唯物史観を論じていた。また櫛田があげる「海外の出版物」とは、カウツキーの『倫理と唯物史観』(一九〇六)をはじめ、ほぼ同時期に刊行されたプレハーノフ、ヘルマン・ゴルテル、ウンターマン、ルイス・ブディンらの著作と思われる。このころようやく唯物史観にかんする啓蒙的な文献が日本に届きはじめ、堺や山川均が解読と訳出をはじめていた。

櫛田も河上、権田ともども次第に唯物史観にも関心が向きはじめたようである。しかし理解はまだまだだった。

一九一二年に入ると、卒業後の進路が重大問題として櫛田を悩ませることとなった。

河上は、しきりと京都帝大大学院に残るように説いた。どうしてもいやなら同志社の教員にでもなったらどうかと勧めた。「日記」には櫛田も「大阪朝日」にいきたかったと思わせる記述がよく出てくる。大山寿という学友と「興業銀行」か「大阪朝日」か二人で何れを選ぶか河上もはさんでいろいろやりとりもあったらしい。あとで触れるが、河上には「大阪朝日」に採用を内定させておいて、しばらく奨学金を出させ、櫛田を東京で勉強させる考えもあったようだ。

しかし櫛田は河上の勧めにも「教員になれと云はれると最大の侮辱を受けたと感ずる。…先生といわれるほどの馬鹿はなし」(一月六日「日記」)と応じなかった。そして「河上先生へは謹んでお断わりする旨の手紙を出した。此の不肖な僕をば一角の学者にしやうと心配してくれる河上先生に対しては何とも相済まない気がする」と権田に書き送った。そして恩師の山口小太郎が勧めた興業銀行に履歴書を送った。権田への書簡(一月一二日)では、興業銀行に決まったら「細君の人選をしてもらひたい(江戸っ子で女子大卒がいい)」、「岩倉奨学金を五年ばかりつづけてもらって、僕を東京大学院にぶちこんでしまふかと云ふ話も東京辺にあったそうだから、そうしてくれるなら妻帯問題は中止する要があるかもしれない」などと虫のいいことを伝えた。あきらめきれぬ河上から「至急面会求む」といってきたさいには、「自分を此の地に止めておきたいと熱心に考えてくれる。…けれども現実の社会に打つかってみやうと云ふ青年の心も汲んでもらひたい」、「『学者に学者に』と仰せられるのをきくつらさ、先生にお目にかかる事は当分なるべく避けて…手紙で済ませて居る」(権田宛書簡)とつれなかった。

かと思えば、興銀は「なるべくは其儘になってしまへば好いなどと思ひながら…。今は何を考へて居るかと云へばハイカラな外交官になってみたいなどと考へて居る」（権田宛書簡）と口ばしったり、二月一日の「日記」には「外交官試験より高等文官試験に応じたくなった」などと思いつきを記した。「工場法案施行のために、施行員を必要とする」ことを「昨日の新聞で知ったから」なのだが、それには「自分より外に適任者がない様な気がする」などとある。しかし山口先生を介してたのんだ興業銀行からの採用通知はなかなか届かない。心配した河上より「興銀の方都合悪ければ」という条件付きで私立の大学への就職をしきりと斡旋してきたが、同志社はことわられた。

山口宛書簡（二月二〇日「日記控」）で「一方は先生に対し実業界に御世話を願ひ、一方は河上教授に対し学者としての立身の口を御願致居候次第にて、丸で、立身の方針なるもの無之様相見え、自ら矛盾衝突を感じ居る次第」と述懐する有様だった。興業銀行か、外交官か、高等文官受験か、はたまたどれも見通しなければ馬鹿にした教師で糊を凌ぐか。煩悶の日々だったのである。先斗町あたりを徘徊する姿も異様だったようだ。

二月二一日の「日記」にこうある。「茫々たる頭髪、徒にのびたる野ひげ、継ぎ目のあらはなる羽織にやれ袴を穿ちて底光りする眼光の所有者たる吾輩をば何者の見参と見たりけむ。…したたかものらしき白紛女も一度もみだらなる言を発せずして、おじおじとて酌す」。

だが煩悶と徘徊も落ちついてきたようで、同じく二九日には「河上先生には決心を語りて先生の意に従ふべきことを以てす」とあり、大学院に進むことにした。三月一一日には「問題は只だ当地の大学院にあるか、東京の大学院に行くかにある。何れにせよ内職として私学に切り売りすることである」とある。「切り売り」とは私大の講師をかけもちで稼ぐことである。河上がすぐ講師の口を世話してくれる京都の方がその点いいのだが、「然し、僕は動も東京が恋しい…矢張り堀切り板が恋しい。彼のニコライの鐘が恋しい。時々は故郷へも往復して無邪気な自慢話をきかしてやりたい。…老父や幼弟にも東京見物をさしてやりたい…」のだった。同じころの権田宛書簡でも「東京へ出ることは僕の東京病以外別に一家の衰運の挽回といふ極めて旧式な問題を片手に持って居るから」と述べていた。そして、三月半ばには山口小太郎に講師の口を専修大などに交渉してもらうようお願いした。河上ももう引きとめなかった。

「私の眼には、ともかく東京といふ土地が恋しくて仕方がないといふ風に見えた」（前掲・河上「思出」）。

京都帝大時代は河上に師事して西洋のさまざまな経済思

潮の風にあたり、真面目に講義に出て幅広く基礎知識を身につけた。それらを批判的に咀嚼して体系だった自分の考えを構成するまでは至らないまま卒業することになった。

当時の帝大の卒業式は七月が普通だったが、櫛田は七月一三日の式も待たずに六月末に上京し、市ヶ谷八幡町（現在の築土八幡）にあった錦城中学時代の体操教師の二階の六畳にひとまず下宿し、しばらくしてそばの下宿屋に落ちついた。

一方、上小川村では、長老が「村の初めての大学卒業だから、旗を立てて迎え出るようにと提案した」（「政松思い出」）というように、にぎやかに迎えようと待っていたらしいが、ご本人は京都帝大に後ろ足で砂をかけるようにおさらばし、なつかしい東京で羽を伸ばしていたのである。

その後、独り身の櫛田は小石川、牛込赤城元町、駒込、本郷菊坂と転々とし最後は田端に比較的長く落ちつく。どこも本郷の東大には徒歩で数分から三〇分ほどの距離であった。

櫛田家　右・弟政松、中・父兵蔵・左義母チカ　一九二〇年代か
草野心平記念文学館所蔵

第二章　社会政策のゆりかごの中で

1．櫛田を育んだ時代の経済学界

　ここで東京帝大をはじめとした二〇世紀前半の日本の経済学界を鳥瞰しておこう。

　明治維新以降、権力の座についた重臣たちは、近代国家として出発するためにとりあえずは欧州の諸学問を輸入したが、経済学ではまず古典派経済学であった。しかし文字通り皮相な輸入品であって、活気に満ちたイギリスの資本主義イデオローグたちが、「富」とか「地代」とか「価値」とかを探究して資本主義経済の自己分析をなした意味は理解されるべくもなく、古典派経済学といえば主にレッセ・フェールだと実用主義的に受けとめた。そして支配体制の確立にともない「自由主義・個人主義」という側面は権力から忌避され、労働組合は労働力の需給を不自然にするというイデオロギーだけが重宝された。

　一方、後発の日本資本主義が世界に伍して発展するには「自由放任」ではなく国家の指導が必要であること、あわせて階級対立が顕現し「社会問題」が課題となり、単なる「自由放任」だけでは社会が不安定になることから、階級対立を抑止するための社会政策を検討する「国家学」の役割を経済学が求められるようになった。そのために格好の理論は、同じく後発資本主義国としてのしあがったドイツの経済学であった。それは理論的には古典派とは異質の歴史学派であり、日本では「社会政策学派」とも呼ばれた。

　歴史学派は厳密な体系を有したものではなく、ドイツ資本主義におけるビスマルクと新興資本家と旧封建領主と労働階級の錯綜した関係を反映し、左右さまざまな傾向をふくむものだった。右派は労働者階級の運動を高揚させないよう上からの社会政策を主張し、左派は労働組合の育成などで社会問題の解決を主張した。前者の代表がシュモラーやワグナーであり、後者の代表がブレンターノだった。左右といっても体系だった学派ではないから固定的なわけではなく、さまざまな変種が入り乱れて生まれていた。古典派経済学の「自由放任」は否定するが、左派の多くはリカード労働価値説の流れを汲むプルードンや、リカーディアン社会主義者などと通底するドイツにおける亜種であった。それは体系をなしていないから容易に左右にぶれ、国家社会主義のイデオローグも輩出した。

一方、オーストリーのカール・メンガー、ベーム・バヴェルクは歴史学派とは異なり、厳密な経済理論＝限界効用学説でマルクス経済学に勝負を挑んでいた。この限界効用学派からも、歴史学派の応援を買って出る者もいた。一方、マルクス主義から出発し、ブレンターノやカール・メンガーをも総合しようというゾンバルトという人物もあらわれた。ゾンバルトは当初マルクス・エンゲルスにしたがっていたが離れ、国家社会主義的な方向に走る。

ドイツ社会主義労働党（後の社会民主党）内の理論家にも、歴史学派ないし亜種が「講壇社会主義者」として入りまじっていた。カウツキー、ヴィクトル・アドラーら正統派はこういう諸潮流と対峙し、ドイツ社民党理論誌『ノイエ・ツァイト』ではなばなしく議論を交わしていた。

日本でこうした議論の幅広い受け皿となったのが社会政策学会だった。日露戦争後、労働問題が表面化するにつれ、学会、官界の関係者を網羅して、一九〇七年に第一回大会が開かれた。経済学者では、高野岩三郎（東京帝大）、河上肇、福田徳三（東京商大）らも主要メンバーとして参加していた。高野と福田はドイツ留学でブレンターノの薫陶を受け、社会政策学会でも大体そのスタンスだった。

櫛田民蔵は学会の初期には河上にしたがいながらその空気を嗅ぎ、その筋の文献に親しみ、学会の最盛時には高野岩三郎にしたがい、学会左派の面々とともに議論に直接関与するのである。

学会では工場法や労働組合法についてもさまざまな立場から議論が交わされた。児童・女子労働への労働時間規制、児童の就業規制など最低限の定めをした法案にすぎなかったが、工場法は学会の尽力もあり、制定にこぎつけた（一九一一年）。このあたりまでは学会にはあまり異論はなかったが、意見のちがいが鮮明だったのは労働組合法だった。資本家団体の多くは、古典派経済学の「自由放任主義」だけを借用し、労働市場への政府や労働組合による規制は自然秩序を乱すものであり、労使双方にとって無益だと抵抗した。学会の中では、シュモラーとブレンターノの対抗よろしく、労使協調の慈善政策に限る立場と、労働組合の育成こそ中心に座るべしという立場が常に対立した。高野、福田、河上は大体において後者であった。しかし太平洋戦争前には労働組合法は陽の目を見ることができず、労働組合は容易に弾圧された。

こうして社会政策学会自体は、無産階級運動の自立的発展を反映する内部の傾向の分化もあり、一九二〇年代なかばには事実上開店休業状態になる。そのころには櫛田は歴史学派的な世界を完全に脱し、また師・河上肇を乗りこえはじめ、マルクス経済学者としての立場を確立するのである。

一方、堺利彦、山川均らの在野の社会主義者は、歴史学派や社会政策学会とは世界を異にして、マルクス主義を研鑽していた。彼らは、文献への知識においてはともかく、唯物史観をはじめとするマルクス主義の骨格の体得にかけては、河上の先をいっていた。このあたりもマルクス正統派と「講壇社会主義者」が同じ土俵で議論したドイツとはことなるとおもわれるのだが、河上や社会政策学会の左派といえども堺や山川との交流はあまりなかった。

さて帝国大学においては、市民社会の自己批判を古典派経済学的に追求するような役割はもとより政府からは期待されず、予算を回されることもなかった。だから経済学部は東大や京大にすら存在せず、経済方面は法学部の一部でしかなかった。東京商大（現一橋）や慶応はやや違ったが、帝大の経済学は「国学」であって活気にかけていた。わけても東京帝大の経済学の教授連は進取の気性にかけ、古典派と歴史学派の混濁した世界に安住する感があった。

しかし大正デモクラシーの機運のなかで問題意識旺盛な若手学究も増え、独立の科学としての経済学が希求され、七帝大では一九一九年からようやく経済学部が独立することになる。高野岩三郎は東大でその推進力となった。それまでは京大の河上、東京商大の福田という看板学者の存在に比べ、東大には地味な高野岩三郎をのぞいて魅力的な教授はいなかった。

しかし東大でも学部独立と高野人脈から、一九二〇年代前半に多くの少壮学究が育ちマルクス経済学の探求にむかった。資本家陣営によって「自由放任主義」だけ利用される不名誉から古典派経済学を救い、その真意義をとらえなおす作業はむしろマルクス経済学に関心をもつ若手によってなされていった。大内兵衛を先頭に、向坂逸郎、宇野弘蔵らである。彼らによって、古典派経済学の「労働価値説」とマルクスのそれの区別と関連が厳密に理解されていく。その前段で、櫛田と河上が歴史学派左派と古典派経済学の世界から、唯物史観を梃子にマルクス経済学の理解に向い、若手の仕事への道筋をつけたわけである。そして櫛田は河上がリカードやミルからずるずるべったりにマルクスに進もうとしたのを批判するなかから河上をのりこえていく。

一方、旧来の歴史学派的没理論では、新興マルクス派にたちうちできぬという危機感も、ブルジョア経済学陣営からあらわれた。小泉信三や高田保馬らがベーム・バヴェルクの限界効用理論にも拠ってマルクス価値論への批判を開始した。河上はこれが防戦に四苦八苦したのに反し、山川均の果敢な批判につづいて腰をすえた反撃に転じたのも櫛田であった。

かくて経済思想の分野では、社会政策学派内の左右対立という構造は終焉し、マルクス経済学とブルジョア経済学の全面対決という構図が、二〇世紀初頭のおおむね二〇年間を経てできあがるといってよい。これが壮年期の櫛田が活躍する第一幕であった。

第二幕は、地代論争や日本資本主義論争などのマルクス派内部の論争ではじまるのであるが、それは晩年の櫛田の活躍の場となった。

2. 福田徳三と高野岩三郎と

一九一二年七月七日、櫛田は河上の紹介状を懐に、東京商大の福田徳三宅をたずねた。ブレンターノを師とする福田は、歴史学派だけでなく古典派経済学、限界効用学派、マルクス経済学にいたるまで、学界随一の博識を誇っていた。河上肇とならび世間的にも有名人であった。『資本論』を読破したのは自分だけだと公言し、その難解さを吹聴したおかげで、当時の若き学究が『資本論』に関心をもったとさえいわれていた。初の『資本論』翻訳である高畠素之の翻訳作業にも一役買っていた。鼻っ柱が強く喧嘩っ早い野人だったらしい。

河上の「思出」にはこうある。

（福田博士は）「後日になっても、『櫛田はおれの所で草鞋をぬいだ』などと言って居ったらしい。しかし櫛田君の方は、福田博士に初めて会って見て、好い印象を受けなかったので、余りこの人の世話になるまいと云ふ気になり、一応は博士に物を頼んでおきながら、同時に東京帝大の高野博士にたよっていかれたものと思はれる」。

この福田と櫛田の逸話は語る者が多い。あるとき福田が櫛田に「どの学者が後世に残る業績をなしているか」と問

〔上〕福田徳三
〔左〕高野岩三郎

うたが、櫛田は頑として福田の名でなく高野岩三郎と山崎覚次郎を推した。こんな「事件が、けんかしてしまったといわれている」（向坂逸郎「櫛田民蔵という人」）。また有沢広巳が福田宅をたずねた際「君たちは、山崎君と僕とどっちがエライと思うか」と聞かれ「やっぱり山崎先生がエライと思います」と答えたら「櫛田君もやっぱりそういった」と笑ったので「ほっとした」（有沢『学問と思想と人間と』）。山崎覚次郎は東京帝大法科（後に経済学部が独立）の重鎮教授で、櫛田が東大の大学院にいたときは彼の演習に参加した。

ただ河上の認識とはややことなり、高野にまず紹介してくれたのは福田であったようだ。櫛田の来訪を受けて、ただちに福田は翌八日朝には「高野君に話しました。兎に角相談のために」「明日又は明後日午前九時前」に高野宅にいくように、と手紙をくれた（草野心平記念館所蔵）。櫛田はすぐに「早速高野先生へご紹介」いただいたことへの礼状を福田に出している。

櫛田はさっそく高野岩三郎をたずね、「無給助手」でもいいから東京帝大の高野研究室に採ってほしいとお願いした。高野の講義は東京外語時代に受けたことがあるが、高野の方は櫛田をおぼえていたかどうか。法科なら枠があるが経済科は空きがないといわれたが、無給でもいいから経済科においてくれと頼み容れられた。無給の事務手伝いみたようなものであった。

そして東京帝大法科教授で、櫛田がはじめて京都に上った際に河上への紹介状を書いてくれた河津教授をたずねて、彼が受けもっていた専修学校（現専修大学）の講座を譲ってもらうことになった。先ずは食い扶持であった。

ただ櫛田はまだ進路を決めかねていた。七月一四日の河上書簡は、福田から河上への来信を同封した上で「福田博士の『学士の真意』は貴兄にも或は御分りに相成らず候事故二兎を追はるるか背水の陣布かるるか、こは一に貴兄の賢慮に在ることと存じ候」云々としたためていた。櫛田の七月一八日の河上宛返信（草野心平記念館所蔵）には「官吏と学者生活の両天秤をかけんとし…福田、高野両先生に対しても大学に於て研究の便宜を計りくれむ事を願ひ乍ら、尚文官試験の事を御話し申上候次第」などと、相当図々しい態度で二人に臨んだことを報告している。貴族院議員で社会政策学会創設者の桑田熊蔵に宛て「向こふ二年ほど研究継続」することとしたので、農商務省の件はその後に頼む、などと記した手紙も出した（草野心平記念館所蔵）。

東大大学院時代の櫛田民蔵

京大教授の戸田海市あての書簡（「日記控」。原本は草野心平記念館所蔵）でも、自分の姿勢は「学者たらむとするものの態度にあらずと、…多少尽力者の感情を害し候」と告白している。「尽力者」の高野と福田もさすがにあきれたであろう。京都時代の野人の煩悶をなお引きずっていたのである。

それでも憎めない性格であって当初は福田が面倒はみたらしい。櫛田は河上に宛てて「小生の原稿は一々福田博士に於て見て下さる筈に有之」、下宿は福田と三町ばかりの近くなので「態々博士の来訪を辱ふし恐縮」などと報告している（前掲書簡）。

気の短い福田は癇癪をおこしたこともあるらしい。河上は自分が櫛田を紹介した手前、福田と面談した後でこんなたしなめの手紙も出している。「福田博士を訪問委細御託致置候、同君は直ちにオコル代りに直に忘れ候方故御掛念は無用に存候、併し山口先生に対するが如く我儘を致され候では、今後世間を御渡りなされ候上に故障不少候事と存じ候、福田博士の處にて聞けば大学の助手の方も一時は御断りなされんとするの意に有之候由、あまりグラグラ致されては貴兄の学問上の成功にも疑を起す者なしと不限、今少し万事を鄭重に取扱はれ候様希望致候」（一九一二年一〇月二六日）。

1912年末ころの福田徳三の櫛田宛書簡。「非常に結構ナル御決意、小生も高野博士同様諸手を挙げて賛成…学兄の学問的克己心を大いに疑」ていた、云々とある。草野心平記念文学館所蔵

　櫛田が大学院に入学し落ちついた後でも福田はこんな手紙を寄こした。櫛田が福田宅に来訪しても「失敬を度々」（面会謝絶であろう）したのは、「学兄の大学院入学の精神、学兄の学問的克己心を大いに疑タル故」だった。それが櫛田からの来信（何か福田に仕事の世話を頼んでいたが、大学院に腰をすえるので取りさげるという文面らしい）を読んで「数年間の留飲を一大下し今夜は久振愉快。…大学院入学の初一念を貫き天晴の御研究を切望」云々というのだった。

　河上、福田という学界の二大巨頭が、若い櫛田に手を焼きつつも憎めず世話をしている様がうかがえる。

　ただ福田流の世話は親分・子分的な「上から目線」だったらしく、河上から勧められたメンガーの翻訳を福田に打診したところ、「当分は控えるように」といわれ「其れでもと意地を張る勇気」なしと断念させられた。福田はかわりにデフォーなどの略伝を辞典用に翻訳するよう斡旋し、中央大学の講義を櫛田に回した。それでも櫛田はどこかで我慢できなくなり、しだいに福田との関係は疎遠になっていったらしい。

　アルバイトをしながら学問の道ひとすじでいく腹を固めた―といっても象牙の塔だけでなく新聞記者をしながらの学問も心中には選択肢としていたようであるが―櫛田は、九月に高野に大学院入学を申しでた。

　櫛田が大学院入学から一年弱の「学業ノ経過」をまとめた「報告」がある（『全集』未収録　草野心平記念館所蔵）。担当教官（山崎覚次郎か?）に提出したものらしいが、大学院初年度の模索を語っている。

　それによれば、九月に大学院入学の面接試験を受けたとき、高野から「如何ナル事項ヲ以テ研究題目トナスヤ」と問われ「経済学研究方法ヨリセン旨」答えたところ、高野から「余ヲ揶揄シテ曰ク…研究方法ハ可ナリ、然レドモ汝若シ汝ノ人生観ヲシテ決セズンバ袖手徒食セントスルカ」と指摘された。櫛田は「只ダ答フルノ辞ナキニ窮シタ」。

京大時代は「多クハ講義筆記ニ多忙ニシテ、特別ナル問題ニ特別ノ興味ヲ起スカ如キハ殆ンド之レナカリキ。是レ高野教授ノ問ニ対シ不幸ニシテ答ヘザル所以也」。

これではならじと櫛田は手あたりしだいに農業関係の実証資料もふくめて濫読しはじめるのである。しかし生活費を稼ぐにも結構多忙であった。

東京帝大大学院入学を高野から許可されて、一〇月には高野の経済統計研究室助手に内定（正式の発令は翌年一九一三年三月）した。九月一一日から週三回研究室に通い、無給で図書室の新聞雑誌の整理や購入書籍の分類などの事務作業をした。「助手」といっても東大卒ではないので、助教授や教授への昇進の道がひらけているわけではなく、櫛田はやや自嘲気味に「人足助手」と自称していた。河上や福田がまわしてくれる翻訳仕事と、専修学校講師週一回（交通政策論）、中央大学講師週二回（英語経済原論）、経済調査会週二回の講義などから講師収入を得た。

3. 東京帝大高野研究室の「人足助手」

一方、「学業ノ経過報告」によれば、「余ガ理論ニ関スル知識ノ欠乏ハ…著作論文材料ノ理解ヲ妨クルコト甚シ」と反省した。どういう問題から理論的な探索の道に分け入ったか、こう記している。

「生産物ノ価値ト生産費トノ間ニハ…常ニ価値ノ差等アリ。餘剰価値之レナリ。…此ノ事実ハ何故ニ発生スルカノ問題ハ古来学者ノ脳漿ヲシボレル所」である。ただここで櫛田はマルクスの剰余価値理論もあげてはいるが、その立場を採るわけではない。この問題に関する「重大ナルモノ」としてしては、ベーム・バヴェルクの所説をまずあげ、つづいてアモン、ナウマン、ショウペンハウエル、まだマルクスには拠らぬ時期の河上や、戸田海市、福田徳三の著作をあげている。十数点の文献中にはマルクスの『経済学批判』もあるが、その内容を咀嚼するのはまだかなり後のことである。そして山崎覚次郎教授からバヴェルクとカール・ディールのテキストを与えられ、山崎の演習で「解説報告スル予定」としていた。

このように出発点の価値論においては、マルクスの真逆のバヴェルクをよく研究するなかで、限界効用理論では納得いかなくなったと考えられる。そして遠回りしながら数年後には出発点の問題、すなわち「剰余価値」の秘密のマルクスによる説明で納得をするのである。本評伝は櫛田とともにあちこちに寄り道をしながら、この長い旅を追っていくことになる。

さて、一九一二年も一一月には専修学校理財学大会で生涯はじめて講演するまでになった。その内容は『全集』四巻に「現代労働者階級の心理」と題して収められている。まだマルクス派を離脱していなかった時期のゾンバルトなど援用し、欧州と日本の労働者意識の比較をしたもので、欧州では労働者階級であることに誇りをもっているが、日本ではなお「堕落の段階」にありと説くもので、櫛田の関心がしだいに労働者問題と社会政策にむかう兆しを示すものとなっている。

なお一一月には、河上のはからいで、東京外語時代に購読していた『週刊平民新聞』などの社会主義文献を京大に寄贈して、その種の資料のなかった京大から歓迎された。東京外語時代から六～七年でかなりの転居をしたのに、この種文献を散逸させずに保存していた。櫛田から譲ると言われた河上が京大にあっせんした。

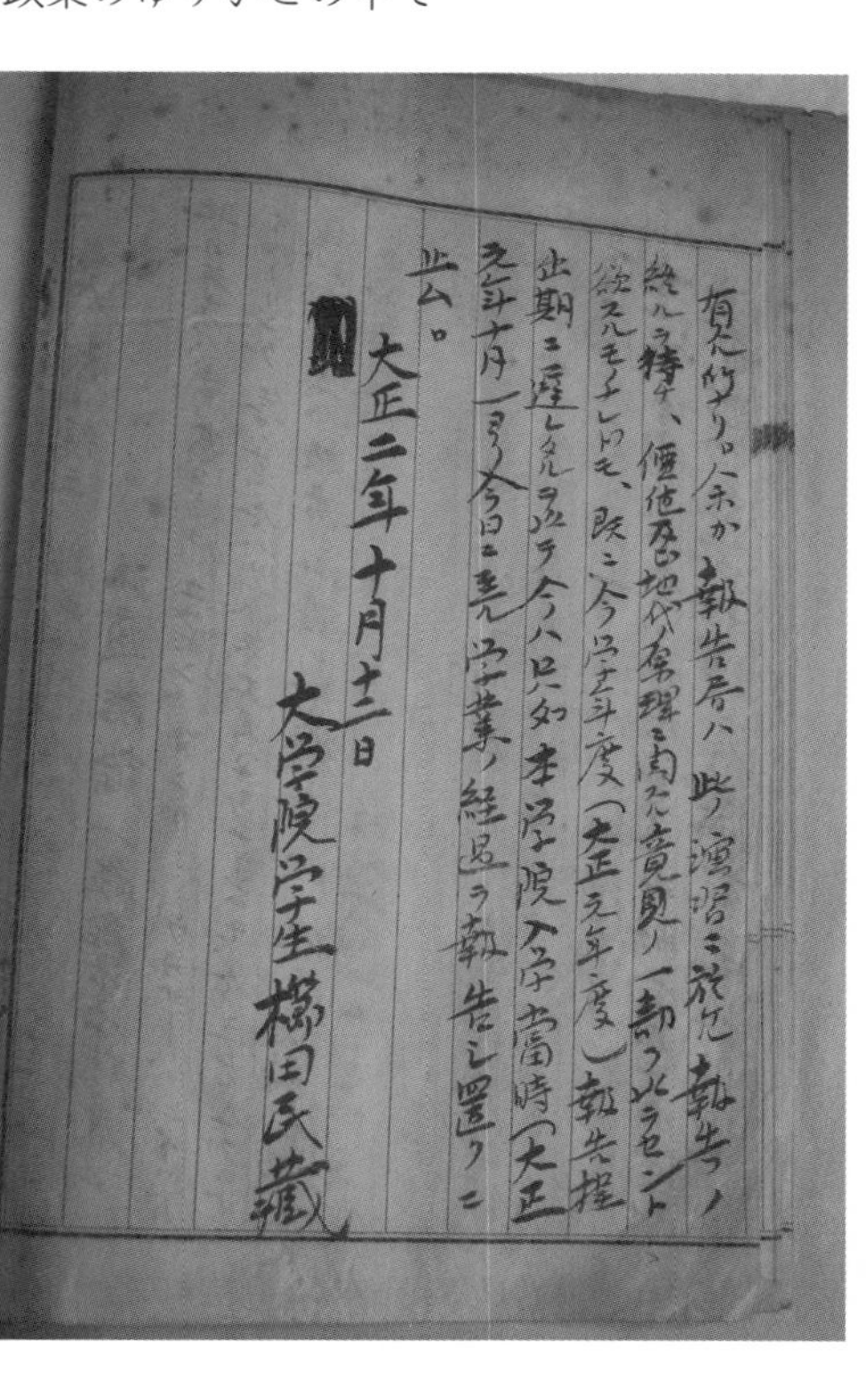

一九一三年一〇月一二日の『大学院学業経過報告』の末尾。「報告者ハ此ノ演習ニ於ケル報告ノ終ルヲ待チ、価値及ビ地代原理ニ関スル意見ノ一部ヲ以ッテセント欲スルモノナレドモ、…今ハ只ダ本学院入学当時（大正元年十月一日ヨリ今日ニ至ル学業ノ経過ヲ報告シ置クニ止ム。大正二年十月十二日　大学院学生櫛田民蔵」とある。草野心平記念文学館所蔵

せっかく落ちついた環境の櫛田に、婚約をめぐる騒動がまたもちあがった。一九一三年二月に婚約問題「突然に起り、突然に破れ候」。この件で櫛田の親戚に「ライ病患者ありとの流言あり」。「真実なりとせば、小生の身辺に起る婚姻問題の如きは先方に気の毒故凡て御辞退可申心得に候」（二月五日草野四郎平宛書簡）。この件はすぐに決着し誤解も解けて後は引かなかったようだ。

一九一三年に入ると「人足助手」も落ちつき、高野教授のゼミナールで報告するようになった。高野ゼミのテキストはゾンバルトの『近世資本主義』だった。「高野博士のセミナールには、小生

が報告者に当たり来る土曜までに二百余頁を消化して何とか義務を果たさざるを得ざる次第」。「メンガーを訳出したいが思うようにならず残念」（二月二三日友人宛書簡）など勉学の進捗の様がうかがえる。

四月には「東京帝大法科助手」として経済統計研究室の助手に正式に発令され、月給三〇円が支給されるようになった。仕事は週三回図書整理にあたるだけでよかったから、勉強時間もとれたであろう。また高野研究室では森戸辰男、大内兵衛、糸井靖之ら、次代の学界をになう面々と交わり研鑽することができた。河上、櫛田らごく限られた交友だったのが、一気にひろがった。

夏には三日間、京都に遊び久しぶりに河上と歓談した。河上は東京の櫛田にたいしても懇切丁寧な文章上の添削や、「御落着きになったら奥さんをお迎えなさい。貧乏でもなく金持ちでもない処から感情的でないオトナシイ常識的のよい奥さんを！」などの便りを数多く寄せてきた。その河上はその年の一〇月に欧州へ留学に旅立つことになっていた（一九一五年四月に帰国）。面会は留学の歓送でもあった。

櫛田は帰京してすぐの八月七日に河上に書き送った。「先生の行くや、…文部省流学生の如くに徒に西洋てうものに引かれて行くに非らざる也。…西洋化せんがために行くに非らざる也。実に十年錬磨の一精神が彼を消化せんとて行く也。微細なる理論の世界と熱烈なる情操の世界とを併せたる一小宇宙の偶ま東より西に行かんとはする也」。河上は海外留学をあまり良しとせず、他人にも勧めなかったらしい。「西洋かぶれ」はきらった河上と、ひさしぶりの京の夜の歓談で意気投合した興奮が伺える文面である。

当時櫛田は、東京外国語学校時代に権田と共訳したショウペンハウエルの『宗教問答』の出版元の斡旋を河上に頼んでいた。それをはたせず旅たつことになった河上は、櫛田に「福田博士にご依頼」するよう言い残していった（同書はやっと一三年後に出版される）。

河上が不在の間、心をゆるす先輩といえば高野岩三郎だった。

高野は一八七一年生まれ。河上より一世代上である。兄は労働組合期成会を発足させ「労働組合の父」と呼ばれた高野房太郎である。岩三郎はこの兄に敬服しながら、東京帝大からの留学でブレンターノに師事して社会政策を学び、留学中にミュンヘンで将来の妻となる独逸少女と出あい、帰国して東大教授として日本の統計学を確立した。また社会政策学会の創設にも金井延、福田徳三らとともに尽力し以降その学会の中心として、保守派の専横をおさえ社会主義志向の若手を擁護するなどおおいに働いた。高野と一世代後の福田徳三、河上肇が日本のアカデミズム経済学の三巨頭だったが、なかでも人望・幅のひろさという点では高野は断トツで「学会の幡随院長兵衛」（向坂逸郎）といわれていた。櫛田民蔵はもとより、大内兵衛、森戸辰男、宇野弘蔵、向坂逸郎、舞出長五郎、細川嘉六、有沢広巳、久留間鮫造、大森義太郎らからしたわれ、彼ら少壮気鋭の学者は多かれ少なかれ高野の懐から巣立ったといって良い。戦前の一時期と戦後のある時期まで東大経済学部においてマルクス経済学が力をもてたのは、かつて反マルクス派学者の反動的策略に、高野が直接・間接ににらみを利かせていたおかげでもあった。

「人足助手」をいとわず黙々とはたらき、懸命に勉強する櫛田も、高野の庇護なくしては研究生活はつづけられなかったろう。そして数年後には高野が創設した大原社会問題研究所に席をおき、腰を落ちつけることができるのである。

さて櫛田の人生を追っていくと、やおら婚約問題が飛びだしてくるので調子が乱されるのだが、「人足助手」生活で勉学に集中していたと思いきや、一九一四年二月に岩本貴美子という女性と結婚したが、三週間で別居してしまう（籍は六月に解消）。権田には「別れるための婚姻」と伝えていた（二月二六日「日記控」）。「日記」には「僕も不思議である。只だ只だ夢の様である。三味線が引けぬとて、分かれ分かれになった」などと意味不明の記述がある。彼女は長唄で身を立てられるような「名手」であったらしい。やましいものではなく、山口小太郎家には二人つれだって挨拶におとずれた。山口家令嬢・フキ（後の櫛田夫人）はそのときの様子をこう回想している。「三味線が上手だそうで、越後獅子かなんかピアノで弾いてうたった濃い化粧の婦人を、奇異に感じた記憶がある」（櫛田フキ『たくさんの足音』一九七八）。

「日記」には「幸か不幸か共に微傷であった」とあり、後を引かなかったようだが、櫛田の奇人ぶりのうかがえる一件だ。

さて、このさわぎの渦中でも『国家学会雑誌』二月号に「ベーム・バヴェルク氏の価値論餘考」なる論文を寄せていた。この『国家学会雑誌』は東京帝大の雑誌で高野が編輯主任をしていた。以降櫛田の研究成果はしばらくのあいだは、この雑誌に発表されていき、また編集の仕事もすることになる。

六月には人足助手の辞退を高野に申し出ていたが、「学校の方に事情があるとかで、当分は此儘に居るより外ない」となった。図書整理などの「人足」仕事から解放され、給料は出なくとも研究に専念したかったようだ。高野は「何とか勉強の出来る方法を講じてくれると仰せられ」（六月二〇日「日記」）、翌七月三一日には助手は解任されたが、研究室は「研究上従前と同一の便宜を与え」てくれることになった。

4．戦時経済研究、同人会

一一月二日の河上宛書簡（「日記控」）によれば、大学院授業料は助手をやったから不要。本も研究室で買ってもらえる。「田舎と東京に於ける学資の借金を支払い余った処は…飲んでしまひました」とある。経済的条件は格段によくなってきたらしい。これには高野研究室の計らいで櫛田が大学院に入ってすぐに大仕事をひきうけたのが寄与した。米国のカーネギー平和財団が世界各国の戦時経済の調査をおこなうにあたり同財団経済調査会日本支部が、日本の調査を櫛田をふくむ数人に委嘱したのである。

一四年夏から一六年なかばにかけ、日本の消費税をふくむ戦時経済について綿密な調査をまとめ、膨大な報告を原稿用紙四五〇枚にまとめた。調査結果は国内で発表されたわけでなく、英訳され（櫛田本人かどうかは不明）監修者であった小林丑三郎の名で一九二三年にカーネギー財団からニューヨークで刊行された（日本語原文は『全集』五巻に収録）。この調査が櫛田の理論活動にどのような影響をあたえたかは、後程検討しよう。

調査の経費として受けとる金額は相当よかった。一四年年末の「日記」にその年の収入が記録されているが、原稿料としてカーネギー財団委嘱の経済調査会から「内金三百三十円」、『国家学会雑誌』二円五十銭とある。つづけて支出として、「山口教授へ四十円、白鳥博士（岩倉奨学金か？―引用者）へ五十五円（完了）、永井氏へ五十五円、時計十五円、郵便貯金五十円、羽織裏地四円、山口・白鳥・高野・山崎へ歳暮六円五十銭など二百九十四円五十銭。差引有高三十八円」とある。大枚三百三十円が入り、その多くをこの間学資援助をしてくれた面々に返却し、その上歳暮までしたのである。財団からの残金は翌年、翌翌年と支払われたようで、都度櫛田はせっせと上記の人たちに返金したようだ。河上の「思出」によれば、手にしたのは総額千円の大金で、数年前に東京にむかう際に戸田海市教授が餞別としてくれた二十円まで返したという。

あちこちの私学の講義のアルバイトも、高野研究室の図書整理の「人足」からも解放され、櫛田は落ちついて勉強にはげんだ。「ドイツにおける二大経済学者の訃（レキシス、バヴェルク）」や、バヴェルクの「経済価値論の範囲に於て―心理学と経済価値論」訳出など『国家学会雑誌』への

東京帝大助手時代　1916年撮影　右端・和服櫛田、左隣・神川彦松、左端・森戸辰男

寄稿が増えていった。

名実ともに高野研究室の主要メンバーとしてあつかわれるようになったものの、東大から大学院、助手とあがってきた大内や森戸とくらべ、外様から「人足」助手で参加した者では、どうしても差がついた。しかし櫛田は勉強ではだれにも負けず、実力で仲間入りしていくのである。

一五年三月六日の「日記」には、「研究会の相談会」が櫛田と「鈴木文治、大内、森戸、高野、第四期生二人など」でもたれ、名称を「同人会」とするなど決めたとある。これは鈴木文治（東大で高野の教え子だった）が高野に労働問題でのアドヴァイスを求めてきたので、高野が労働問題の研究会を発案したのがきっかけだった。櫛田はさっそく権田保之助を「同人会」にひき込んだ。高野研究室中心に鈴木文治などもくわえた「同人会」は、一九一九年四月に東大経済学部が独立すると、新興学部の意気ごみ高い少壮教授、助教授、講師らの、高野をかこむ研鑽の場として重要となる。

発足時には経済学部生だった向坂はこう回想している。「経済学研究室…の最奥の薄暗い一室は、櫛田、森戸、権田、糸井、大内等々の助教授または助手のつねに集まって煙草のけむりにむせながら活発な議論、気炎のあげられた室であった。それはレーニン村と呼ばれていた。私の記憶にまちがいがなければ、この名は現総長小野塚喜平次氏の冗談に命名せるところであると聞く」（「櫛田民蔵という人」、『中央公論』一九三一年六月号）。

早速櫛田は一九一五年四月一〇日の同人会で「社会問題の根本原因について」なるテーマで報告をした。「物価決定の法則と余剰価値、独占、資本利潤と賃金の関係　新賃金鉄則論」をレポートしたと権田宛の書簡にある。また五月一日の同人会のレポートは「大内君と貴兄にお願いする」と権田宛書簡で依頼している。

五月一五日の「日記」には、森戸と永雄（研究室の同僚）が「朝から来て怪気炎を吹いて到頭三人とも御職掌を棒に振ってしまひ」とある。「日記」によれば森戸は五月二七日の同人会で「本邦婦人労働者の経済上の地位」を報告している。大内の『経済学五十年』では、同人会は月一回毎回一二時まで議論し、櫛田と森戸は田端まで歩いて帰ったとされているが、二人は東大から徒歩一時間ほどの田端にそれぞれ下宿していた。

六月には森戸が欧米留学に発ったので助手代理をつとめることになった。また社会政策学会の準機関誌であった『国家学会雑誌』の実質上の編集長の役がまわってきた（報酬あり）。みずからも『国家学会雑誌』八月号に「福田博士著『改訂経済学研究』」、同九月号に「本邦大都会における細民生活の現状」と意欲的に寄稿をつづけた。

一一月には河上宛の書簡でこう報告している。「元より人足」に心配無用なのだが「生活費の大部分を同誌の編輯に依って得てゐる」ので気になる。「私は口を開けば必ず問題を惹起」するので「街頭の車夫の、旦那様が右にと云へば右に、左へと云へば左に走る如くに走り居り候。…それでも時々脱線し候。高野博士が親切にかぢをとりくれ候」。持ち前の頑固さで編集についても時折異を唱え、関係者が手におえなくなると高野が「かぢ」をとってうまくやってくれていたのだろう。

当時の櫛田の風采を、大内はこう回想している。「櫛田君は、いつでもよごれた汚い洋服を着て、黒いよごれた顔をしていた。そして警戒心の強い犬みたように、物をいわぬ人であった。しかし、何かよく勉強をしている人だという感じをぼくに与えた」（大内『経済学五十年』）。

「戦時経済」の調査研究が櫛田の思索にどう作用したか見ておこう。

第一次世界大戦の戦時経済では、主要資本主義国の多くが、軍事目的のための統制経済的な様相をしめした。のちに国家独占資本主義の走りといわれた状態である。櫛田はこれを、資本主義における自由競争時代から資本の集中・集積とある種の経済「社会化」へと進む歴史の流れの一局面ともいえる、と考えた。そこに歴史学派周辺のドイツのイデオローグ―それはロードベルツスやワグナーの流れをくんだプロシア的国家社会主義にむかうもの―の諸論稿に、『資本論』などをかじりだした櫛田が共鳴したことがうかがえる。

一九一五年一二月号の『法学協会雑誌』に「戦争と経済組織」を寄稿したが、戦争は社会主義への進歩を促進するというドイツの社会学者・オッペンハイマーの「自由社会主義の立場」を援用していた。オッペンハイマーは国家社会主義の先駆的理論家であり、ベルンシュタインの修正派転向にも影響を与えた。翌年の『国家学会雑誌』（九月号、一一月号、一二月号）に連載した「戦争と経済国家主義」は櫛田の過渡期の模索を表白したものとして興味深い。ドイツの評論から「ドイツ戦時の経済的施設は軍国的社会主義の実行としてあまねく内外識者の注目を」引いたという見方を紹介し、しからば「軍国的社会主義」と「マルクス・エンゲルスの社会発展の法則」の関係や如何にと考察をすすめる。かように櫛田は一方で、マルクスの社会発展の思想は『経済学批判』の「序文」に根拠を置くといいながら、それを徹底して考えぬくまでにはいたらず、ゾンバルトやオッペンハイマーの所説―それは容易に国家社会主義的な構想に連なりうる―と整合させようとしているのである。

唯物史観をのみこんでいない段階では、自然のなりゆきであった。

そして、「マルクス研究者として信頼するに足る」オッペンハイマーの文章は『資本論』二三章、二四章の「抄録」であるから信用できるし、また「オ氏の解釈は自分に共鳴する」と述べていた。他方で「正統派」（古典派）経済学が資本の成立を「勤勉とか節約」に求めるの反し、マルクスは「強力」に求める点においては「余は無条件にマルクスに同意する」とも述べる。ただこの理解は、プルードン流の「財産は強奪である」というニュアンスを感じさせるが、それはさておき、「ただこれから先が彼（マルクス―引用者）と余との意見の分かるるところ」だとして、「資本蓄積の一般的法則」については納得しない。この点ではオッペンハイマー、ゾンバルト、ベルンシュタイン、シュルツ・ゲベルニッツなどの見解を採るというのである。けれども、オッペンハイマーやゾンバルトなどは、マルクスの「資本集中論と社会化論だけは今日の実際に徴してもっとも無難なり」と同意していると紹介する。そして「欧州は資本主義のゆきづまり」に直面しており「賃率契約の発達と民主的公共企業の発達をもって、資本主義が共同経済主義に傾かんとする徴候と見る」ことができると説明したのである。

かくて「マルクスそのままの社会革命論は、社会運動のプログラムよりも除かるる事となる」が「かえってこれによりマルクスは生きつつある」。「ドイツ戦時の経済的社会的施設が、戦争の間に原因する偶発的画策にあらずして、むしろ経済発達の自然的大勢にもとづくもの多き」ことは、「社会化の法則」の故である、と説いたのである。

櫛田の論旨はだいたいこういうものであったが、大変こみいっている論理建てに無理がある。

階級対立と階級間の抗争までは承認するが、社会革命は承認しないというブレンターノ流の世界と、『資本論』をどう整合させるかで無理な思索をかさねれば、論理的に国家社会主義にもいきついてしまう。それはプルードンのように、リカードの労働価値説に拠って「労働全収益論」にたつ社会改革を模索する思考にも通じていた。

カウツキーと並びエンゲルスの最側近と見られていたべルンシュタインすら、『資本論』と唯物史観を切り離した修正主義を唱え、加えて新カント派が唯物史観への有力な対抗哲学として強力だった欧州の「講壇会主義」の混迷が、櫛田の思考にも色濃く影を落としていたのである。

櫛田がこの難渋な問題を唯物史観を梃子に突破するのに、なおしばしの時を要するのである。

5. 福田徳三と河上肇を論評

櫛田の進境著しい様は、河上と福田という二大重鎮の著作への論評にもしめされる。

『国家学会雑誌』に「福田博士著『改訂経済学研究』」(一九一五年八月号)、「福田博士著『改訂経済学講義』第一巻」(一九一六年一月)、「河上教授の『奢侈ト貧困』を読みて」(同年五月号)、「河上教授の示教について」(同年六月号)、「河上教授著『貧乏物語』を読む」(一九一七年四月号)と立てつづけに発表した。当時の論壇ではこの二人をおおやけに論評するというのは、こわいもの知らずでなければ遠慮したのではなかろうか。

福田徳三についてはこう論じている。近年「報告書と計算器と助手としかして多少の顧慮と、要するに主として資金の力によって作成」された学界の「作物」が多いなかで、福田の論集は「その博引傍証、いわゆるチテールルテの夥多なる点においては…調査に相違なからんも、その論の構想において…チテールルテを超越して随所に自己独想の見を披歴するの点においては、余がいわゆる調査万能論にたいする一挑戦状にはあらざるか」。また福田が国内歴史学派の停滞を「簡単なる理論を粉飾するにも雑駁なる史的記述をもってするにとどまり、研究法を論じては演繹を捨てて帰納を採るべしと称し、一貫の道理を軽視して臨機応変の時宜論をこれ喜ぶごときものあり」と評するのには、「辞なんぞ凱切なる」ともちあげた。国家の政策の正当化のための調査に安住し、ときには助手の作物をおのれの名で上梓しという経済学界の淀みのなかで、ゾンバルトもマルクスもごっちゃとはいえ、体系的理論を追求する福田の姿勢は櫛田の共感するところだった。

一方、河上には師への親しみがあるからこそ、福田よりも遠慮なく批判をくわえた。「奢侈ト貧困」批評では貧困の原因と対策という「大問題」だけに「大家には経済学卒業の問題であり、小家には経済学入門の問題である。教授（河上―引用者）はこれを卒業問題として取り扱われているのであるが、私は入学試験問題のつもりで考えてみたのである」と出だしは殊勝であった。しかし河上の理解では「入学試験問題」も怪しいと読める辛辣な内容だ。

河上は「奢侈があるから貧困がある」と考え「富者の奢侈」を排することが貧困問題の解決策だとする。が、「余裕アル人々ニ余裕ヲ浪費セザレト希望スルハ不可能」なので難しいと慨嘆するのである。これに反し櫛田は「貧困があるから奢侈がある」のであって、「資本家の奢侈自制」を説くのでなく「労働者階級の自覚」をこそ説くべきではないかと指摘した。この櫛田批評にたいして河上は『国家学会雑誌』六月号に「櫛田法学士に答う」を寄稿、それへの再応答である櫛田の「河上博士の示教について」が同時に誌面をかざった。このやりとりでも櫛田に分はあった。

この調子で公開のやりとりがつづいてはたまらんと思ったのか、河上は櫛田に「他人に迷惑なのでこれからは私信で」やりとりしようと提案した（六月四日　河上書簡）。

一年後の「『貧乏物語』を読む」はレベルアップした河上批判だった。『貧乏物語』は、おそらく戦前の進歩的な著作では空前のベストセラーであった。河上は本書でも「奢侈と貧困」の関係は自説を変えず、貧乏根絶の方策の第一に「富者の奢侈ぜいたく自制」をあげた。櫛田はこの点について「私見を加えるのはさしひかえる」とした。しかしこの「奢侈自制論」について、櫛田は学説史的な基本的な解説をする。すなわち「自制説」は歴史学派の開祖ロッシャーに起因すると指摘してこう述べた。「スミスよりマルサス、リカードを体得してしかしてロッシェルにうつった人は何人あるか。…スミスは倫理と経済とを分かつことによって経済学を科学たらしめたのであるが、著者（河上―引用者）は倫理と経済とを調和せんとして経済学を倫理学否一種の哲学たらしめんとする。…新奇を追うものより見れば著者の思想はむしろ陳腐であろうが、この陳腐なところに著者の強みはある。私はその方策の先後について著者とその見るところを異にするにもかかわらず、なおこの真摯な態度に敬意を表せざるをえない」。

このような福田と河上への批評からは、歴史学派の無理論性、無体系性への物足りなさが福田への評価となってあらわれ、倫理と経済学の混交への疑問の芽生えが河上批評となってあらわれたと見ることもできる。ただなお社会政策学のゆりかごの中にいた櫛田にとって、福田・河上を乗りこえるには、唯物史観と経済学の数年の研鑽が必要であった。

さて、櫛田は講演会もたびたび引きうけるようになった。同人会で相談してのことと思われるが、一九一五年五月二〇日に労働組合友愛会本所支部で鈴木文治、森戸辰男とともに演説した。

六百人の聴衆を前に「気炎は吐かぬつもりなりしも、群衆の顔を見るとついはきたくなりたり」(「日記」)。鈴木から求められた櫛田の演題は「労働者階級の経済的自覚」だった。一時間ばかりのうち「二、三度喝采をされるやうなことを云ってみました」(五月二一日　河上宛書簡「日記写」)。演説の草稿は『全集』四巻に収められている。「消費税は労働者の負担」と喝破し、「消費税が…過大に増進しているにかかわらず、…地租八厘減とか、営業税金廃止論とか、すべて資本家地主の負担を減ずる問題のみ起こる」。労働者代表が議会にいないからそういうことになるのだが、「…しかしてまず純なる経済団体として活動せよ。政治的勢力はおのずからつくられん」と結んだ。

ところでこの演説では消費税に焦点があてられていたが、カーネギー財団委嘱の「戦時経済」の調査研究の成果の一端があらわれたものだ。その膨大な報告書では、戦時税の多くが消費税であることを詳細に実証していた。報告自体にはそれが民衆収奪の方法であるといった評価はされていないが、得た知見を櫛田は他でおおいに活かした。

6．大物を巻き込んだ婚約騒動

河上は留学から一五年四月に帰国し、京都帝大教授になり活発な文筆活動をはじめるが、櫛田との濃密な関係も再開された。『国家学会雑誌』での河上批評にしめされたように、櫛田は師に敬意を表しながらも、堂々と疑問を呈す関係に発展していた。そういう櫛田は河上にとっても頼もしい存在となったであろう。東京と京都の間にたくさんの手紙がゆきかった。一九一六年一月には妻帯を勧める書簡が多くきた。なかには東京と山口の女性二人を指定して、どちらかを選べというのもあった。櫛田は乗り気でなかったようだ。三月に河上が上京して櫛田の下宿に泊まり「二人して吉原見物に行く」とある。道学者のような河上を吉原に連れていくなど、櫛田でなければできなかったろう。河上は東京にも見合い話を持参したらしいが「細君候補まとまりそうもなし」と記されている（三月二九日「日記」）。四月に河上が上京した時は同人会につれていった。河上は櫛田に「面白き会なり」と礼状にしたためた。河上は『自叙伝』で「上京した折など、同君は殆ど私の身辺を離れなかった。…親戚を訪問するのを一々ついて回り、門に立って待って」いたと回想している。

そうこうする内に「朝夕の挨拶以外、一言も交はしたることなき」校正（『国家学会雑誌』と思われる）をうけわたしする女性に恋慕したことを伝える櫛田の手紙が河上にとどいた（七月二五日「日記写」）。さらにその女性が高野岩三郎の姪であり、両親を亡くしたため高野の母から娘の様に育てられ、高野宅で「女中同様に立ち働き居る」人だと打ちあける追伸がとどいた。例によって結婚問題で、しかも今回は高野、河上、森戸、それに福田徳三という学会の大物まで関与して半年もつづく錯綜した騒ぎがはじまったのである。

ことが複雑なので、「日記」（ふくむ書簡の写）と森戸宛や河上宛書簡（『櫛田民蔵日記と書簡』所収）、河上の櫛田宛書簡や（この件についての河上書簡の多くは『河上肇より櫛田民蔵への手紙』では割愛されている）高野宛書簡から推測する他ない。

それらによれば、櫛田が姪をいただきたいと申し出た際、高野は気楽に聞き入れたらしい。ところが育ての親の母に相談したところ、強く反対されたらしい。そこで櫛田に対しても明快な返事ができず時間ばかりたってしまったようだ。

「博士が僕のために熱誠に指導してくれたことは忘るゝ能はざる所である。而も博士は其愛姪を僕にくれやうとしてあれ位の苦心をした人ではない乎」（一九一七年四月二三日）などと森戸にうったえているのを見ると、生殺し状態に置かれた櫛田は悶々としたのではないか。

櫛田は河上を頼って河上の旅先の愛知県まで行き、京都の河上宅まで帰路同道し心境を吐露したらしい。櫛田の悩みを見かねて河上が乗り出した。一九一六年九月二二日付けの河上の高野宛書簡では、櫛田の「手紙は天下一品、何時も面白く繰り返し読み候。但し今回のは…あはれに読みおえ候」「事を未決のままに致居候はさぞ同君の苦痛と致す処なるべくと只其点を懸念致居候」とある。櫛田のそれは相当悲痛な文面だったらしい。

それでも話は進展しなかったようだ。河上は一一月にかけて幾通も高野に手紙を出した。（櫛田から手紙が来たが）「例によって例の事のみ記載あり」と暗に催促の文面である。一一月五日付けの高野の河上宛書簡（『河上肇全集』二四巻五二頁）には、やはり母親の反対ゆえに無理としたためてあった。河上はこの書簡を櫛田に転送した。

そうこうしているうちに櫛田は一九一七年四月には「大阪朝日」に入社し、東京を離れ京都に宿を定め、ふたたび河上の身近に来ていた。そのころもこの件は櫛田の胸中でくすぶっていたようだ。

河上は一七年三月八日付けの手紙で「私は問題の外に立つ。何ンとでも君の方で処分されたらいいでせう」と突き放し、「兎も角関西へ移ったらどうです」とアドバイスした。櫛田とて、早く彼女から遠く離れた西へいきたかったであろう。

ところが、一通の手紙が事態をこじらせることになった。一九一七年四月に河上のもとにとどいた福田徳三の手紙である。河上がそれをもみ消せばすんだろうに、櫛田に見せてしまった。それで櫛田は激怒した。

四月一六日の「日記」に、東京の森戸辰男宛書簡の控がある。それにはこうある。「生まれて以来僕の身辺に起った事件中最もいまいましき事で、もし今朝、河上博士の宅に福田が居るならば、僕は彼を刺殺してしまったかも知れぬほどのことである」。なぜなら福田徳三が河上に宛てた手紙で、「櫛田は高野の姪を誘惑し純血を汚さんと企み、東京の学界を乱したる大悪人」との中傷がされているというのである。「河上先生は心配して…自身上京すべしと云ってゐる」。

一八日付けの森戸宛書簡では、河上が心配して『大阪朝日』の鳥居素川主筆（櫛田の上司）に「防御線を一筆」してくれたとある。何せ福田という一筋縄ではいかぬ暴れん坊のことだから、この話をあちこちに振りまかぬとも限らないと心配したと思われる。そのうえ「河上博士之がため何も手につかず…上京するつもりなりし」とあった。当時の河上は「貧乏物語」の『大阪朝日』連載（九月～一二月）をはじめジャーナリズムでは売れっ子になっていて超多忙な日々だったはずだ。しかし愛弟子の一大事とばかりに、上京し高野や福田と談判するつもりだったのではないか。

一体福田がどう誹謗したのかは分からない。櫛田克己によれば、高野の「姪が一人で留守番をしていた時、上がりこんで手をにぎったとか何とか噂を立てられた」（櫛田克己「櫛田民蔵の思い出」前掲大村哲也編集『櫛田民蔵・評伝』所収）程度のことだったようである。

櫛田はその後も立てつづけに森戸に手紙を出している。

「僕が高野先生から全然理解されていなかったと云ふことに帰着する」とか、「高野の体面」を維持するために「福田は僕を殺した」とか、「高野、福田、河上三博士の間には僕等の知らぬ事情が伏在して居るのではなかろうかと疑った」などなど、疑心暗鬼の様子がなまなましい。高野の母親の反対という釈明だけでは納得はしていなかったようだ。「負けず嫌ひの体面主義」の二博士（高野と福田）でなく「僕は…モット大きいものに依って指導されねばならぬと思ふ。この点に於て僕は河上先生と君とに多大な期待をもって居る」と、森戸にすら高野への不信を筆にした。

だが五月になるとさすがに冷静になり、五月二五日の森戸宛書簡には、河上と瀧（京大で櫛田の先輩、河上の弟子）と三人で「不可解な問題を審議」し、「何にしても小生に早く結婚すべしと云ふ」二人の意見に「従うふべしと決心いたし候」とあった。

櫛田はこれでわりきり、あちこち恋多き日々を卒業して着実に身を固めることを考えはじめたと思われる。

さっそく九月に、恩師山口小太郎の娘フキと婚約する。山口はこの年の一月二三日に急逝していた。しかし一〇月三〇日の権田宛書簡によれば「昨年九月先生存命中からの問題になっていた」とあるから、一六年秋にすでに小太郎から話があったらしい。しかし高野の姪との件もありまとまらなかった。その件が一段落して落ちついた心境になった際、亡き恩師の申し出にただちに話をすすめたと考えられる。「手紙が東京と大阪を一遍往復しただけで、来月の七日に結納をすることになってしまった」と権田に書き送っているから、山口家と一回の手紙のやりとりで決めたらしい。山口家からの信頼は厚かったのだろう。

フキは日本女子大の教育学部（理科系）在学の才媛だが、まだ一九歳だった。すでに三五歳でバツ一の櫛田とは不釣りあいだった。しかし「年がちがい過ぎる、再婚ではかわいそうだ、など親戚はこぞって反対」したが「母が乗り気」（櫛田フキ『たくさんの足音』）だったというから、母親も本人もなかなか開明的でよくできていた。

このあたりから櫛田のキャラが煩悶型から一皮むけて、「マルクス学者」にふさわしいものに転化しはじめたのではなかろうか。

第三章　古典派経済学とマルクス経済学

1.「大阪朝日」社員として

話は前後するが、櫛田はなぜ理論的な研究には最適の環境を離れて、『大阪朝日』に入社したのだろうか。実はすでに櫛田は京大卒業後の職の選択肢に「大阪朝日」も入れていた。「大阪朝日」は大正デモクラシーの最先端をゆく新聞として、ときの寺内内閣批判の論陣を張っていた。そのため右翼からは攻撃の的となっていた。

彼の内には新聞で世論を動かすことへの関心は早くから潜んでいたようだ。すぐに「大阪朝日」も退社してしまうのだが、退社の後に森戸にこう書き送っている。「将来は再び新聞に出る決心です…空想かもしれませんが、小さくてもよいですから東京に自分で一つ日刊新聞を起こしてみたい。これが僕の一生の野心です」（一八年一〇月一三日）。また後年の座談会「河上肇と櫛田民蔵」（前掲）で大内兵衛は、櫛田が「無産階級の味方になるような新聞をもちたいというのが念願であった。いつもポケットへ新聞の創立目論見書をかくしていた」と回想している。

櫛田が高野研究室で「同人会」の世話や『国家学会雑誌』の編集で活躍していた一六年初夏から、「大阪朝日」入社の話はあった。河上が高野の紹介状をもって「大阪朝日」社長の村山龍平に櫛田の採用を打診していた。「大阪朝日」から奨学金補助を出すことも条件だった。河上書簡（『河上肇全集』二四巻所収）によれば、村山社長のポケットマネーから勉学中に月二〇円を援助し、二年後には採用するとの話であった。河上は櫛田を身近に呼び寄せたかったのかもしれないが、高野の了解と本人の希望があったからこそだったと思われる。大内によれば、「大阪朝日」の方から河上に論説記者になる人物の紹介を頼んできたので、河上が奨学金の支給を条件に櫛田を推したという（大内兵衛『私の履歴書』）。

櫛田は生活のための副業をしないで勉強する時間を得たかったようだ。収入源だったカーネギー財団の委嘱仕事も終わり、櫛田にとって定収がありながら勉強できるところ、しかも関心のある分野となると新聞社だった。

こうして櫛田は一七年四月に「大阪朝日」に論説記者として入社した。フキと結婚してからの新居は兵庫県武庫郡下鳴尾村（現西宮市）に落ちついた。編集局長・鳥居素川、社会部長・長谷川如是閑、論説委員・大山郁夫（一二月に政治記者で入社）など、リベラル色の強い錚々たるメンバーがいて、櫛田の関西方面での人間関係がひろがった。なかでも長谷川如是閑とは初対面だったが、櫛田はその人柄にすぐ惹かれたらしい。東京帝大新人会で櫛田と接した嘉治隆一は、櫛田の如是閑観につきこう回想している（『歴史を創る人々』一九四八）。

「新人会本部の旧い西洋館に大きな火鉢を囲みながら、櫛田さんは数人の学生を前にして話し込んでゐられた。…櫛田さんは知識階級論を一席語られた後、現代日本に於ける典型的な知識者の地歩に論及せられ『氏こそティピカルなプティブルジョアであり、反抗的な江戸っ子の良き方面のみを充分に伝えた大思想家である。啓蒙時代に最も必要なものはかかる型の批評家でなければならぬ』といわれた」。また、如是閑の著作は「細大洩らさず熟読」していて、父親が上京してきたおりに「父子相携えて東中野に如是閑翁を訪ねられ、…揮毫を依頼して大喜びで東北に帰られたと、これは櫛田さんがニコニコしながら話されたところであった」。

如是閑によれば、櫛田は「まったく調査室の一室に閉じこもって、大学の研究室にいるのと少しも変わらぬ態度方法を続け他に社の仕事はしなかった。…新参の同君は社内の様子がわかってくると、他の社員に対してすまない気がして、しきりに日常の記者の仕事を求めるのであった。けれども私たちはそれを同君に求めて入社してもらったわけではないから、大学にいるつもりで研究をつづけるように進めたが、君はどうしても落ちつかない。これは同君の半面に非常に細心な、社会的気質をもっていたためで、記者生活をやめて教授生活に帰っても、大原研究所の研究員となっても、その周囲への細かい関心を忘れたことは」ない（長谷川如是閑「櫛田民蔵君の思い出」『中央公論』三四年一二月号）。

櫛田の『大阪朝日』論説の主なものをあげておこう。

一九一七年には、「非立憲的追加予算」(6.19)、「経済界の好況と労働問題」(6.27)、「義務教育費国庫補助案」(7.1)、「労働争議調査」(7.19)、「労働局新設内議」(8.5)、「資本家の社会政策」(8.13)、「労働保険」(8.28)、「再び物価調整令について」(9.1)、「小所得者階級の経済的自覚」(9.17)、「首相の教育訓示と経済演説」(10.7)、「農相の経済政策」(10.21)、「政党の農村社会政策」(10.21)、「現内閣と労働問題調査」(11.9)、「蔵相の正貨蓄積論」(11.19)、「所得税法改正の必要」(11.26)、「軍備税と消費税」(12.9)、「過激派政府とマルクシズム」(12.19)。一九一八年には、「致富か防貧か—政府の細民調査」(1.3～4)、「高等試験と法科大学」(1.20)、「ドイツの大罷業」(2.3)、「物価騰貴の新教訓」(2.23)、「現政府と物価調節」(2.25)、「優良職工の表彰」(3.9)、「疑獄事件の社会的絶滅策」(3.14)。

労働政策や経済政策で、時の政府を批判するものが主なテーマである。歴史学派左派的な社会政策の素養に、戦時経済やマルクス主義の勉強を加味した当時の櫛田がうかがえる。八月五日の「労働局新設内議」は、「救貧は道義同情の問題なれど」「社会政策は労働者側の権利伸長」の問題であるにもかかわらず、政府の労働者対策はこれを「同一視」し、労働者の権利伸長より「救貧」対策に重点ありと批判した。八月一三日の「資本家の社会政策」では、資本家団体の社会政策が労働組合の必要に一語も言及しないことを指摘した。日本資本主義は労働基準法はおろか、労働組合法すら幾度も議会に上程されながらも、都度資本家団体の異論で太平洋戦争の敗戦まで制定されなかった。社会政策を「救貧」や労働者救済に矮小化する民主主義精神のおくれを、これらの論説はついていた。そこには労働者階級を大事にする歴史学派左派の心意気が見てとれる。

一方、櫛田の関心は広く世界にもはらわれていた。

一二月一九日の「過激派政府とマルクシズム」は櫛田のロシア革命の理解として興味深い。彼の数少ないロシア革命批評の最初のもので、どのように受けとめていたかがわかる小品である。執筆当時は一〇月革命直後であり、革命の実態については日本ではほとんど知られていなかった。大内によれば、櫛田は「レーニンとは何者か、社内ではだれも知らない。全朝日を挙げて調べてみてもレーニンの正体はわからない」ので、京大に行って「いろいろな先生に聞いたが全然わからない。たまたま米田庄太郎先生に会ったら『確か農業学者だ。資本主義と農業とかいう本がある』というので、調べてみたらあったので」分かったという(前掲『私の履歴書』)。堺利彦ですら一〇月革命の前までは「無政府主義者・レーニン」などと誤解していたし、諸外国の情勢についてはもっとも情報と文献に通じていた山川均も、一〇月革命の評価はなおマルクス主義と無政府主義のはざまでゆれていた。そして世間一般では、それは突発事件のようなもので労農政府はそのうち倒れると受けとめられていた。櫛田も同じような見通しをしていた。しかし同僚の大山郁夫が労農露西亜の独裁政権を「デモクラシーの堕落」と批判したのとはことなり、マルクス主義を物差しとすればどう判断するかという、独特のスタンスにたっていた。

すなわち、「マルクスの共産主義はロシアにおいて実行」されたとなすものあるが「吾人は到底かく信ずること能わず」と切りすてる。その根拠が独特で、『資本論』の「資本集積の一般法則」を引用して、資本主義発展の中で労働者階級が結集され組織され訓練されることによって社会革命が必然となるというこの前提がロシアには欠けていると指摘した。そして「自由主義勝利の時代をぬきにして、一足飛びに共産の時代に走らんとするもの」で「衆愚の跋扈に任せ、その結果は却って…その自滅を招くの他あるべからず」。「世界史上の一偉観なりといえども…マルクシズムの妄信にほかならず」と手きびしい。

この種の批評は欧州ではカウツキーなどによって展開されるのであるが、当時の日本では異色であった。櫛田は、ロシア革命の報に感涙にむせんだという堺や山川たちとはあきらかに別の世界に在った。

なおこの小論は話題になったらしく、長谷川如是閑は「私たちは後にそれを櫛田君の『新経済政策』の予言と呼んだのであった」（前掲「櫛田君の思い出」）と述べている。レーニンが「戦時共産主義」からＮＥＰに踏み切った客観的な必要を、櫛田が予見したという意味であろう。

一八年二月三日の「ドイツの大罷業」も当時の櫛田のスタンスをよく示している。

これは第一次大戦末期に対仏戦の膠着などでドイツ国民の厭戦気分も高まり、平和とパンを求め一八年一月に組織されたゼネラル・ストライキを論評した小品である。大衆の不満を政治的に代表した主流派は、祖国防衛主義で政府に妥協した社会民主党だったから、ロシア一〇月革命のレーニンのような「帝国主義戦争を内乱へ」という指導はもとよりなかった。ただ戦争を早く終わらせてほしいという大衆の要求に押されてのゼネストであった。レーニンらのツインメルヴァルト左派からはこの日和見主義にはきびしい批判がされていたのはいうまでもない。

櫛田は、ドイツ社会民主党と労働組合は、「その主張をなげうつにあらず」。「主張を貫徹するためにまず戦いつつある」のだと説明した。そして社会民主党の当面しているのは植民地戦争ではなく「国家存亡の戦争」であるとし、「戦時社会主義の実行が、資本家的階級国家と資本家的経済制度の自然的消滅をきたす」と信じている結果ではないか、と分析した。社会民主党の不徹底な態度の理論的な根拠を弁護調で紹介したわけだ。

ロシア革命と一八年一月ゼネストへの評価から、当時の櫛田は客観的には第二インタナショナル中央派や講壇社会主義のスタンスにあったといってよい。カウツキーをはじめその方面の文献にどの程度精通し、また影響されたのかはわからない。むしろ戦時経済研究から得た国家社会主義への知見や、「大阪朝日」編集部などリベラル派のスタンスに自己流のマルクス主義的解釈を加味した結果だとも考えられる。

2．フキと身を固める

このように多方面に健筆をふるいながらも、マルクス主義そのものを究めようという努力は「大阪朝日」時代から数年かけて集中してなされたようである。

一七年七月の河上書簡では「拙宅にての『マルサス会』として、後年櫛田の論敵となる高田保馬（当時京大講師）、櫛田、河上で経済学の研究会をしていることが記されている。一八年二月の河上書簡には「オッペンハイマーの独占論の研究」を三人でしたいとあった。

森戸には「戦後は、日本の内政問題の中心を成すとの説が多いやうです。河上先生などは、一生懸命吾が時代来れりとなし、マルクスの勉強をはじめています」（七月二六日）、「スミスとマルクスとより外に経済書は読まぬ事と心ひそかに決めて来た」が、洋書の目録を見ると目移りしてこまる（八月一二日）などと書き送っている。河上と意気投合しながらの切磋琢磨が本格的にはじまった心境を推察させる。「スミスとマルクス」以外は読まぬというあたりは、マルクスをあちこち齧るのでなく、経済理論的には半端な歴史学派の世界を脱し、古典派経済学の真の限界と積極的側面をとらえ直して、マルクスにいたるまでを系統的に追う心意気を感じさせる。

また翌一八年四月二八日の森戸宛の書簡にはこうある。「マルクス生誕百年を記念し共産党宣言の合訳（河上先生と）をパンフレットとして世に出すつもりに候。この十日までに訳了出版のつもりにて、ヘビーをかけ居り候。日本でもモウこの種のものを読むの必要あるやに感じ候、戦後はいよいよ問題が起こるべきか、どうも自分等の命がけにて働くべき時の来り候様の気持ちにてならず候」。ただこの合訳は実現しなかった。またかならずしも河上も櫛田も『共産党宣言』の線で自分たちの立場を固めたわけではなかった。櫛田は歴史学派左派の世界に身を置きながらも、あらためてスミスやミル、リカードからマルクスに登る途上にあり、社会政策学会の重鎮でもあった河上もその人道主義のカラを脱がぬままにマルクス探究の旅に出ていたといってよい。

一七年一〇月一六日の権田宛書簡では、「記者生活なれども、依然として学究生活、研究室時代よりも勉強時間の多き代わり学究癖も一層甚だし、性慾も追々其の方面に変化し行くやう覚ゆ」。見たように櫛田は恋多く、やたらと見染めては失敗をくりかえしてきた。その動物的エネルギーは勉学にふりむければ相当な効果があったのだろう。河上には何でも打ちあけたらしく、九月一八日には「貴兄の御勉強が仰の如く性欲の一変形ならば、小生の勉強は恰も貪欲漢の金儲け」だという、妙な共感の手紙が河上からとどいている。このころは前述のように山口フキとの婚約も確定して、やっとおちついた心境だったのだろう。

一九一七年一二月　民蔵とフキの結婚写真

第二の人生—といってもすでに三五歳だから当時としてはかなりの晩生だったが—の出発は一二月に京都の都ホテルで執り行われた結婚式だった。河上は人生初の仲人をつとめた。それは郷里の恩師「藤代先生が風邪のため」(森戸宛)急きょピンチ・ヒッターで起用されたのだった。式には長谷川如是閑、鳥居素川も列席。櫛田三五歳、フキ一九歳だった。新居は「下が三部屋、上が二部屋あって家賃は十一円。三人の食費は三十円前後でまかなえた」(前掲『たくさんの足音』)。フキによれば給料は百円であった。私生活のおちつきは、理論活動のおちつきの大事な要件であることが、その後の櫛田の研鑽の様に示されていく。

しかし、おちついたとはいえ、櫛田の反骨精神だけは相かわらずで、早くも「大阪朝日」の社風に不満をつのらせていった。そして在職わずか一年にして退社してしまうのである。主筆の鳥居素川が櫛田の原稿に赤を入れるのが我慢ならなかったらしい。前掲長谷川の回想によれば、はじめのうちは我慢していたが、自分の専門的な分野の原稿にまで、「寺内内閣攻撃の文句が加えられるに至り…平生めったに不平を口に出さない同君も、内々でこまるこまるとコボして」いて「学者的に—というよりもむしろ芸術家的に—潔癖な櫛田君はとうとう我慢しきれ」なくなった。

「社論とたしょう説を異にするやも知れず、併しかく以上は、心になき事は到底かき難く…この実世界の苦は初より覚悟し候処」（一九一八年三月二三日森戸宛）とはいうものの、四月九日には退社届を出し、家も兵庫県から京都市上京区田中町字京道通りへ転居してしまった。

四月一〇日の森戸宛書簡によれば、「僕の主張は当地資本家の反対あり社長も多少間に挟まり当惑の様子あり、僕の主張は社内の労働問題（特に印刷機工の賃金値上）を喚起するの恐無きにもあらず」と、社に迷惑だと一応はしおらしいことも述べていた。社は引きとめに懸命だったようで、主筆（鳥居）、は「社説班を抜け研究室で自由に」と勧めるが、それでは「事実上僕と大山（郁夫—引用者）君の隠居所のようなもの」だ。「大山君は政治記者」なので、社と意見は一致するかもしれぬが、「自分の経済論は一致しない」と述べている。また四月二七日の権田宛書簡にはこうある。「社を出るのは遺憾だが、自説を曲げるのはモット厭だから遂に辞表を出してしまった。社ではなかなか承知してくれず、押し問答半月におよび到々許可を得たが、絶対に縁を断つことは困ると云ふので特別客員と云ふ所で妥協した」。

四月一五日には同志社大政治経済学部講師になり、九月には同志社大の教授に採用となった。けれども最初から長居をする気はなかったらしい。教授就任の条件に「何時辞職するかも知れぬこと」とした。「当時は寺内内閣が倒れ、政党内閣になれば…（朝日に）復社し得る状態にあったから」（一九一九年一月一八日森戸宛）となお新聞に未練はあった。ただそれも一〇月に鳥居、長谷川、大山までが右翼からの攻撃に経営陣が屈した「大阪朝日」を退社し、河上も寄稿を辞める事態となり「小生は今後絶対に朝日との関係を断つ」（一〇月一七日森戸宛）にいたった。「大阪朝日」にもし「長谷川（如是閑—引用者）内閣成立し民主主義と社会政策とを」採れば「再び入社せんとの決心をもっておった」（一〇月二二日森戸宛）が、その期待は断たれたのである。ただ権田の「思い出」によれば、櫛田の新聞事業への大志もいつまでもいだいたわけではなく、ドイツに留学して帰朝してからは「新聞の新の字も口にしなくなった」という。

なおやはり河上の勧めで同時に同志社に入った小島祐馬（中国哲学）とこのとき知りあい、長いつきあいになる。

3. 古典派経済学の見直し

ところが同志社も一年もたたぬうちに辞めることになる。その事情はあとでふれるが、同志社では講義自体はさほど熱をいれず、スミス、J．Sミル、リカードをじっくり研究し、また社会政策の在りかたについて発言し、河上の世話をするなど「大阪朝日」の延長見たような日々をすごした。そして日本の労働階級の政治的に進むべき道にも考えをめぐらせはじめる。ただあくまで歩みは一つ一つ納得しながらという感じで、堅実である。

『経済論叢』一九一八年八月号に寄せた「救済調査会について」では、あきらかに高野岩三郎や森戸、大内らと呼吸をあわせた主張を展開していた。これは社会政策学会メンバーもふくめて発足した内務省の「救済事業調査会」への直言である。そこでは（調査会が）「資本家の利己心と単純なる自由競争とを是認し、一方に貧困を作りつつ、他方にこれを救済する如きは…社会生活の理想を去ることはなはだ遠し」と喝破した。そして「救済事業」の名称を「社会問題調査会」にあらため、その最優先調査項目を「特殊部落民問題」と「労働組合問題」とするよう主張した。当時高野もこの委員会で「労働組合調査を第一に」と求めていたのである。

社会政策の本旨は「慈善」ではなく、あくまでも資本の搾取の強化を規制する無産者の組織的力を法認し育成するにあるという櫛田の持論は、いっそう高唱されていく。当時社会政策学会の幹部たちは高野をのぞき保守的であり、労使協調的傾向を強めつつあった。高野学校の大内、森戸らはこれに反発を強め、もはや社会政策学会の枠にとどまらぬいきおいを見せていた。

大正デモクラシーと米騒動、未解放部落民による「水平社」の旗あげ、労働組合運動のひろがりは、櫛田の社会政策の階級性への志向をいっそう強めさせながら、同時に政治運動の必要も論じさせるようになった。

『国家学会雑誌』一〇月号の「米騒動の社会観」は、無産者運動総体への考えをはじめて本格的に示したものとして興味深い。それはこう論じていた。

まず日比谷焼き討ち事件や憲政擁護運動などは「政治運動で、特定の人物が有名になったが、今回の米騒動は、経済的ないし社会的—有産者対無産者の運動」であることを指摘する。したがって「なんら政治的色彩なく、危険思想家扇動の形跡なし」という政府筋の調査は「真相を得たものと思う」。しかし「一時の群集心理にかられた」というのは賛成できない。「騒動」は需要が少で利潤を生まぬものは生産されないのを当然とする世のあり方自体への民衆の批判なのだ。「地主が、その持ち米を売ると売らざるとは、今日の財産制度のもとにおいては、原則としてその自由」である。それは「女房が一粒の米をだも買うあたわざる不自由である」。「社会に貧困あり奢侈あるは、社会の生産交換が人生の要求によりて支配せられずして需要によりて支配せらるる」のである。

かような「自由」を規制するにはどうすべきか。「ここにおいて、吾輩は無産者階級の利益を代表する第三党の出現を希望せざるをえない」。労働者階級は「直接資本家階級と対立の関係にあり、かつその生活方法は他の階級に比しもっとも似通うている。ゆえに団結の可能あり。第三党はこの後援に立つべきである。第三党はすなわち労働党でなければならぬ」とはじめて無産政党の必要を提唱したのである。しかも当時の階級関係と諸条件を配慮し、普通選挙が実行された場合、労働者の団結の力がなければ、議会進出のために労働者階級を利用しようとする「資本家の代弁者を議会におくるのおそれがある」。そこでまずは「労働組合と消費組合をつくれ」と説いたのである。

友愛会も一九一九年には普通選挙運動に乗りだしたが、その中心にあった鈴木文治の会合に櫛田が参加した感想を森戸宛に「鈴木君もだんだん元気の様子、只だ今以て渋沢男爵なんぞをかつぐのはどうかと存じます」（一〇月一三日）と書き送っていた。社会政策学会に協力的とはいえ、財界の巨頭をかつぐあたりに、政治運動に友愛会が軽々に進出することへの危惧を感じたのであろう。

ちょうど一九一九年から二〇年にかけて普通選挙実施の機運（第一次普選運動）が高まり、一九二〇年一月には野党代議士や学者、友愛会などで「普選期成連合会」が結成され、資本家・地主を代表する野党も労働組合を味方につけようと働きかけている最中だった。そこには無産階級の政治運動への進出という積極的性格と、既成政治勢力への統合という消極的性格が混在していた。だから山川均、堺利彦らは強く警戒し慎重で、一九二二年の山川の「方向転換論」を経てからようやく無産階級政党運動にコミットする。そういう時代状況のなかにあっては、櫛田の認識は政治的に的確であったといってよい。

当時の無産者運動の思想状況についての櫛田の認識をうかがわせる手紙がある。

「『新しき村』と『新社会』と『労働及産業』とは…相当に成育し行くものと存候、そして日本の思想界の傾向も大体この三雑誌の方向に走りつつあると存候、河上先生などは大のマルクス研究者に候も思想の傾向より云へば新しき村に属し候やに存候」(九月二〇日森戸宛)。『新しき村』は武者小路実篤、『新社会』は堺・山川、『労働及産業』は鈴木文治の友愛会機関誌である。吉野作造の「民本主義」はここではあげられていないなど、一八年当時の「思想界の傾向」を「三雑誌」で代表できるとは思えないが、それはさておきいわば純マルクス派(『新社会』)と友愛会をわけ、文面では、なお『新社会』一派ではなく『労働及産業』に肩いれしている風が感じられる。だが一方で「マルクス研究者」河上ではあるが「思想の傾向」は「新しき村」だとしている。当時の河上の迷いを言いあてている。

同志社大学法学会『政治経済学論叢』(一九一九年一月)に寄稿した「スミスの賃金論と社会問題」も過渡期の櫛田の模索を感じさせる。そこでは「貧富の懸隔」「階級間の闘争」への「四種の見解」として、①実業家側の解釈、②大学社会政策論者、友愛会の解釈、③『新社会』の解釈、④宗教家・人道主義の解釈を挙げる。そして①はスミスからJ・S・ミルに至る「自由放任論」の系譜だとし、スミスがどう社会問題を考慮したかを吟味する。スミスは工業の発達とともに労働者生活も向上したと説くが、今はそうなっていないと指摘する。すなわち現代においては問題は「国富年々の増加にかかわらず、労働者の貧困はますます増加し、国富増加の割合に比し、何故に労働者の生活は向上しえざるかにある」。一方スミスはけっして自由放任論ではなく社会政策論者ともいえるという。分業の弊害、出来高払いの弊害、幼児死亡などに言及していたし、また雇用主に対し労働者がいかに不利であるかも認めていると、櫛田は指摘する。この点で、スミスの主張は、実業家のように「自由放任論」のみにたつのではなく、②の労働組合主義と「同一の学理的根拠」を有すると櫛田は説く。それでは③のマルクス派をどう位置づけているかというと、『共産党宣言』を引用してマルクス派は「労働全収益説」故に「土地と資本の共有を」主張すると判定している。「労働全収益説」なるものはリカード学派からプルードン、ロードベルツスを経てメンガーにいたるまで影響された説で、マルクスの労働価値説とは似て非なるものだ。櫛田はまだメンガーやブレンターノの世界を一部ひきずって、勉強途上だった。

それはともかく、マルクス主義に期待をかけている櫛田が、スミス、リカードとマルクスの継承性を説明しようと四苦八苦している感のある論文だ。古典派経済学の「自由放任論」が、窮乏化の進展によって現実的でなくなったことを反映して、当時の先進的な研究者の多くがそうであったように、まずは社会政策にとりくみながらマルクスにも接近した。それは従来日本で「自由放任論」故に不当に評価されてきた古典派経済学の積極的側面の再評価にもつらなった。いきおい古典派のなかにも社会問題への認識があり、それが、ミル、リカードを経てマルクスに継承された様を解明しようとする機運も生んだ。河上がその典型で、マルクス経済学について豊富な知識を有しているにもかかわらず、彼の「社会主義者としてのゼ・エス・ミル」なる論文は、なお古典派経済学とマルクス主義を直線的にむすびたがる気持ちがにじみでていた。

『新しき村』的世界に心残りながらマルクスにほれこんだ河上と、古典派経済学とマルクスの区別と関連を探究中の櫛田が、師弟で同じような問題意識を議論しながらマルクスに接近していく時期なのであろう。だが一年もたたぬうちに櫛田が一歩先んじてマルクス主義の正確な理解に接近するのである。

第四章 『共産党宣言』と唯物史観に着目

1. 森戸辰男、権田保之助、大内兵衛、『我等』

同志社時代に、河上肇の前途を左右するような事業に櫛田が一役買ったことがある。一九一八年末、河上は「大阪朝日」への寄稿をやめたので『日本一』という雑誌に寄稿しようとしていた。これを知った櫛田と同志社教授の友人・小島祐馬が個人雑誌の発刊を勧めた。しかし河上は躊躇するので、二人で京都の出版社・弘文堂を口説き個人雑誌のおぜん立てをしたのである。かくて世に出た月刊雑誌が有名な『社会問題研究』である。一九一九年一月に創刊され一九三〇年一〇月までつづくが、発売四カ月目で二万部、最盛時五万部というヒットになった。大正デモクラシーに沸く学生、インテリの必須アイテムになる。ほとんどが河上の書きおろしか翻訳で、河上の名声も収入もその多くは『社会問題研究』に拠ったといっていい。その創刊号（第一冊）の「序」の最後には「余は、余の知らざる間に、斯かる自由の天地を余のために調へ呉れし二人の友人に向かって、深く之を感謝するものである」と、櫛田と小島への謝意が記されていた。

このように京都の河上と一体であった櫛田であったが、やはり京都はきらいだった。

一九一九年一月、権田保之助に「いよいよ東に帰るに決した。…また同人会で議論でもするかな」と手紙を出した。早くも同志社にあきたらなくなったようだ。「大阪朝日」にいた長谷川如是閑も大山郁夫も「不敬記事」で右翼から攻撃されて辞職し、東京に行って雑誌『我等』を発刊して意気さかんだ。櫛田は森戸辰男に、長谷川が櫛田の名刺を持って『我等』の原稿を依頼にいくからよろしくと二月に伝えていた。「同人会」のような理論的刺激に満ちた面々は、河上を別にすれば関西には見あたらなかった。とりわけ東京帝大では法学部から経済学部の独立（四月）をむかえ高野傘下の同人会の若手は燃えていた。親友・権田もいた。「東」に心惹かれるのも無理なかったろう。

しかし二月には大学の内紛から「半年交替にて部長事務を見ることになり…初回は小生に当たりやむを得ず引き受け閉口」（二月一一日　権田宛）という事情で同志社大法学部長に就いた。学部長として、内紛の原因となった瀧本前学部長の首を切ってさしちがえで自分も辞めたとか、彼にのみさしの葉巻を投げつけて席を立ったとか、当時の櫛田の行状についてはさまざまな回想があるが、ともかく三月二〇日には退職してしまった。

三月二一日に櫛田は森戸にこう書き送っている。「同志社問題は負け軍だ。滝本氏は小生等の辞職を機会に益々勢力の拡張に努め…。此の上此地にグヅグヅして居るのも面白くないから早々上京したい」。櫛田が上京してすぐに、政友会系の「大阪新報」が「佐々木、河上が、櫛田、小島を使って同志社を乗っ取ろうとしたが失敗。櫛田、小島は逃げ出した」と報道したという（前掲鼎談「河上肇と櫛田民蔵」での小島証言）。

東京へ帰るとひとまずフキの実家である牛込新小川町山口方（現在の新宿区築土八幡そば）に落ちつき、さしあたりの食い扶持として年俸四〇〇円で東京外語の、年俸三五〇円で東大の講師になった。さらに中央、専修、立教の講師もやった。

七月に東中野に転居した。「その横丁の突き当りは長谷川如是閑の家で、戸山が原の大山郁夫家とも近かったので、櫛田は三日にあけずこの先輩たちと行き来して議論をした」（櫛田フキ『たくさんの足音』）。また大久保にあった大内兵衛宅も近かった。

さっそく経済学部高野研究室に顔を出して歓迎されたであろう。このころ権田は助手で、宇野弘蔵と向坂逸郎の二人を相手にドイツ語講読を担当し、宇野を気に入ったという。すでに「活動」（トーキー映画）や民衆芸能に打ちこみ、のちに宇野を大原社会問題研究所での浅草花街の実態調査に引きいれて指導するなど、その筋の頭角をあらわしていた。当時の権田についての回想は、宇野の『資本論五十年・上』にくわしい。櫛田の主な趣味であった「活動」見物と落語も権田の影響だったらしい。

櫛田は、京都大学で経済学部独立の準備をしていた河上を、独立したばかりの東大経済学部高野研究室に調査に案内した。

また執筆活動もさかんで、創刊したばかりの『我等』の同人になり、五月号に「資本家経済における矛盾と調和」を寄稿し、マルクス経済学の勉強の成果をつぎのようにすこしばかり開陳した。

「機械の使用」のもたらす資本家の競争と資本の集中は、「中産階級の没落」「労働者の貧困」を生み、「固定資本の増加」は「流動資本」＝賃金の比較的減少をともない購買力の減少をもたらす。「資本家はこの矛盾を脱せんがために」「海外における販路拡張」と「社会政策」を実行する。「侵略主義といえば、いかにも聞こえが悪く、社会政策といえば、いかにも品がよいが、実は同一の目的により出ずる外形を異にするところの方策にすぎない」と。

不変資本と可変資本というべきところを、「固定資本」と「流動資本」で説明するなどまだ至らなさはあるが、社会政策自体を帝国主義戦争と同根におき、ともに「資本主義の矛盾」の脱却策と規定するなど、もう社会政策学会の枠にはおさまらなくなっていた。

『国家学会雑誌』七月号には「『ゼ・エス・ミル』の社会思想」を寄稿した。これは先に見た古典派の再評価の一連の産物である。そこで河上の「社会主義者としてのゼ・エス・ミル」を援用しつつ、ミルは競争賃金以上の賃金は失業を生むとの自由主義的考えに立つ一方で、一定の条件下で労働組合の必要も認めたことを紹介した。しかし河上のミル評価のように「社会主義者なりと断ずるには、多少の疑問」で、生産手段の公有、そのための階級闘争の手段の是認がなければ社会主義者とはいえないと異を唱えた。思いこみの強い河上と、あくまでも順序だてて納得しようとする櫛田のキャラクターの差が、はやくもにじみでている。

同人会にも復帰した。八月には森戸の論文「社会政策の基礎概念」（『国家学会雑誌』）をめぐり、櫛田と森戸が「堂々たる応酬」をしたと大内兵衛は回想しているが、ほぼマルクス派の立場に立って主張をしはじめたのであろう。

このころと思われるが、大内はこう回想している。櫛田がマルクス主義に接近するにつれて「森戸君が影響され、僕も多少それに影響されて何となくそういう雰囲気に同人会がなってきた」（前掲『私の履歴書』）。また、すでに大原社会問題研究所の事実上の所長の役割をはたしていた高野岩三郎から、上京早々に研究所の嘱託を打診され、森戸とともに引きうけた。大阪天王寺に大原研究所本部が落成（一九二〇年五月）する前なので、東京の高野配下の面々が実務的にも働いたらしい。

森戸宛書簡にはこう述べていた。「大原の研究所の趣意書は、いつ頃やりましょうか一寸御都合伺ひます。河上先生の方はすすめて見たが、とも角九月まで塾考させてくれとの事」（八月二二日）。

「趣意書」とは九月に大阪で開かれる大原研究所の会議で決定された趣意書の草案であろう。大阪の会議には櫛田も出席した。また高野は河上を研究所の役職に迎えいれようとして櫛田を通じて打診をしていたが、河上はなかなか首を縦にふらなかった。この件は櫛田の仕事としてあとまでひきづられていく。

同人会でも中枢メンバーとして高野の相談役の一人になっていた。九月には政府から要請されたＩＬＯ労働側委員顧問を受諾すべきか否かで高野が同人会の面々と相談した際も同席し、全員が受諾に賛成した。この件は入り組んでいて、政府が一方的に労働側委員を決めるやり方に強く反発した鈴木文治をはじめとする友愛会と高野は、たがいに心外な対立関係に置かれてしまった。高野は友愛会と協議し委員を辞退することにした。その協議の際も大内、権田とともに櫛田も立ちあった。この問題の責任をとって高野は一〇月に東大を退官（慰留されて講師はつづける）し、大原社会問題研究所所長を引きうけてそちらに専念することになる。

当時森戸と櫛田は、社会政策学会理事長となっていた高野を助けて学界事務局の仕事を手伝っていた。社会政策学会の保守系のボスたちが、労資協調を宣伝する映画を上映しようとしたことに反発し、同人会の櫛田、森戸、大内、権田らが脱会届を出して抗議するなど、高野を左から支える役割も果たした。

河上も学会の重要人物であったが、ある日河上から大内に「東京に行って社会政策学会の諸君の意見…特に高野先生及び櫛田君の意見を伺いたい」と打診してきた。そこで社会政策学会の例会として河上の話を聞くことにした。河上は「自分は遂に一命を賭して主張すべき立場に到達した。日本は世界有数の官僚組織及び国家組織をもった国である。従ってこの国においては、そうした組織を利用した社会主義がやれると思う。ただちに国家社会主義のプログラムをもって登場すべきである」と提唱した。これには高野もふくめて異をとなえ「櫛田君が最もはげしくこっぱみじんに河上説をやっつけた。…河上さんは徹底的に批判されてさんざんの態であった。…『それではもう一度考え直します』といって帰った」（前掲大内『私の履歴書』）。

ドイツで流行った戦時経済から国家社会主義へという議論に感化されたらしい河上を、その種議論を戦時経済論の研究で知悉していて、いち早く卒業した櫛田がさとしたわけだ。

大内はもう一つエピソードを紹介している。一九一九年度の社会政策学会総会で、福田徳三が「学会には社会主義者を入れるべからず」と主張し、「第一に櫛田民蔵第二に麻生久」とやり玉に挙げた。これには高野が「福田君、つまらぬことをいうな」と諌めて打ち止めとなった。

福田はそれなりに世話したのに配下にならなかった櫛田には、例の婚姻問題さわぎに見られるように、何か特殊感情を抱いていたとも想像できるが、河上をさしおいて一番目に「社会主義者」と指名されるくらい、櫛田は札付きに出世していたようだ。

櫛田は東大の演習ではドイツ語経済学でメンガーの『国民経済学原理』を使った。これには有沢広巳、大森義太郎、土屋喬雄も参加した。土屋は当時を「儒者を思わせる風格をもった櫛田先生」と回想している（「私の履歴書」『日本経済新聞』一九六七年四月連載）。専修では、カウツキー『エルフルト綱領解説』をテキストに使用した。

有沢広巳はこう回想している。櫛田は学生が「Ｗｅｒｔｌｅｈｒｅ」を「価値説」と訳すと「断固として価値論と訳さなければいけない」という。また「内容についても一言一句ゆるがせにしない。例えば原論の冒頭の文句に『すべての現象は因果的に制約されておる』という一句がある。…学生が『すべての現象は』と訳した。…それを『それはどういう意味か』と聞くんです。…学生もなんとも答えようがない。そういう風にいじめておいて、先生は『古典と言われるものは、開巻第一句の文句は容易ならぬ意味を込めたものだ。全巻の要約された精神がそこに書かれている。それをきみたちはただ文法的にまちがいのないような訳し方をして済んだと考えているが、そういうことでは古典は読めません』と決めつけるのです。ぼくらはびっくりしました」（『学問と思想と人間と』）。有沢は櫛田の印象が強烈だったらしく、自分の東大最終講義（一九五六年二月一六日）でも「マルクスを深く研究しておられた先生がわれわれに教えてくださったことは、学問の尊厳と厳しさという事でありました。その先生の講義がわたしになんらかの影響をもったものと考えます。…教わったのは、わずか四カ月ぐらいでありました」と述べている。向坂逸郎も経済学部生だったが櫛田の講義はうけなかった。しかし有沢や大森から耳にしたのであろう。櫛田に一目置くようになった。

櫛田は雑誌『我等』の同人として編集にも参画していった。長谷川如是閑をはじめ気心知れた同人が多く、櫛田も楽しかったのではないか。その九月号には退社した「大阪朝日」への鬱憤を晴らすかのように「新聞紙の自殺」を寄稿。「思想機関の資本家的支配は、いっさいの禍根。…大阪朝日事件あり…新聞は民衆の味方でないことを証拠立てつつある。…資本家によって奪われた民衆の機関を奪還すべき時が来た。…真に民衆の味方たる労働新聞をつくれ」と勇ましくぶちあげた。

帝大新人会にも招かれるようになった。一一月三〇日の新人会創立一周年記念祭では来賓として、堺利彦、山川均、吉野作造、森戸、長谷川とならび招待された。

一二月七～九日に開催された新人会第一回学術講演会では、大山郁夫、森戸、吉野作造とともに講師を依頼されて、「資本家社会における矛盾の発展」という演題で講演した。

その内容は『我等』五月号の論文「資本家家経済における矛盾と調和」の延長線であるが、以前は「固定資本」としていたのを「不変資本」へ、同じく「流動資本」としていたのを「可変資本」へ、それぞれあらためた。

それだけではなく、資本主義の諸矛盾が政治的にどう展開され、結局のところ階級対階級の対決に帰着すること、生産力と生産関係の矛盾は社会政策によって「調節」できるものではなく、帝国主義を必然とすることも説いている。

すなわち、「海外販路の拡張」によって「資本主義が自分自身の競争者をふやす。かくて列強の海外販路の拡張は、ますます困難になるとともに、その競争はますます激烈になる」。「世界戦争」の原因もここに求められる。「侵略的資本主義が排斥せらるることになれば、…主な資本主義国は、恐慌を免れんがために、国内の企業組織を改めて、いっそう資本家各自の競争をおたがいに制限するか、ますます社会政策を実行して、労働者の購買力を増進するか」しかない。これ「財産制度に対する資本家自身の自制である」。資本家社会を存続せしめてきたのは「自己制限を実行」してきたからであって、社会政策は矛盾を「調節」するものではなく「労働者の欲望の増進を促し」労働運動を発達させる。そして階級戦という「力の問題だけが残される」。「これらの事実は、…私有財産をそのままにして、この矛盾を調節しようとする努力が、いかに無効であるかを証拠立てるもの」である。

また階級闘争のあり方としてつぎのように述べている。「労働運動だけを重んじて、財産制度の変革を忘れるもの…これは単純な破壊に終わるか、まったく現実に堕落する。…財産制度の変革をのみ急ぎ、その方法を問わざるものがある。これは…現実に堕落するか…まったくの空想に終わる」。当時山川や大杉栄らに交わされた「アナ・ボル論争」、労働組合内にさかんだった直接行動と政治行動の論争などを櫛田なりに受けとめ判定をした感もある。無産階級運動の方向についても判断力を身につけはじめていたこともうかがえる。理論の世界に閉じこもる櫛田民蔵という大方の観方とはやや異なった姿がうかがえる。

最後にこうのべている。社会の発展がかくのようなら「手をこまねいて、発展の熟するを待てばよいではないか…

資本主義そのものの発展に努力すればよいではないか」と問われるが、しかし問題は「手をこまねいていることが、どうしてもできなくなるのである」。

2. 飛躍――「『共産党宣言』の研究」

見てきたように櫛田は『大阪朝日』から同志社を経て東大へ舞いもどるまでの二年間弱でマルクスの学説へのオーソドックスな理解に近づいて行った。その一里塚が『共産党宣言』（以下『宣言』）の研究である。そして『宣言』の研究は唯物史観を究める仕事の跳躍台となる。

このころから櫛田の研究態度はあきらかに腰が据わる。歴史学派とマルクス経済学との、さらには古典派経済学とマルクス階級闘争論との折衷の模索を脱し、おのれのすすむべき大道を見定め、数年単位で体系的にマルクス主義を究めていくようになる。

すなわち、まず唯物史観から入り、つぎに価値論を経て、信用論と貨幣論に向い、その途中で立ち寄った地代論・農業問題をしあげる途中で、生涯を閉じるのである。『櫛田民蔵全集』初版第二巻の「編者解説」で、大内兵衛はこう述べていた。「著者がくりかえしていっていたところによれば、農業問題は著者の道程における道草であって、いつかは再び貨幣論、特に信用論へ立ち帰るはずである」。道なかばで早逝していなければ、信用論を経て恐慌論に進んだのであろう。あたかも『経済学批判』→『資本論』第一巻→同第二巻→同第三巻へと歩みを進める風であった。

さて、櫛田は先に紹介したように、一九一八年四月には河上肇と『宣言』を共訳で刊行しようとしていた。

『宣言』は一九〇四年に堺利彦・幸徳秋水が「平民新聞」に訳載し発禁処分をくらってから国禁の書あつかいされたが、研究資料としてなら堺の『社会主義研究』などにも掲載できたし、また洋書であれば入手できた。大正デモクラシーからの一時期まではおおらかで、『共産党宣言』を『×××宣言』などとしなくとも、一般雑誌で言及できた。河上との共訳は実現できなかったが、櫛田は『改造』一九一九年一〇月号に無署名で『宣言』の三章を「社会主義者の社会主義評」と題して訳出した。二カ月後に創刊され森戸事件の発端となった東大経済研究会『経済学研究』一号にも、今度は櫛田訳と明記して「社会主義者の社会主義評」が掲載されていた。クロポトキンをとりあげた同誌の森戸論文は起訴の原因となったのに、『宣言』抄訳のほうは問題にもされなかった。

なおそのころ、同人会叢書の一冊として櫛田訳の『共産党宣言』を刊行する予定があったが、何らかの事情で不可能になった。しかし「櫛田君はいつもその訳稿を懐に入れて歩いていた」という（大内兵衛『経済学五十年』）。

河上との共訳計画が一九一八年春で、そのころには『宣言』全文は通読し終えていたと思われる。だがまだ「労働全収益説」を『宣言』の思想と誤解したりしていた（「スミスの賃金論と社会問題」一九一九年一月同志社大『政治経済学論叢』）。なおゾンバルトやブレンターノの影響から脱しえぬ『宣言』の受けとめだったといってよい。その状態を脱するにはマルクス・エンゲルスの理論体系総体を一応は把握しなければならないが、その鍵は唯物史観の理解にあった。その点で「『共産党宣言』の研究」（以下「研究」）ではあきらかに一皮むけた姿を示すのである。

さてこの「研究」草稿はドイツ留学直前（一九二〇年初秋）に大原研究所に提出されたものだが、『大原社会問題研究所雑誌』（以下『大原雑誌』）には掲載されなかった。櫛田没後の一九三五年に大内兵衛らによって編纂された『櫛田民蔵全集』に収録しようとしたが、時世からして断念。その後草稿は、東京柏木に移転した大原研究所内で空襲もあってしばらく所在不明だった。偶然一九六九年に研究所の倉庫の整理中に原稿が発見され、大内らの手で一九七〇年に青木書店から公刊された。大内は公刊にあたり文体や引用文献などかなり補正をして読みやすくした（『大原雑誌』六一七号、玉岡敦論文参照）。

なお櫛田克己によれば、一九三〇年ころ『宣言』全訳のガリ版刷りが大原社研内に出まわっていたことがあり、それが一九三〇年一一月に長谷川早太訳で大阪労農書房から出版された冊子である可能性があるとのことである（「櫛田民蔵素描」『社会主義』一九八〇年六月号）。

それはさておき、櫛田がどういう心つもりで『宣言』に挑んだかはつぎのような文章に示されている。「この研究は、マルクス学のさらに進んでの特殊研究に入るための序論である。しかし、マルクスのいろいろの特殊研究からきている結論は、だいたいにおいてこの『宣言』に含まれているから、同時に、これはマルクス研究の結論でもある」。

「研究」の引用文献に当時の櫛田の勉強の水準がうかがえる。マルクスの『経済学批判』「序文」、『賃労働と資本』、「フォイエルバッハ・テーゼ」、『哲学の貧困』、メーリング編『ドイツ社会民主主義史』（一八九八年刊）とメーリング編の『マルクス・エンゲルス・ラッサール遺稿集』（一九〇二年刊「ヘーゲル法哲学批判序説」「ユダヤ人問題に寄せて」はじめ『独仏年誌』掲載論文など初期マルクスの重要論文を収録）、エンゲルスの『イギリスにおける労働階級の状態』、『家族・私有財産・国家の起源』、イタリアのマルクス主義歴史家・ラブリオラの著作などである。『ドイツ・イデオロギー』

や「経済学批判序説」などまだ手にとることはできなかった文献は別として、唯物史観を論じるための必須文献は目を通していたことがわかる。このうち櫛田が「研究」を執筆する時点で邦訳されていたのは、『経済学批判』「序文」(堺利彦訳）くらいではなかろうか。

これらの内から櫛田は「唯物史観に限定して」として四つの書を推奨する。第一に『独仏年誌』掲載の「ヘーゲル法哲学批判（序説)」、第二にエンゲルスの『イギリスにおける労働者階級の状態』、第三に「フォイエルバッハ・テーゼ」、第四に『哲学の貧困』である。

櫛田は、一九一九年初まではマルクス労働価値説を「労働全収益説」と同類ととらえていたことに示されるように、『共産党宣言』は熟読したものの、マルクスがはじめて唯物史観を経済学的に論じたとされる一八四七年の『哲学の貧困』はなお消化なかばだったようだ。

『哲学の貧困』は櫛田の跳躍にとって大事な書であって、そこではリカード労働価値論から労働全収益説を引き出すプルードンが批判されている。またそのドイツ語版へのエンゲルスの解説には、ロードベルツスをさして「道徳を経済学に適応したにすぎない」と指摘していたが、そのあたりは櫛田の河上肇批評にとって重要な示唆となったと考えられる。とはいえ櫛田が『哲学の貧困』を十全に理解するのは「『共産党宣言』の研究」を執筆したあとだと思われる。一九二四年の『改造』七月号に寄稿した「社会主義は闇に面するか光りに面するか」は『哲学の貧困』を消化しきった櫛田の進境を示すのであり、河上を追いこすマイル・ストーンとなる。これはあとでくわしく検討しよう。

それはさておき、「引用文献」にあげられたのは、今日ではいくらでも見ることのできる文献ばかりだが、当時こういう勘所の文献にたどり着くのも一苦労だったのではないか。マルクス自身が『経済学批判』「序文」で、「われわれ（マルクスとエンゲルス―引用者）の見解の決定的な諸論点を示した」書として『哲学の貧困』と『賃労働と資本』をあげている。『宣言』の多くの序文でも『労働者階級の状態』の書名が登場する。これらは日本のマルクス研究者にとっては基本的な文献になっていく。あわせて欧米のマルクス主義者によるマルクシズムの全体像の解説書類も役に立ったのではなかろうか。カウツキーの『倫理と唯物史観』（一九一五　堺訳)、プレハーノフの『マルクス主義の根本問題』（一九一九『新仏教』に連載　堺訳)、ウンターマン『マルクス経済学』、ルイス・ブディン『マルクス学説大系』(ともに一九二一　山川訳）が日本ではポピュラーだった。ただ櫛田は原典主義で、孫引きはめったにしなかったので、これらの書名が出てくることは少ない。しかしマルクス・エンゲルスの総体を俯瞰するには、これらは有益だったにちがいない。

3.「唯物史観の公式」を論ず

さて、『宣言』だけを紹介解説する人物は少なくなかった。しかし櫛田の特徴は、『宣言』一八八三年ドイツ語版へのエンゲルス序文にある「『宣言』をつらぬく根本思想」に着目し、「唯物史観は『宣言』解釈のカギである。『宣言』を正しく理解しようと思うものは、まず唯物史観が何であるかについて一定の理解をもたなければならない」と問題を立てたところにあった。当時としてはこのように問題を立てること自体がめずらしいことであって、ここが櫛田の跳躍台であった。タイトルは「『共産党宣言』の研究」であるが、その多くは唯物史観にさかれているのである。あとで見るが、河上はマルクス理解の鍵は「階級闘争」にありと観念していて、櫛田から批判される（後述櫛田論文「唯物史観と階級闘争説および正統派経済学との関係—河上肇著『近世経済思想史論』批評」）。たしかに「階級闘争」自体は、西洋における近代ブルジョア史家も歴史学派も多かれすくなかれ承認するのであって、従前のブルジョア諸科学とマルクス主義を質的に区別するものとはいえない。

さて櫛田は、「『共産党宣言』の研究」において『経済学批判』「序文」にあるマルクス自身の思索遍歴の有名な告白（岩波文庫版では「序言」）を紹介し、さらに「ヘーゲル法哲学批判序説」、「フォイエルバッハ・テーゼ」、『哲学の貧困』へと唯物史観への筋を追っている。そして『経済学批判』「序文」にあるいわゆる「唯物史観の公式」を詳細に解読した。櫛田の研究論文は、対象を左右上下から細部にわたってまでなめまわすような執拗さがあるが、その典型で、読む者に息苦しささえ感じさせる。

櫛田が「唯物史観の公式」と呼んでつねに重視したフレーズ、すなわちマルクス自身が「自分の研究にとって導きの糸として役立った一般的結論は、簡単につぎのように公式化することができる」と「序文」の中で述べたフレーズを引用しておこう。

「人間は、その生活の社会的生産において、一定の必然的な、彼らの意思から独立した諸関係を、つまり彼らの物質的生産諸力の一定の発展段階に対応する生産諸関係を、とりむすぶ。この生産諸関係の総体は社会の経済的機構を形づくっており、これが現実の土台となって、その上に、法律的、政治的上部構造がそびえたち、また、一定の社会的意識諸形態は、この現実の土台に対応している。物質的生活の生産様式は、社会的、政治的、精神的生活諸過程一

恐れ入りますが、
切手をお張り下さい。

〒113−0033

東京都文京区本郷
2−3−10
お茶の水ビル内
（株）社会評論社　行

おなまえ　　　　　　　　　　様

（　　　　才）

ご住所

メールアドレス

購入をご希望の本がございましたらお知らせ下さい。
（送料小社負担。請求書同封）

書名

メールでも承ります。　book@shahyo.com

今回お読みになった感想、ご意見お寄せ下さい。

書名

メールでも承ります。　book@shahyo.com

般を制約する。人間の意識がその存在を規定するのではなくて、逆に、人間の社会的存在がその意識を規定するのである。社会の物質的生産諸力は、その発展がある段階にたっすると、今までそれがその中で動いてきた既存の生産諸関係、あるいはその法的表現にすぎない所有諸関係と矛盾するようになる。これらの諸関係は、生産諸力の発展諸形態からその桎梏へと一変する。このとき社会革命の時期がはじまるのである。経済的基礎の変化につれて、巨大な上部構造全体が、徐々にせよ急激にせよ、くつがえる。このような諸変革を考察する際には、経済的な生産諸条件におこった物質的な、自然科学的な正確さで確認できる変革と、人間がこの衝突を意識し、それと決戦する場となる法律、政治、宗教、または哲学の諸形態、つづめていえばイデオロギーの諸形態とをつねに区別しなければならない。

……（中略）……

一つの社会構成は、すべての生産諸力がそのなかではもう発展の余地がないほどに発展しないうちは崩壊することはけっしてなく、また新しいより高度な生産諸関係は、その物質的な存在諸条件が古い社会の胎内で蛹化しおわるまでは、古いものにとってかわることはけっしてない。だから人間が立ちむかうのはいつも自分が解決できる課題だけである」（『経済学批判』岩波文庫版一三〜一四頁）。

櫛田は「研究」において、この唯物史観の「公式」を「五段」にわかつ。まず第一段は「社会的生産において、…必然的な、意志から独立した諸関係」をとりむすぶが、その「物質的生産諸力の発展段階に対応する生産諸関係」が「土台となって」「政治的上部構造がそびえたつ」。「社会的存在がその意識を規定する」というところまでのフレーズである。そして櫛田は「ここで問題とされているのは物質的生活と精神的生活との関係であるが、唯物史観とは物質と思想との問題についてのマルクスの答である」とまとめている。

「公式」の第二段は「生産諸関係」は「生産諸力の発展」の桎梏となり「社会革命」となるというフレーズだ。櫛田はこれを「階級闘争の発展」論だとする。第三段は「意識を、物質的生活の諸矛盾…から説明しなければならない」云々の個所であるが、櫛田はこのフレーズから階級闘争の「闘争的な思想」も、その持ち主個人が生み出したのではなく社会の諸矛盾の反映にすぎないのであって、「自分だけをえらい人間と思いこみ、ことに労働者に対して特殊な優越感をいだくとすれば、それはとんでもないまちがいだ」とマルクスの論旨からは飛躍した説教をしている。

なぜこのような文章がやおら筆にされたのか。想像するに当時帝大新人会などの若者が大量に「ヴ・ナロード」とさけび労働運動、農民運動に飛びこんで行く姿が念頭にあったのではないか。覚えたての理論を振りまわす者もすくなくなかっただろう。「労働者に対する優越感」を戒める態度は、櫛田の中に通奏低音のように流れている。のちに述べる福本イズムへの態度、あるいは師・河上肇が実際運動に不向きなのに飛びこんで、結果混乱だけを招いたことへの批判的な眼など、インテリは分をわきまえるべしという信念は身についていた。

それはさておき、第四段は、生産力と生産関係の矛盾のひきおこす変革のあり様として「人間が立ち向かうのはいつも自分が解決できる課題だけである。…課題そのものは、その物質的諸条件がすでに現存しているか、すくなくともそれができはじめている場合に限って発生するものだ」と結論付けたフレーズである。

政策は「理想や個人的希望」にもとづいて提唱するのは間違いであって、「正しい政策とは社会そのものの内部において、新社会の萌芽としてわれわれの眼前に発生しつつある事実、それを基礎として論理的現実的に構成されるものでなくてはならぬ。…労働組合や消費組合や、労働者自身の自治団体のような組織が持つ社会問題解決の要求。これは一般的政策の萌芽であり」云々と説いている。あわせて『宣言』第二章「プロレタリアと共産主義者」の冒頭で共産主義者は「特殊な党」ではなく、その「理論的命題」は「あれこれの世界改良家によって発明され、発見された思想や原理にもとづくものではなく」「眼前で起こっている歴史的運動」の一般的表現にすぎない、云々というフレーズの意味も、「公式」の「第四段」の適用の例としてあげた。

「第五段」は「アジア的、古代的、封建的および近代ブルジョア的生産様式」を述べた項であるが、「これはもはや『唯物史観の公式』そのものではない」とみなし、特別には論じない。後年唯物史観の議論では、この社会構成体の特に「アジア的生産様式」問題に集中しがちになるが、櫛田は唯物史観の基本に関心があったのである。

最後に「公式」の説明に「『共産党宣言』の研究」の頁を割いた理由を櫛田はこう述べている。「唯物史観」とはマルクスの「研究にとって導きの糸として役立った一般的結論」であって、「私は、この『思想の条理』、『一般的結論』またはこの『哲学』を正しく理解したうえでなくては、マルクスの発表している思想、彼の主張している言論を正しく理解することが出来ないと、考えている。マルクスがそういっているのであるから、私はそれに従ってそうしようと思う」。

この辺りは櫛田のマルクスへの実直な接し方がにじみ出ている。独創的な解釈をせず、マルクスの思索を順を追ってかみしめてその方法を理解しようという態度であり、櫛田はひたすらその道を歩みつづける。

櫛田はやっと『宣言』本体の紹介に入るのだが、そこでも繰りかえし唯物史観に関連するマルクス・エンゲルスの文献にたちもどる。『宣言』第一章の「ブルジョアとプロレタリア」の項の解説では、「資本とは何か」をまず問題にして『賃労働と資本』からの援用に多くの頁を割く。すなわち「生産において、人間は自然に働きかけるばかりでなく相互にも働きかける。…一定の諸関係を結ぶ。…社会的諸関係は…生産手段の性格に応じて相違する」。そして、「資本も一つの社会的生産関係である。…一定の社会的性格こそ、新たな生産に役立つ諸生産物を資本たらしめる」と、資本の歴史的性格を示す。

こういう調子で『共産党宣言』の四つの章をまるで解剖するように詳細に検討していくのである。

そして最後にマルクス主義におけるエンゲルスの役割についても一家言を披歴した。

櫛田は、エンゲルスが唯物史観を指して「この根本思想はただマルクスだけに属するものである」と述べている（『宣言』一八八三年ドイツ語版序文）のをとりあげ、「それだけはちがっている」と語気を強めるのである。そして「私のこの研究は、マルクスがみずから唯物史観の公式とした結語と『共産党宣言』についてのエンゲルスの結語とを結びつけ、その二つをより合わせて一本の糸とし、その糸をもって私の『導きの糸』として、改めて…『共産党宣言』を読み、それによりてこの歴史的文書の性質、そこに書かれている要求のもっている客観的な意味を言い当てようという試みであった」と強調する。櫛田は諸論稿ではエンゲルスについて言及することは多くはない。しかしエンゲルスの「『資本論』第三巻補遺」についてはよく言及した。櫛田の学問の方法はエンゲルスのそれに倣ったといっていい。

櫛田の処女大作といえるこの「『共産党宣言』の研究」は、彼の貯め込んだものを大急ぎで並べたという感がないではない。冗長で、読破したマルクス・エンゲルスからラブリオラにいたるまでの書物や修正主義まで取りあげるなど、検討すべき問題がつぎつぎにあらわれ、それを追って山道に迷い込んだような部分も、当時の諸事象の解説へのやや無理な応用も見うけられる。だから今日これをそのまま『宣言』理解の手引とするには適さない。また唯物史観にしても、それが古典派経済学からマルクスへの経済理論上の飛躍に果たした役割を解明することが櫛田の本領なのであるが、ここでは『賃労働と資本』からの示唆にとどめ、本格的には数カ月後に執筆される河上批判の論文と、「唯物史観の公式における『生産』および『生産方法』」をまつ。

しかし、唯物史観を単なる階級闘争史観としてではなく、マルクスの科学的探究の態度と見たてたことは何といっても卓見であった。そして重要な研究課題自体は、ほぼ俎上には載せられた点で、当時の日本におけるマルクス研究の最先端を示す研究論文であった。

なお、櫛田は当時重要な文献の翻訳をしていた。カウツキーの「カール・マルクスの歴史的貢献」(一九〇八)を『我等』の一九一九年一〇月号から一九二〇年七月号にかけ訳載していたのである(一九二六年に大内訳のカウツキーのエンゲルス小伝と合わせ『マルクス・エンゲルス評伝』を「我等叢書第一冊」として刊行)。これは「社会と自然」の統合から「労働運動と社会主義」の融合にいたるまで、唯物史観のエッセンスを簡明に説いた書であるから、「『共産党宣言』の研究」執筆の際にも櫛田の理解に大いに寄与したものと思われる。特に「研究」に示した「唯物史観とは物質と思想との問題についてのマルクスの答である」という観点には、「自然科学と精神科学の総括」から説き起こしたカウツキーの書の影響が感じられる。

第五章　河上肇の胸を借りて

1．堺利彦と河上肇に微妙な判定

「『共産党宣言』の研究」のつぎの櫛田の力作は「唯物史観と階級闘争説および正統派経済学との関係―河上肇著『近世経済思想史論』批評」（以下「河上批評」）である。こちらは『著作評論』一九二〇年七月号に発表された。内容は「『共産党宣言』の研究」の続編みたようなものであるが、古典派経済学の総括において、師・河上肇をはじめて批判的に論評した点で画期を成すものであった。

東京に来てから河上とは距離的には離れたが精神的には濃密な関係が維持されていた。一九二〇年一月の森戸事件の際も、河上は、東大経済学部若手の総辞職も想定して、櫛田の食い扶持としてドイツ書の翻訳を前提に「大学の諸支給に相当する金額を弘文堂に前払い」させる案を櫛田に示したことがある。

ところで、「河上批評」の前座として、当時の櫛田の微妙な心境を物語る小品に「唯物史観と社会主義　堺・河上二氏の論点」（『我等』一九一九年一〇月号）がある。

当時堺利彦が河上の「唯物史観」理解をしきりと冷やかしていた。一九一二年には『経済学批判』「序文」中のいわゆる「唯物史観の公式」を論じ、カウツキーの『倫理と唯物史観』を雑誌に訳出。さらにその後、プレハーノフ、ヘルマン・ゴルテルの唯物史観関係の啓蒙書を訳出していた堺の方が、この世界については先輩だった。ただ河上も『経済学批判』「序文」中の「公式」については堺と同じころから読んでいた。たとえば『社会問題研究』の一九一九年三月号では「私は初めて此公式に接してから、既に十余年の間、幾度か繰返して之を読みつゝ、次第に其解釈を変へて来た」とのべ、「公式」の解説を同誌の数号にわたって述べているほどだ。『共産党宣言』についても注解をくわえながら詳細にその「階級闘争史観」を説いていた。マルクスの文献に通じ細部の知識の豊富さにかけては、堺に負けてはいない。しかし、「公式」についても読むたびにその「解釈」をかえるという告白に示されるように、主観的な解釈に走ったり一貫性に欠けることが少なくなかった。それだから、一九〇六年に訳出したセリグマンの『新史観』もひきずってこれたのである。

　マルクスの文献に精通する反面には、「絶対道徳」で人間社会の変遷を説明する癖が河上の内面に共存できていた。こういう弱点が他者との論争になると露呈した。櫛田はすでに『貧乏物語』の書評で河上の二元論に疑問を呈していたのだが、堺は古参社会主義者としての眼力で端的な批評をくわえていたのである。

　堺は、河上が一九一九年にいたってもなお、セリグマンの『歴史の経済的説明　新史観』を「放棄しえざる時代遅れの一学究なることを、不名誉とせざる者である」と告白しているのを冷やかした（「河上肇君を評す」『新社会』一九一九年三月号）。セリグマンの書は経済と人間社会を機械的に分離したうえで経済が社会に反映するという、人間を受動的な存在とした経済史観であって、人間の主体的実践＝労働と社会の相互作用については考えおよばない二元論だった。それを引きずる河上も経済と道徳の二元論に迷いこんだ。

　堺は、河上が一方に「唯物史観」を唱えながら他方で「永久の道徳」を承認するのは一貫していない、「河上君のような二元的立論では『唯物史観』が少し顔をしかめはせぬか」（同『新社会』）とやっつけた。これにたいして櫛田が上記「二氏の論点」を発表したのだ。

　そこでは、河上説は「マルクス社会主義は、その唯物史観と必然的の関係にあるも、そは唯物史観を離れて、別に一定の理想目的のもとに立ちうるものとなる」というにたいし、堺説は「マルクスの社会主義は、必ずやその唯物史観と必然的の関係にあることを要す」ものだと、櫛田は両者の違いを認めながらも、マルクスも「理想主義」なのだからそう河上を決めつけずともいいだろう、とやや弁護調であった。

　これにたいして堺は「唯物史観と理想主義」（『改造』一九二〇年二月号　法律文化社『堺利彦全集』第四巻）で批評した。これは古参社会主義者が象牙の塔のマルクス探究者たちをからかう態度を面白く示したものだ。櫛田が人生観と哲学と科学を使い分けながら河上を弁護しているあたりを「科学の外に哲学はなく、科学の知識を繰り合わした考えの外に人生観というものはないだろうと僕は思うんだけど、哲学者の頭は僕ら普通人の頭と違うらしいから、どうもよくわからない」と茶化したり、櫛田が「堺氏の絶対道徳否定論は…無用でないと共に、絶対道徳否定者堺氏は、存外絶対道徳の含蓄者であるかも知れぬ」と述べたのにたいして、「僕も『絶対道徳の含蓄者』と銘を打たれちゃ、コレラの保菌者と認定されたような気持で、少々しりがこそばいい」などと応じる。さすがの櫛田も堺にかかってはかなわなかった。なにせ堺は、河上だけでなく福田徳三をも「ブレンたぬき」などとからかいながら平気でつきあっていた。櫛田は堺の批評を読んで苦笑いしたにちがいない。

ただ堺の—山川も同じだが—偉いところは、マルクス・エンゲルスの大道を見定めることにかけてはまちがいないが、経済学しての専門知識を要する方面については、分をわきまえて口出ししなかった。河上や櫛田なりに、古典派経済学や歴史学派から懸命に脱皮しようとする努力は、経済学における唯物史観の方法論的な役割の探究につらなり有意義な回り道だった。堺も山川も唯物史観の「公式」には言及したが、初期マルクスの論稿や「経済学批判序説」までは論じなかった。

2.「マルクス学の神髄は唯物史観」

かくて、数カ月後の櫛田の「河上肇著『近世経済思想史論』批評」（一九二〇年七月）は一定の割りきりを示している。批評の対象となったものは河上がマルクス主義に進む一里塚として力を入れた大著で、売れゆきも良かった。『近世経済思想史論』の内容については向坂逸郎がこう紹介している。

「この本は…マルクス経済学と古典派経済学とに対して、きわめて平静な、公平な態度をとって、…よしあしは読者自身が採ってくれというような態度で書かれておって、後年マルクシストになられてからの河上さんの著述とは、著述の態度が非常に違っております。そしてややもすると、たとえばアダム・スミスの中に社会主義の萌芽を求めるといったようなところまでもいっておられるようでありま す。…アダム・スミスが資本主義社会、つまりスミスの対象とした社会は自然必然的になったものであるというその考え方をとって、これはマルクシストと同じ考えであるというふうに河上さんは述べていかれるわけであります」。したがって「生産手段というべきものを資本という」などの「混同がいろいろな場合に現れている」（東大経済学部創

立三十周年記念講演、「三十年前の経済学」)。

つまり唯物史観をしきりと研究しながらも、なまじスミスやリカードへの知識があっただけに、その経済学への適用については的をはずしていた書であった。

そこで、河上が情熱を注いだ本だけに櫛田も本腰を入れて論評したのだろうが、本腰を入れるほどにナアナアではすまず、遠慮も捨てた風だった。また、ある意味では櫛田自身の自己批判文でもあった。すこし前までは河上と同様に、古典派経済学と歴史学派とマルクス主義の親近性、継承性を探究していた櫛田が、「唯物史観」をキイワードに脱皮した表白でもあるからである。

櫛田は河上に二つの疑問を提出する。

まず第一の疑問。河上はマルクスの「三大原理」を『資本論』と「唯物史観」と「社会民主主義」だとする。そしてこの「三大原理の根本を走るもの」は「階級闘争説」というが、「根本」は「唯物史観」ではないのか。

第二の疑問。マルクスは唯物史観の「観方を資本家的経済組織に適用せんがために」、リカードなど「正統派経済学」から「労働価値論および剰余価値論を引きだしてきた」と河上はいう。つまりマルクスの「労働価値論は正統派経済学からであって唯物史観にもとずくものではないらしい」。これは逆ではないのか。

アダム・スミスら「正統派」(古典派経済学)が観念していた「利己心」の超歴史性—永久不変の自然性にたいし、その歴史性をあきらかにしたこと。マルクスが(超歴史的な)「経済の必然法則としてのリカードの労働価値論および分配論の代わりに、史的又は社会的法則としてのマルクス労働価値論および剰余価値論」を対置したこと。「マルサスの人口論およびそれより導かれる貧困論の代わりに…資本家制度特有の社会的人口増加論」を明らかにしたこと、等々、すべて唯物史観あってのことだと櫛田は説いた。

「リカードの価値論とマルクスの価値論は形式はどれほど似ておっても、立論の立脚点は根本から異なるもの」という指摘は、後世はあたりまえのことになる。しかし世界では櫛田が論陣を張るつい数十年前までは、プルードンや歴史学派もふくめて小ブルジョア社会主義潮流はこれを意識できず、その余韻は日本の社会政策学派や講壇経済学には残っていた。河上も当時は労働価値説の「形式」だけに気を取られて、そのかぎりではマルクス価値論はリカードのそれを継承したもので、むしろリカードの価値論がマルクスにとって「資本家的経済組織」への唯物史観の適用の助けとなったとうけとめていたのである。

河上批判のこのあたりは、櫛田がマルクスがプルードン批判を通じてリカード「労働価値説」の評価すべき点と克服すべき点を説いた『哲学の貧困』（一八四七年）を熟読玩味したことをうかがわせる。マルクスが「われわれの見解の決定的な諸論点は、論争の形式でではあるが…『哲学の貧困』のなかで、はじめて科学的に示された」（『経済学批判』「序言」）と言明したので、櫛田はまず『貧困』を熟読したのであろう。また『貧困』に孕まれていたマルクスの積極的見解は数か月後の講演録「賃労働と資本」にも示されたので、それも櫛田は重視し度々援用した。

『哲学の貧困』自体は、ヘーゲル哲学やプルードンなどの小ブルジョア社会主義の見解が解らないと、難解であるが、同書の「ドイツ訳に対するエンゲルスの序文」（岩波文庫版二〇三頁）は解りやすい。

エンゲルスは「近代的社会主義はブルジョア経済学から出ている限りでは…ほとんどリカードの価値論と関連する」と、労働全収益説の根拠を明らかにする。しかし「剰余価値の起源」の解明に失敗したリカード理論をもとに成り立つものは「ユートピア」である。「生産物は真の生産者たる労働者に属する」べしというのは「単に道徳を経済学に適用したものにすぎない」。労働の価値によって商品の交換を定める「労働貨幣」などを資本主義的生産関係を変えることなく実現しようというのは、リカードがぶつかってにっちもさっちもいかなくなった、価値と生産価格の問題、平均利潤の成立における競争の役割などの社会的関係を忘れ去ったユートピアでしかない、と説いていた。

「河上批評」は『哲学の貧困』を消化した櫛田が河上の胸を借りて飛躍し、いわば師弟関係が逆転しはじめたことを示す画期的なものだった。

三カ月後に『我等』一九二〇年一〇月号に発表された「マルクス学における唯物史観の地位」は、「河上批評」の続編だった。今回は河上とともに福田徳三も俎上にあったが逐一批判したわけではない。この二人の重鎮が、唯物史観と経済学と階級闘争の関連について所説を開陳していることをきっかけに、櫛田の積極的見解を示すことに主眼がある。

櫛田はこの論文で、山川が『社会主義研究』に一九一九年四月〜二〇年一二月にかけて訳載したウンターマンの『マルクス主義経済学』に言及している。『新社会』と『社会主義研究』誌上で、河上・櫛田に先行してマルクス理論の紹介に努めていた堺や山川のものには目を通しても、言及することのあまりない櫛田にしてはめずらしい。櫛田は、ウンターマンが研究方法として「具体的事実から抽象的理論に進み」云々と述べていることにふれて、これが「経済学批判序論」（経済学批判序説をさす）にある「経済学研究の方法」を簡明にいいあらわしたものとした。そして「序文」

にふくまれる「公式なるものは…かかる研究方法に基づく研究の結果」だと紹介した。櫛田が「経済学批判序論」（序説）について公に言及した最初の例であろう。唯物史観に至る研究方法の開陳として重要な「序論」の研究に励みだしていたものと思われる。当時は『経済学批判』の「序文」、とりわけ例の唯物史観の「公式」といわれた部分は堺利彦による紹介で広く知られていた。だが、マルクスによって封印された「序論」は、カウツキーが『ノイエ・ツァイト』に単独で公表したあと、一九〇七年に『経済学批判』を再刊した際に付して広く知られたばかりであって、日本ではまだ注目されていなかった。

「マルクスにおける唯物史観の地位」の内容は「『共産党宣言』の研究」や「河上批評」に同じである。しかし超歴史的なリカード労働価値説の継承ではないマルクスの労働価値説の成立の根拠を、唯物史観からより明快に展開しようとしている。すなわち、労働価値説の根拠となる「社会的に必要な労働とは…抽象的な一般的人間的な労働のことである。しかるに…発達せる資本主義社会において、個々の具体的労働は、初めて一般的人間労働として抽象化せらるる」。『哲学の貧困』で、プルードンの労働時間を単位とする「労働貨幣」の空想性を「社会的必要労働時間」という概念で批判していたことを、櫛田はそしゃくしている。また「労働価値説が模範的に行わるる社会は、労働が事実商品たる社会でなければならない」が「労働の商品化ということは…一定の社会に限り発生する事実である」という辺は、『経済学批判』の「序論」も読みこんだことをうかがわせる。こうして最後に櫛田は「マルクス学の神髄は唯物史観」であり「唯物史観一本である」と宣明する。

この「マルクス学の神髄は唯物史観」であり「唯物史観一本である」という断言は、ようやくマルクス主義把握の立脚点を定めた櫛田の会心の雄たけびのように聞こえるのである。

3. 森戸事件

こうした櫛田の思索の展開をしばらく先送りせざるをえない事情が生じた。森戸事件と東大講師の退官、そしてドイツ留学である。

新興の意気さかんな東大経済学部の経済研究会機関誌として、『経済学研究』一九二〇年一月創刊号が一九年末に刊行された。そこには、山崎覚次郎、河津暹等の古参教授をはじめ上野道輔、大内兵衛、舞出長五郎、森戸辰男の論稿とならんで、櫛田は「社会主義者の社会主義評」（『共産党宣言』第三章）を訳出した。森戸の論文は「クロポトキンの社会思想の研究」で、こちらが問題とされ発売禁止とされたのである。元老・山県有朋ら権力中枢と、高野岩三郎・同人会の影響を排斥しようとした東大法学部の上杉慎吉ら右翼学者の策謀だった。アカデミズムへの最初の思想弾圧事件だった。当時高野はＩＬＯ代表問題で東大の職を辞していたが、森戸事件には高野を先頭にして同人会メンバーは一致してあたった。

大学当局は一九二〇年一月一〇日に森戸の休職処分で事をおさめようとした。この弱腰に反発し高野、森戸、櫛田で相談し同人会の対策会議が幾度ももたれた。櫛田は抗議の全員辞職論を主張し、上野道輔、糸井靖之、大内、細川嘉六、舞出長五郎、櫛田が辞表を高野にあずけることになった。この間に森戸だけでなく、雑誌編集人として大内まで起訴され事態は深刻化した。呼応して学内右翼・興国同志会が学内演説会を開催したがこれは処分反対派学生によって事実上乗っ取られた。一方経済学部と法学部の学生大会が開催され総長と経済学部教授会糾弾の決議をあげた。それでも経済学部教授会は某教授の日和見棄権で一票差だが大内助教授の休職処分を決めた。これにも同人会は強く反発した。

こうして舞台は裁判闘争に移され一〇月に大審院で控訴審判決が出されたが、森戸に禁錮三カ月（罰金七〇円）、大内に禁錮一カ月執行猶予二年（罰金二〇円）がいいわたされた。並行して高野の東大復職問題がこじれた。ＩＬＯ問題で辞任した高野は慰留され講師の要請がされたのだが、森戸事件がおこるや大学当局は急に慎重になった。同人会の面々は、高野復職がならぬ場合は抗議の辞任をすると怒った。七月に経済学部教授会は高野復職を希望する旨の決議をしたが、あわせて権田保之助、細川嘉六両助手の罷免も決めてしまった。結局高野は教授復職はことわり講師だけは引きうけ、大原社会問題研究所に専念することを決断した。

この間、最強硬派だった櫛田は、経済学部教授会が森戸を休職処分した一月初旬の段階で講師辞任を考えていたが、しばし思いとどまって『我等』二月号に「森戸助教授筆禍事件―森戸君の態度は研究的」を寄稿して森戸を擁護した。

本来ならば、森戸論文自体の正当性を擁護すべきところだが、言論抑圧法規がにらみを利かせていて『我等』が発禁になりかねない時世だった。そこで「係争中の事であり、例の新聞紙法に問われるおそれもある」ので「論文の引用」はしないとことわって論を進めた。すなわち、いかなる「政策の研究」にも「近代社会思想史の研究」を必要とするのであって、「マルクスもクロポトキンも…これが研究をおろそかにしてはならぬ」。森戸はメンガーとクロポトキンとブレンターノとを「時を同じうして世に紹介」した。「これはクロポトキンの研究者であり宣伝者でない証拠だ」。実際に森戸は無政府主義も歴史学派も限界効用学派もマルクス派も研究し、それらに優劣の判定を下すことはしなかった。高野のもとにあつまった同人会系統の面々は、中では一番マルクスに惹かれつつあった櫛田もふくめて同じような態度にあったのである。

櫛田が講師を辞任したのは三月一一日だった。いつもサッサと身を引く櫛田にしてはめずらしかった。大学からは「授業勉励ニ付慰労金トシテ金百円」が支給された。

「新聞に書き立てられて目立つのは嫌だという同君の流儀から三月まで沈黙」したと河上は回想している（「思出」）。森戸、大内は排斥され、同人会で当時残っていたのは留学中の舞出の外は助手の権田、細川くらいだったので、東大内に足がかりを残したい大内が（櫛田の辞職を）「とめに行ったが、てんから問題にもしなかったといわれる」（向坂「櫛田民蔵という人」）。新人会の「新人会同人卒業生送別会」（六月二五日）には、櫛田と森戸が招かれた。

なお、東京外語の講師は櫛田が兵庫に転居するまでは続けたようである。

4. 大原社会問題研究所へ

三月には高野が大原社会問題研究所（以下大原研究所）の所長に正式に就任したことも、櫛田の辞任のタイミングだったと思われる。

大原孫三郎は倉敷の実業家、倉敷紡績創立者の御曹司として生まれ、高等小学校では山川均と同級で、大原家の邸宅の大広間で相撲ごっこをした仲間だった。その後まったく別の道に進んだが、十数年後、二〇歳代初の山川が不敬罪で巣鴨監獄に収監されていたとき、面会にやってきた。すでに父の倉敷紡績株式会社の経営に携わっていたころと思われる。不敬罪の収監者を慰問するなどというのは、親族ですら憚った時代であった。そのころから慈善事業に熱心だったが、米騒動や労働争議の頻発を前に、大原財閥の資金を投じて社会問題研究所の設立を思い立っていた。

大原は当初河上肇に協力を要請したが、河上は自分の手にあまるからと高野を紹介した。大原はさっそく東大に高野をたずねて要請した。一九一九年一月のことだった。二月には京大の河田嗣郎と高野を中心に運営計画が練られ、大原孫三郎の社会活動の拠点であった大阪天王寺に研究所を建設することになった。出張所も東京におかれることになった。

高野は所長就任を所望されていたが、ＩＬＯ問題で東大教授辞任などゴタゴタしていたため、しばらく即答しなかった。ただ研究所の人材あつめには着手し、一九一九年春には櫛田と森戸は嘱託をひきうけた。研究嘱託であるから、正規の研究員とはちがい固定した俸給はなかった。

一九二〇年一月、森戸事件がもちあがる直前に、櫛田と森戸は高野から所長をひきうけるべきかと相談されて、櫛田は賛成した。それから森戸事件で収拾に追われ、三月になってやっと受諾を決めたのである。東大講師を三月に辞任した櫛田は八月には大原研究所の研究員となり、高野をサポートした。当時は大内兵衛、権田保之助、細川嘉六はまだ嘱託だった。

櫛田の最初の仕事の一つはひきつづき河上との調整役だったらしい。大原孫三郎が研究所開設についてまず話を持ち込んだのは河上だったから、発足にあたっても協力を求めるべき人物だったのは自然である。河上と高野の両方に親密だった櫛田が一役買うことになった。『高野岩三郎伝』（大島清　一九六八）にはこうある。

「人事の最大の問題は河上肇であった。河上は櫛田民蔵を通じて研究員になってもよろしい、場合によれば京大教授の職を辞して入所してもよいとの意向を伝え、高野を大いに喜ばせた。その後しばしば高野、櫛田、河上間に話し合いがつづいたが、六月、研究員としてではなく、評議員として所に参加することになった」。

大内によればその後がまだあり、櫛田のドイツ留学をはさんで帰国した後もやりとりが三人の間でつづき、結局河上は櫛田にたいし「大学の同僚があまり喜ばぬから、研究所に全然関係したくないといってこの話を切った」。河上は京大関係者に「過度と思われるほど遠慮勝ちであられた」（『河上肇より櫛田民蔵への手紙』一九四六所収の大内の編者解説）。

話はやや先走るが、高野は「所のために十分に力を尽くさず、約束の仕事が順調にすすまぬ場合には、厳しい態度でこれに臨んだ」ので、一九二二年には河西太一郎、林要、山村喬らの助手「に対し辞職を勧告し…他に適職をさがしはじめた」（『高野岩三郎伝』）。ここでは高野の意思とされている。この時研究所からドイツに留学していた宇野弘藏も、高野（宇野の義父になっていた）から「おまえもやめたほうがいい」と言われ、辞任して東北帝大に移った。宇野の『資本論五十年』では、「櫛田さんが、みんな若い連中はいうことばかりいって、ほんとうの研究をしないとかいうんで、皆やめることになった」事情を「櫛田旋風」と表現している。『大原社会問題研究所五〇年史』には「一九二三年二月一七日の委員会（出席者は高野、櫛田、久留間、権田氏）で滞欧中の森戸研究員を委員とすることが可決された。この当時、研究所の人事、事業等のことは毎週開かれる委員会で決定された」とある。ドイツ留学から帰朝した櫛田は、研究所運営の中枢にあったようだ。

助手たちの転職問題についても「研究所は櫛田君を通じ先生（河上―引用者）の骨折りを願った」（『高野岩三郎伝』）。

一九二二年一二月には頻繁に河上と櫛田のやりとりが交わされ、河上からは、林、河西、小林輝次、水谷長三郎らの就職先につき、同志社、早稲田、和歌山商大などと折衝した件が伝えられている。また研究所の雑誌『大原社会問題研究所雑誌』の発行元の同人社が大震災で焼失したさい、河上が京都の弘文堂（河上の個人雑誌『社会問題研究』の発行元）をあっせんしたが「これも櫛田君に頼まれたからであった」（大内　前掲）。

こうして櫛田と河上の信頼関係は変わりなく、重鎮・河上の心境を忖度しつつ、いろいろ研究所のための頼みごとをする面倒な役回りは櫛田が引きうけていた。

しかし、同時に櫛田は河上の所説への忌憚ない論評をくわえはじめていた。『著作評論』一九二〇年五月号に「河上肇著改訂社会問題管見」を、同じ雑誌の七月号に河上―櫛田関係では画期を成す例の「唯物史観と階級闘争説および正統派経済学との関係―河上肇著『近世経済思想史論』批評」という力作を発表し、また「マルクス学における唯物史観の地位」（『我等』一〇月号）を寄稿し、公表はされなかったが「『共産党宣言』の研究」という力作をしあげ、大原社研に提出したのである。

河上が『社会問題研究』六月号に『共産党宣言』を長文引用する際、事前に原稿を見ていた櫛田が書簡で注意した。森戸事件の後だけに、河上に当局の手がまわることを心配したのだ。しかし発禁にはならなかった。

渡欧前　ふきと長女・みどりと　1919年撮影

5. ドイツへ

「マルクス学は唯物史観一本である」という強い信念に到達したところで、大原研究所から櫛田は大仕事を命じられた。研究所の久留間鮫造と二人でドイツに赴き、書籍を仕入れてくることだった。

一九二〇年一〇月から二二年八月までの実質一年九カ月余り、主にベルリンに滞在した。一九二一年二月に出獄してから大原研究所留学生となった森戸と東京帝大休職中の大内とが、四月に合流する。

一〇月二九日に久留間と二人で貨物船で神戸よりドイツへ発った。出発前に京都に体調を崩して休んでいた河上を見舞った。河上は『社会問題研究』に、櫛田の留学を激励する文章を載せていた。神戸港には高野所長をはじめ細川嘉六、林要ら所員がみおくりにきた。

二月には長女・緑が誕生したばかりだった。初の子どもをかかえ留守を守るフキも心細かったであろう。船旅の途中、コロンボに寄港した際、フキのために白と黄色のサファイアを一〇円で買った。「これで帰ったら指輪をつくらせる」とふき宛に書き送った。長い船旅で時間もあった。貨物船だから一般乗客は三人で一人は途中下船したから、久留間は櫛田と二カ月近く顔をつきあわせることになった。「櫛田君は実に話好きで同じことを何度でも話すのですが…寝床に入っていても、どうかすると、とどまるところをしらないで、一時になり二時になり、最後にこちらが悲鳴をあげて、もう寝させてくださいとあやまるまではやめない。…一番よく聞かされたのは、おそらく人物比評でしょう。同氏の知人で私が知っているほどの人は、たいてい船中消閑の犠牲にされました」（久留間証言　前掲『望峰』）。留学中、さまざまな出来事を『我等』に都度寄稿してい

神戸からロンドンに向けた貨物船で。後列中央・櫛田民蔵、前列右・久留間鮫造。草野心平記念文学館所蔵

くが、その第一回目が、船のマストから転落して死亡し水葬された船員の事件をルポした「水葬」で、『我等』二一年一月号に掲載された。

一九二一年一月一二日にロンドンに着いた。英書を集める久留間はしばしロンドンに残り、独書を集める櫛田はそこから一人でフランスに渡り陸路をベルリンへむかった。遅れて大内もベルリンに着いた。

〔右〕一九二三年五月　ベルリンにて
〔上〕一九二一年　ハイデルベルクにて
右から久留間鮫造、櫛田民蔵、大内兵衛

敗戦ドイツを見舞った大インフレーションを利用して超安価の書籍を買いあさった。ベルリンについて二カ月後に、留守宅を守るフキ宛にこう書き送った。「ここへ来て二カ月。プロイセンの総選挙も…コミュニストの暴動もよそに、古本屋という古本屋の階段を上がったり下りたりしてゐる。…かれこれすでに一万冊の古本を手にしただろうか。次第に本を買うのが厭はしく、時に反感を差へ持つ。…私の本道楽はだんだんインテンシヴになってくる」。ある種偏執狂的な蒐集の姿が想像される。パリにも蒐集に行き、そのため一時フランス語をかじろうとしたらしい。「巴里もだんだん慣れて来ました。慣れて来ると言葉が出来んでもどうにか追ひ回して行けるものです」（在ロンドン久留間宛　一九二二年五月六日）。五カ月ほど後のフキ宛書簡はこうだ。「初め二万円だけの本を買えば済む筈だったが、更に三万円余計に買ふことになった。…もう文庫を三種類買ひ、八分通りの金は使った。…ある程度のものに就いては世界的の文庫が出来たと思ふ」。なお当時の帝大助教授といえば上級官僚のような地位だったが、その年

一九二一年末ないし二二年一月初　モスクワの鉄道駅構内と思われる。右端・櫛田であろうが、中・森戸、左・リヤザノフと推測
草野心平記念文学館所蔵

収は四千円弱と思われる。五万円はその年収の一〇年分以上のべらぼうな金額であり、その上ドイツのインフレで日本円の価値は何十倍にもなったことだろう。大原孫三郎が研究所の予算として一九二〇年に高野に約束したのは年間八万円だった。

通いつめた主な書店がストライザント書店だった。この書店には、モスクワのマルクス・エンゲルス研究所の所長・リヤザノフも通いつめた。リヤザノフは労農ロシアの威信にかけて巨額の国家の資金をつぎ込んで文献を買いあさった。当然櫛田や森戸とはげしく競いあった。リヤザノフはこの東洋の変わり者たちと仲良くなった。そして一九二一年末と思われるが、リヤザノフは櫛田と森戸をモスクワに招いた。一九二二年一月にモスクワでコミンテルンの極東民族大会が開かれた。日本からも二〇人近くが参加するので、リヤザノフは大会の傍聴でもどうかと考えたのかもしれない。宿もコミンテルン関係者専用のホテル・リュックスだった。

櫛田は訪露の記録を残していない。やはり大会に来ていた鈴木茂三郎は、ホテル・リュックスで櫛田と森戸に会った。同宿の片山潜は、二人の事を聞くと「ソビエットの悪口を書くために学者が来ている」といったと回想している（『唯物史観』七号　一九六九年六月）。櫛田のポートレイトとして一番よくつかわれる写真（社会主義協会版『櫛田民蔵全集』第二巻巻頭口絵写真）は、ホテル・リュックスで撮られたものだ（森戸辰男「櫛田君の学問的風格」『中央公論』一九三四年一二月号）。二人は数日滞在してドイツへ帰ったようだ。

モスクワ行きの事を、嘉治隆一はこう回想している（前掲『歴史をつくる人々』）。

「櫛田さんは帰朝の当初は余り他人に話さなかった。それは万事に用心深い櫛田さんの事であったからだ」。だが

「如是閑翁がこれに対して要慎するのはいいが…強いて口を緘してて語らずにゐるといふのは却って世間の疑を招く虞れがあるから、聞かれた時には素直に話してきかせる方がよくはないか」と忠告してから、話してきかせるようになった。それによれば英国のラッセルとスノーデンが国賓扱いされたので、櫛田と森戸も国賓扱いされた。「リヤザノフさんがまた大したもので、レーニンを捉まえては『お前この頃政治に夢中になって一向勉強していないようだが、そんなことでは困るじゃないか』などと忠告するくらいの大学者なんですからね、と得意のほども恐ろしいやうな調子でいわれたものであった」。また入露の書類には「家の職業―自作農」と書いたので、ロシアの経済学者・ヴァルガか誰かから日本農村の実情を質問され、説明してやると「今までそれだけ詳しく説明してくれた人がいなかった」と感心された。

一九二一年七月に、ドイツ社民党アルヒーフをおとずれた際、マルクスの修正や加筆の書きこみのある『哲学の貧困』（フランス語原書）をアルヒーフ所長のエルンスト・ドラーンから献呈された。現在は東北大学に所蔵されている同書の見返し頁には、27.VII 1921.Berlin　Aus dem archiv. der Sozial-demokratishen Partei　T.Kushida とサインしてある。

この書はマルクスの娘ローラ・ラファルグとエレノア・エヴェリングによってドイツ社会民主党に寄贈されたものといわれる。とてつもない珍品だが、なぜ献呈してもらえたのか不思議だ。宇佐見誠次郎によれば、ドゥラーンが「マルクスの手沢本とは知らず、アルヒーフの本棚に何冊かあった同じ初版の中の一部をぬきだしてくれたもので、たまたまマルクスの書き入れもあった」と久留間が証言したという。そしてドイツ留学中すでに櫛田から「たいへんなものをもらってしまった」と話されたので、久留間や大原社研の中枢メンバーは手沢本であると知っていたというのである（法政大学大原研究所『研究資料月報』一九八三年七月）。

ところが別の証言もある。珍品の『哲学の貧困』は、櫛田没後に三千百余冊の蔵書と一体で、遺族への生活費補助援助として東北帝国大学図書館に譲られた。その際受け入れた東北大はこの珍品がマルクスの手沢本であるとは気づかなかった。東北大学の同書にかんするHPには、マルクスの書き込みと判定したのは、一九五〇年ころになってからだと記載されている。その判定を受けて、山村喬によるあらたな翻訳（岩波文庫）がされた経過は、岩波文庫の山村喬による「マルクスによる訂正について」に述べられている。東北大学のHPにアップされている同書の画像を見ると、書き込みは二二カ所あるが、これをマルクスの筆跡だとすぐ鑑定するのは、櫛田といえどもかなりむつかしい感じだ。フキもマルクスの書き込みがある本だとは櫛田から聞かされなかったと回想している。

閑話休題。見たように留学前から櫛田は『哲学の貧困』(カウツキーとベルンシュタインによるドイツ語訳)にはかなり心酔していたようだ。ドイツでも「『哲学の貧困』を翻訳して、それをときどき取り出して直していた」(大内『経済学五十年』)という。帰国してすぐに『貧困』の部分訳を公表する。

一〇月にはウイーンにも足をのばし、グリューンベルク教授と会い寄稿を頼まれた。グリューンベルクは学者だが、その編纂する「グリューンベルク・アルヒーフ」は社会運動関係の資料において世界的に有名であった。ウイーン大学のこれまた世界的に有名な「メンガー文庫」(東京商大が購入した)も視察した。この件について『我等』に寄稿し、自分と久留間、森戸の購入した文献を合わせれば「メンガー以上になること確か」と、フキに宛てた手紙でいばっていた。アナキズム文献蒐集では世界有数と言われたエルツバッハの文庫九五六冊は、本人と直接交渉して八九一一円で譲ってもらえた。仲介者抜きで落札したので、ドイツの古本業界で有名になった(嘉治隆一前掲)。

エルツバッハから櫛田に贈られたポートレイト写真の台紙には「櫛田と二人の美しい思い出に」というサインがあるという。これは今なお法政大学大原社会問題研究所の自慢の文庫である。

アダム・スミスの研究者ハースバッハからも多数購入したが、なかにはマルクスのクーゲルマン宛献呈署名の入った『資本論』第一巻初版がふくまれていた。宇野の回想によれば、書店主ストライザントは櫛田の文献蒐集を手伝っていて社会科学系に興味をもったという。そして向坂逸郎や有沢広巳など次世代の学究の文献探索に大いに貢献することになる。リヤザノフといいエルツバッハといい、東洋から来た風変わりな男の熱意とキャラクターを気に入ったらしい(森田俊雄「『大原文庫』をめぐって」)。

日本からの留学生は文化や芸術に触れる機会を逃さなかったものだが、櫛田はこの点ではからきしぶっきらぼうだったようで、一九二一年末に留学生仲間から大作曲家・マーラーの指揮を聞きにいこうと誘われたが、「どうせわからないから」とことわった。(櫛田は)「ベルリンでは、宮城とか、デパートとか、その他の立派なところは絶対見る必要がない。大学にもいく必要はない。労働組合の会館にさえいけばいい。そういう意見であって、彼はもっぱらマルクスの筆跡を写真にとるような仕事ばかりしていた」(大内『私の履歴書』)。櫛田より三カ月遅れでベルリンに着いた大内を案内しながら「櫛田君は粛然として立ちどまって、これがエーデン・ホテルである。ローザ・ルクセンブルグがつながれていたそのホテルであるといった」（青木文庫『ローザ・ルクセンブルグの手紙』大内解説）。

鈴木鴻一郎は同じころ留学した東大助教授・舞出長五郎がマルクス経済学に親しんだのは留学中の櫛田の影響もあったとして、大内から聞いたエピソードを紹介している。（ベルリンの下宿先の）「櫛田民蔵氏の机の上には櫛田氏がそっとのせておいた本が一冊ある。そこに舞出先生がいつものように遊びに来て、櫛田氏といろいろ議論しながら、机の上のその本を必ずあけて見る。だがそのときはこの本について何も言わないで帰っていく。しかし次に来られるときはちゃんとその本を読んでおられる」（鈴木鴻一郎『東大の経済学者』）。

これも櫛田のキャラクターを示すエピソードだが、向坂によれば櫛田はレストランではかならずスッポンのスープと豚のカツレツしか注文しなかった。「最初偶然これを注文したら、それ以降同じものを食っていた。…氏は談じ始めると食うものの味を考えたり、夕食の選択に迷ったりしている気持ちがなくなってしまうらしい。これは現在でもそうである」（「櫛田民蔵論」『中央公論』三一年六月号）。

さて、フキ夫人宛書簡では「今まで本のことばかり心配していて、自分の勉強が出来なかった。これからは自分の勉強をしなければならない」などとあった。しかし『我等』に二カ月に一回程度ベルリンから寄稿した報告は、一九二二年二月のベルリンの大規模ストライキのルポルタージュの四回にわたる連載が主だ。蒐集にうちこんだ疲れを、労働組合の集会やストライキ委員会の傍聴、ドイツ社民党、独立社民党、ドイツ共産党の機関紙の読みくらべ、社民党員の警視総監・ノスケの手兵に虐殺されたローザ・ルクセンブルクやカール・リープクネヒトの墓参などで癒したようである。ストライキのルポは、労働組合と社会主義諸党派の意見の相違、当時の社民党も参加した連立政府の評価など、なかなか詳細で力作である。

大内兵衛はこの文をさして、「第二インターの人々、この不徹底なドイツ革命の英雄たちは、いかに口ではマルクス主義の正統であると称しても、実践のうえでは本当のマルクス主義ではないといいきっている。…当時日本の経済学者でベルリンに留学していたものは十指に余ったのであるが、だれがこれだけのことをいいえたか、櫛田の目はマルクス主義で輝いており、それはニセ物とホン物とをより分ける力をもっていたといってよい」と評した（『朝日ジャーナル』一九六三年一月六日号）。やや評価のしすぎの感はあるが、ドイツ社会民主党と労働組合指導者の態度に批判的だったことは確かである。

なお、櫛田自身の記録には見当たらないが、留学中にカウツキーとも会ったようだ。ドイツにしばらく残った森戸からの手紙（草野心平文学記念館所蔵）には「カウツキー氏をお訪ねしました。夫妻とも元気で、君のことや…改造の室伏、山本両君のことやを話してゐられました。…君からもらった手紙の御礼を言ってゐられました」とある。

第六章 唯物史観に沈潜

1. 大原社会問題研究所研究員に専念

櫛田は一九二二年春にベルリンを発ち、ロンドンから今度は立派な客船でニューヨークにつき、シカゴでも書籍を仕入れてサンフランシスコに向かい、そこから太平洋をわたり八月一五日に横浜に着いた。この間、一九二一年五月九日に長男・克巳が牛込のフキの実家（山口家）で誕生していた。半世紀以上のちに、新版『櫛田民蔵全集』を編纂するのはこの克己である。

帰国してすぐに兵庫県武庫郡（現在の西宮）に居をさだめ、フキと二人の子供も一緒になった。櫛田が留学に出立する少し前に立派な建物として落成した大原研究所の近くに住み、研究所の仕事に本腰を入れていくのである。

『労働世界』一九二五年八月号に載った、櫛田宅への「訪問印象記」にはこう書かれている。「日本屈指の大学者の住家としてはこれは又何といふお粗末なことよ、と嘆息させられる。事程左様に質素な二階建である。直ちに二階へ通される。南向きの、二間で十畳足らずの全部は…居間兼書斎なのに相違ない。…『古本』が壁際にうずたかく積まれてある。室のマン中に小さい机が一台、そのかたわらに真鍮竹ラオの長キセルが投げ出されてある。と見るとレックスやエアシップの箱もころがって居る。先生は余程の愛煙家らしい」。

モスクワで初対面だった鈴木茂三郎も帰朝し帰路に立ち寄った。鈴木は、そのとき出された粉汁粉を「櫛田が無造作に一つ頬張って咽んで吐き出した。そこらあたり一面粉だらけになった」と回想している（前掲『唯物史観』）。

「この家には水平社の人びとが訪ねてきた。水平社結成のあとさきだったのだろう」。野坂参三夫妻、赤松五百麿（京都帝大生で河上に私淑）もきた（フキ『たくさんの足音』）。阪神方面は労働争議や水平社運動など東京に並んで活発な地域で、関東大震災で東京から運動の拠点が一時こちらに移ることもあり、多彩な顔ぶれがおとずれたと思われる。

家での櫛田の様子はつぎのようなフキの回想からうかがえる。二〜三歳の二人の幼子をかかえていたから、本来なら泣き声、笑い声が絶えない楽しくにぎやかな家庭を想像するが、子どもが湿疹で泣くと「夫には、赤ん坊のなきごえは禁物なので、私は昼も夜も、照る日も雨の日も、氷川様の境内で泣く子の守をした」（『たくさんの足音』）。長男・克巳の回想類を見ても、父と遊んだという思い出は一回しか出てこない。

一方留学帰りの学士様として、散々勝手をさせてもらった郷里の家族にもなにがしかのお返しがやっとできるようになった。

二三年一月一六日に、弟の政松に宛てた書簡には、三男の三郎への学費援助の件が記されている。留学中に千円近くの借金が出来て「やっとこの間留学費の残余で支払ったばかり」。「三郎の学費のために毎月一回づつ東京の雑誌に原稿を書いて居るのだが、これ以上の内職をすれば私の勉強に差支える」。そこで毎月二五円の援助が「最大限度」だとある。留学の支度費のフキのメモ（草野心平文学記念館所蔵）では、衣類、カバンなどに一〇六八円六八銭かかっている。旅費や滞在費は大原研究所負担だろうが、個人的用意については借金もした。

「東京の雑誌」とは主に『我等』をさすと思われる。毎月一本の雑誌原稿というと、結構労力を要することだった。ちなみに『我等』への当時のおもな寄稿をあげると「社会主義における二種の政党論」（一九二二年一二月）、「無産者の道徳と人間の道徳」（一九二三年一月号）、「対角線に見たる水平社問題」（同五月号）など多彩なテーマであった。また、一九二三年には同志社大講師で若干の収入も得た。

また櫛田は留学で中断していた研究所の人事に関する河上との折衝にも神経を使った。河上は櫛田の帰国を待ちわびていたと思われる。

河上は自著『社会組織と社会革命』（一九二二年刊）の序文にまで、（櫛田は）「父と同じように、私の書いたものならば如何なるものでも必ず見逃さずに読んでくれる」と親愛の情を吐露していた。同書の櫛田への献本（草野心平記念館蔵）の見返しには「第一番に出来た見本を私の父に贈ります、之は一番目に出来た見本です。櫛田盟兄　河上肇」と献辞がある。

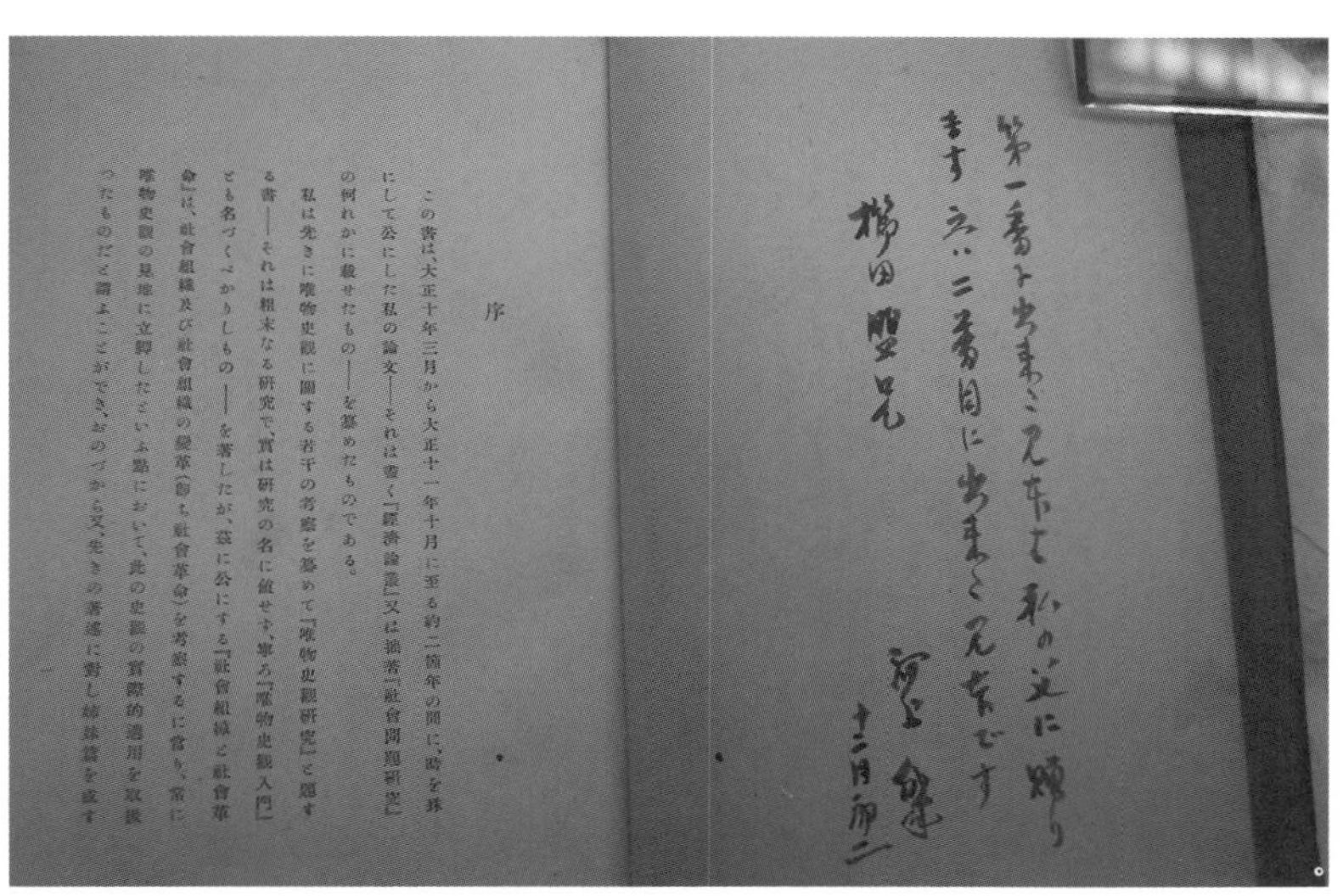

序

この書は、大正十年三月から大正十一年十月に至る約二箇年の間に、時を殊にして公にした私の論文――それは曾て『經濟論叢』又は拙著『社會問題研究』の何れかに載せたもの――を纂めたものである。

私は先きに唯物史觀に關する若干の考察を纂めて『唯物史觀研究』と題する書――それは粗末なる研究で、實は研究の名に値せず、寧ろ『唯物史觀入門』とも名づくべかりしもの――を著したが、茲に公にする『社會組織と社會革命』は、社會組織及び社會組織の變革（即ち社會革命）を考察するに當り、常に唯物史觀の見地に立脚したといふ點において、此の史觀の實際的適用を取扱つたものだと謂ふことができ、おのづから又、先きの著述に對し姉妹篇を成す

河上の自著『社会組織と社会革命』（1922 年 12 月）の櫛田への献辞。
「第一番に出来た見本を私の父に贈ります　之ハ二番目に出来た見本です。
櫛田盟兄　河上肇　十二月初二」とある。　　　　草野心平記念文学館所蔵

いったんことわられた形にはなっていたが、一九二三年になってからも櫛田は河上になんらかの形で研究所の要職をひきうけてくれるよう説得をつづけたらしい。河上からは「私が名をもつ必要があれば」うけてもいいが「但し名誉職でゲルドは貰わないこと、これは絶対動かぬ私の方針だと考へておいて頂きます」（一九二二年一二月二日）とか、「大原研究所の会議出席は見合わせたい」が、櫛田、長谷川を通しての仕事なら「喜んで私の出来る事を致したい」（二三年五月一七日）などの書簡がきている。この書簡あたりがとりあえずの結論だったのであろう。大原研究所との縁が切れたわけではない。櫛田が間に立って高野所長とはやりとりがつづく。

なお、二三年初春には、河上と興味深いやりとりをしている。河上から、（双葉大三の原稿について）「ヒルファディングの無断借用との非難は免れる事と思われましたので（貴兄が充分なご用心をなされしに拘わらず）…『我等』に原稿を送った」と伝えてきた。くわえて「ヒルは精読したいのでしばらく拝借」とことわっているのである（一月一七日）。そして『我等』一九二三年三月号には双葉大三の「労働価値説の一弁護」が掲載された。この双葉大三論文とは由緒あるものだ。

『改造』一九二二年一二月号に載った小泉信三の「労働価値説

と平均利潤率の問題」が、マルクスの価値論を批判したのにたいし、山川均が『社会主義研究』五月号で批判したことからはじまったのが価値論争であった。河上も同年秋に『社会問題研究』誌上において小泉批判に参戦したが、その内容は「価値人類犠牲説」と呼ばれたかなりお粗末なものだった（櫛田によって後日批判される。第七章2）。そして本格的に小泉批判にたったのは高畠素之と双葉大三だった。河上書簡にある双葉の原稿とはそれをさす。

双葉なる人物がどういう素性なのかはよくわからないが、彼が河上のもとへ原稿を持ちこみ、河上が櫛田にそれに目を通してくれるよう依頼したのであろう。書簡の文面からすると、櫛田は「充分なご用心」をし、『我等』に掲載するには慎重だったようだ。

これも文面からの推測だが、櫛田は双葉の原稿はヒルファディングの論説の「無断借用」ではないかとうたがったのではないか。小泉のマルクス批判は、ベーム・バヴェルクに拠ったところが多いし、そのバヴェルクをいち早く批判したのがヒルファディングの『ベーム・バヴェルクのマルクス批判』（一九〇四）だった。そこで櫛田は、ヒルファディングの原書を河上に送り、双葉原稿を点検してはどうかとアドバイスしたものと考えられる。さらに推測すると、櫛田は河上の小泉批判にかなり疑問を感じたので、その河上が推薦する双葉論文にも不安を抱いたのではなかろうか。

櫛田は論壇をにぎわせはじめたこの論争に当初から関心はあったろうが、参戦するのは二年ほどのちの『改造』一九二五年六月号に寄せた「学説の矛盾と事実の矛盾」からである。二年余を経て参戦ということは、まずは唯物史観の納得いく消化をしてからでないと価値論は勝負できない、腰のすわらぬまま攻撃すると相手に足元をすくわれると考えたにちがいない。実際、河上は「価値人類犠牲説」の槍をひっさげた最初の吶喊で、小泉から槍を逆手に取られ軽くあつかわれたのである。この件はあとで触れよう。

2. 「唯物史観の公式における『生産』および『生産方法』」

ドイツでの見聞が、櫛田の思想自体に大きな影響をあたえたとは考えにくい。一九二二年秋に帰国してすぐの河上宛書簡にはこうあった。

「多数の人々は、洋行して偉くなるやうですが、私は洋行してヒドク馬鹿になって居ます。古本の名前を覚えた外には別に何も得たと思ふことはありません。むしろ考へには考へ浮かんだことが殆ど全く消えてしまって居ます」。文面に恩師への謙譲があったとはいえ、やはり櫛田は帰国して我にかえり、中断した遊学前の思索を再開したというところであろう。それは帰国直後からの櫛田のエネルギッシュな唯物史観探究の再開に示されている。

帰国してすぐに櫛田は「経済学および社会思想の唯物史観概説―『哲学の貧困』の一節より」と題して抄訳を『我等』一九二三年三月号に載せた。『貧困』は「唯物史観が初めて完成せられた当時におけるもの」だからと訳出のわけを述べている。先に述べたように、『貧困』には強く傾倒していた。『貧困』の研究はすでに河上の『近世経済思想史論』批評で活かされていたが、一九二四年七月に公表された「社会主義は闇に面するか光りに面するか」でその蓄積が全面的に開花するのはあとでみよう。

櫛田の研究発表の再開をかざった力作は、帰国して一年後に発表された「唯物史観の公式における『生産』および『生産方法』」（以下「『生産方法』」）、なる論文だった。掲載は『大原雑誌』の創刊号（一九二三年八月）。高野所長の巻頭論文に次ぐ二番目におかれ、以下、森戸、権田、久留間らの論文が並んでいた。

東大経済学部助手であった向坂がドイツ留学に旅たつのは二二年末だったが、その直前に大森義太郎とともに櫛田宅をたずねた。その際この「『生産方法』」の原稿を見せられ感嘆したと回想している。すでにほぼ書きあげていたと思われる。

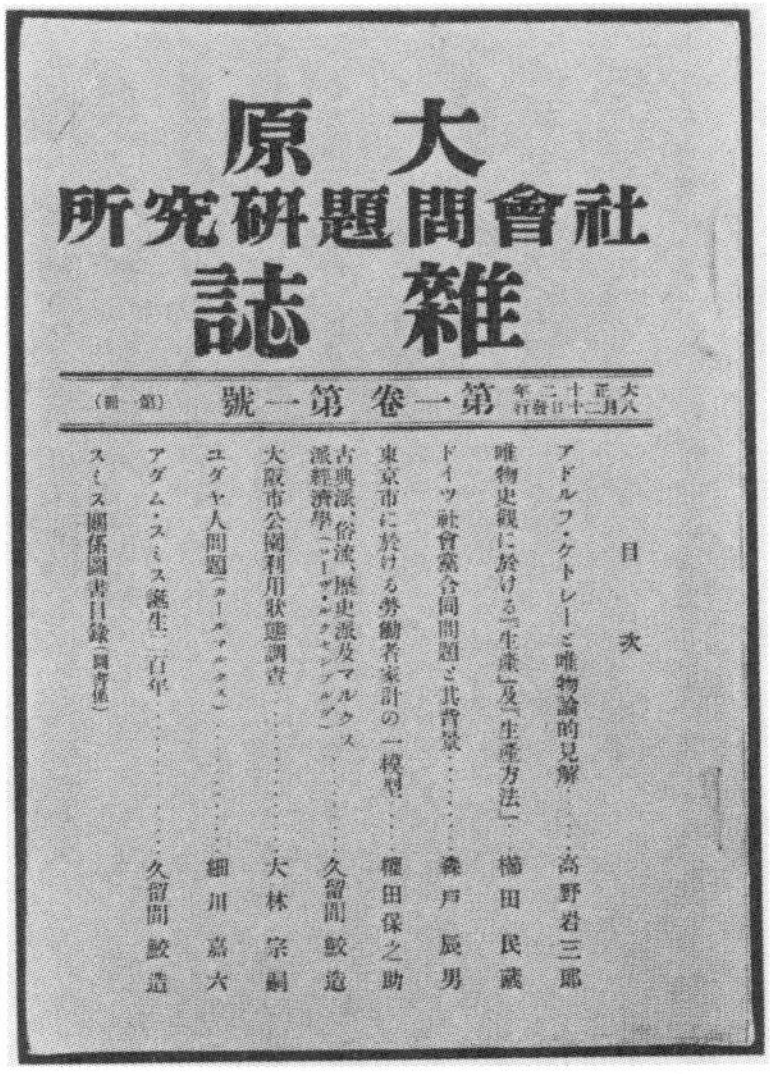

「『生産方法』」がとりあげたマルクスのテキストは、『経済学批判』「序文」中のいわゆる「唯物史観の公式」だけでなく、あらたに「経済学批判序説」（櫛田はこれを「序論」と呼んだ）であった。『経済学批判』は『資本論』第一巻第一編の準備稿であるが、『資本論』では簡略化された点が豊かに記述されていて独自の光を放っているとわれる。

話がやや込み入るのだが、この「経済学批判序説」の存在とあつかいはマルクス自身によって「序文」につぎのように示唆されている。（『経済学批判』を公刊するにあたり）

櫛田論文の載った『大原社会問題研究所雑誌』第一巻第一号。1923年8月20日刊

「ざっと書きおえた一般的序説を、わたくしはさしひかえることにする。というのは、よく考えてみると、これから証明していこうとする結論を先回りして述べるようなことは何でも邪魔になるように思われるし、それにいやしくもわたくしについてこようとする読者は、個別的なものから一般的なものへとよじのぼってゆく覚悟をきめなければならないからである」(岩波文庫版『経済学批判』一一頁)。

こうして著者によって公表がひかえられた「一般的序説」が「経済学批判序説」として陽の目を見るのはマルクス没後かなりたってから、カウツキーがドイツ社会民主党理論誌『ノイエ・ツァイト』に一九〇三年に公表し、さらに『経済学批判』をカウツキー版として一九〇七年に再刊した際に収録してからである。日本で広く読まれた『経済学批判』は、稀覯本であったマルクスの初版ではなくこのカウツキー版だったから、「経済学批判序説」の存在は、佐野学がそのころ訳出したこともあり知られてはいた。しかし論じる者はほとんどいなかった。

河上は一九二三年六月二三日に櫛田にこう書き送っている。「既に『アインライツング』をご利用になるご計画であったよし愉快に感じます。…それが今まで人々によって看過されていたようです。しかし仰せの通りそれは中々難解で人をして煩悶せしむるに足ると思います。如何にそれを御解説になったか、誰よりも一番私が興味を有つところでありましょう」。「アインライツング」とは「経済学批判序説」であり、その「御解説」とは間もなく公にされるこの櫛田の「『生産方法』」である。

櫛田はすでに紹介した「マルクス学における唯物史観の地位」(一九二〇年一〇月)で「経済学批判序説」に言及していたから、ドイツ留学をはさんで心にかけていたのではないか。『大原雑誌』の創刊号の論文なだけに、力を込めて執筆したと思われる。

「経済学批判序説」は、櫛田がたどってきた「ヘーゲル法哲学批判序説」、「フォイエルバッハ・テーゼ」、『哲学の貧困』、『共産党宣言』、『賃労働と資本』や、櫛田はまだ見ることのできなかった『ドイツ・イデオロギー』などを通じたマルクス自身の探究の成果としての経済学の方法論が展開されたテキストであり、唯物史観と経済学の関係が示唆される重要なものである。

その構成はつぎのようなものである。

文庫本で四〇頁程度の「序説」は、「一　生産、消費、分配、交換(流通)」、「二　分配、交換、消費に対する生産の一般的関係」、「三　経済学の方法」、「四　生産、生産手段と生産諸関係、生産諸関係と交易諸関係、生産諸関係と交易諸関係との関係において見た国家諸形態と意識諸形態、法律諸関係、家族諸関係」にわかたれる。「四」は長い標題だが、箇条書きのメモが主で未定稿に終わっている。

3.「経済学批判序説」と格闘

それでは櫛田民蔵が「唯物史観の公式における『生産』および『生産方法』」で、いわゆる「公式」とあわせ「経済学批判序説」をどう咀嚼したかを追っていこう。なお櫛田はこの論文では「序説」を「序論」と呼んでいる。

櫛田はまず「公式」からはじめる。

「公式」にある「生産」「生産力」「生産関係」「生産方法」というキイワード自体が難解であって、「この史観の公式には、創設者自身の説明がなく、結論だけが投げ出された形」で「要するに公式それだけではあまりわけのわからぬものである」というのである。実際さまざまな解釈があるとして、ツガン・バラノフスキー、河上肇、ハインリッヒ・クノー、ヘルマン・ゴルテル、カウツキー、プレハノフ、メーリング、ウンターマン、ディーツゲンの所説の異同を紹介し、さらにはエンゲルスの表式すら「マルクスのそれと形式上ちがっている」等々と論点を示し、果ては国家社会主義の元祖たるオッペンハイマーにまで言及している。

ここに紹介された諸説の異同は、当時のドイツ社会民主党理論誌『ノイエ・ツァイト』誌上などで華々しく論じられたものらしい。しかしその内容も今となってはつまびらかではないし、今日有意義であるかどうかもわからないので、櫛田の積極的な見解をみていこう。

まず「生産」「生産方法」等々の字義について「マルクス文献の中には、この問題を問題としたものは、まったくないかどうか」と問う。そして、『経済学批判』の『序論』の前半は、実に、ここに問題とする『生産』（したがってまた生産方法）の意義如何を著者自身が一般的に主題としたもの」であるという。櫛田のいう「前半」とは、「序論」の「一生産・消費・分配・交換（流通）」および「二分配・交換・消費に対する生産の一般的関係」である。

まず櫛田は、「序論」では「生産」を「一般」「特殊」および「総体」という三つに分けていると指摘する。「生産一般」とは「自然と労働の交互作用」であって、これは「人類が生存するためには、自然と労働との交互作用としての生産がなければならない」のであるから「これだけが思想上、すべての時代すべての所に共通なことである」。櫛田は「生産一般」について、『資本論』第一巻第五章第一節「労働過程」から「人類と自然との間の代謝機能は…人間生活の永久的な自然条件である」というフレーズも引用する。

そして櫛田は、「生産一般」とは「現実の生産からの最後の抽象」「最高の論理的抽象」であり、「事物の説明を簡略にするためのものではあるが、机上の生産にほかならない」という。櫛田はマルクスに倣って「生産一般」と「歴史的生産」を区別した。歴史的生産とは、「公式」にいう「アジア的、古代的、封建的、近代資本主義的」というそれぞれの生産関係のもとでの生産である。

櫛田は、「生産一般」を「現実の生産の出発点」であるかのように考えてしまうと、それは「意識的または無意識的に資本家経済の永久性または労資協調主義の思弁的基礎となる」と主張する。「資本がなければ労働がない、労働がなければ資本もない」、よって「労働と資本は協調すべきである」というようなことは、「意識的に『生産一般』と歴史的生産とを混同したものである」というのである。だがこの「混同」が「労資協調主義の思弁的基礎となる」というのはマルクスの文章にはない櫛田のオリジナルである。『賃労働と資本』からヒントを得たのだろう。

櫛田がよく言及する「序言」の関連した部分（岩波文庫二九〇頁）の要旨を紹介しておこう。

「生産について語るためには、歴史的発展過程をその各々異なれる段階において追究しなければならない」。けれども一方では、「生産のすべての時代は、一定の共通な徴表をもっている」。そしてこの「共通」な側面だけを取りあげる点に、「現存社会関係の永遠性と調和を証明する近ごろの経済学者たちのあらゆる知恵がある」。つまり資本主義的生産方法であるにもかかわらず人間社会本来の生産方法であると思わせるために「学者」は「知恵」をはたらかせるのである。この「知恵」によれば、野蛮人の道具も資本も生産用具であると一括され「したがって、資本は、一般的な永遠の自然関係」だということにされる。生産を「永遠の自然法則の中に含まれているものとして説明」する中で「こっそりとブルジョア的諸関係が社会一般のくつがえし得ない自然法則として押し込まれる。これが…この論議全体の目的なのである」。

このフレーズからも櫛田は「労資協調主義の思弁的基礎」を引き出したのかもしれない。そして櫛田は、唯物史観の意義として経済理論の「歴史性」を説くカウツキーの所説も引用する。

次に櫛田は「序論」の次のフレーズに着目して格闘する。すなわち「生産用具であり過去の客体化された労働」としての「資本は、ひとつの一般的、永久的な自然関係である」。だがそれは「『生産用具』や『蓄積された労働』を初めて資本とする特殊なものをとりさってしまったばあいに、そうだということである。…生産は、つねにひとつの特定の生産部門―たとえば、農業、牧畜、製造業等々、またはその全体である。だが、経済学は技術学ではない」（岩波文庫二九一頁）。

櫛田は、『資本論』やブハーリンの『史的唯物論』から「何がつくられたかではなく、如何にして、いかなる労働手段をもってつくられたかが問題である」という指摘を援用し、かかる指摘と「経済学は技術学ではない」ということの関連をどう考えたらいいか、延々と思索を巡らせる。ここはあちらにいきこちらにいきでわかりにくいが、結論として次のように読み解いている。

すなわち「技術的関係」は「人と人との関係を通じて行なわるる人と物との関係」であり、「経済的関係」は「物をとおして行わるる人と人との関係」である。「しかるにこの両者の関係は、一定の時代においては、すべてが人の関係のごとくあらわれるに反し、一定の時代においては、すべてが物の関係のごとくあらわれる。」「封建的家内経済の時代においては、生産の物的方面は、神のおぼしめしまたは特定な個人の意識的作用のように見え、資本家経済の時代には、反対に、生産の意識的関係がかえって、生産の物的作用そのものであるかのように見える」。「神の魔術性」は前者に属し、「資本の魔術性」は後者に属す。「資本の魔術性は甚だ複雑である。これらの魔術性を明らかにするためには、生産の物的ないし技術的関係と、経済的社会関係を区別しなければならない」。人と人の関係が物と物の関係としてあらわれるという、資本の物神性について、櫛田が懸命に考えをめぐらせていることがうかがえる。

次に櫛田は古典派経済学者が「想定したロビンソンクルーソー」のような「個人的生産」へのマルクスの批判―孤立した個人的生産は、人類発生の歴史の事実にまったくありえない―を紹介する。そして「個人本位の思想も歴史的の産物である」と説く。実は「孤立した個人」への考察は「序論」の冒頭にある重要な個所（岩波文庫二八七頁）であるが、櫛田はここは不十分にしか論じていない。

「序言」冒頭の「孤立した個人」にはじまるマルクスの考察はもっと多岐に展開されている。すなわち、スミス、リカードが観念しルソーが「社会契約」の当事者とした「独立した個人」は、古典派にとっては「自然によって定められた」「歴史の出発点」と考えられていた。マルクスはここからして古典派経済学者はまちがっていると説く。「歴史をさかのぼるほどに、生産する個人は非独立のもの」、すなわち家族や共同体の紐帯に拘束された一員であった。ところが一八世紀からの市民社会で「個人は血縁その他の紐帯から解き放たれ」「孤立せる個人」としてあらわれる。スミスやリカードにはそれが「歴史の結果としてでなく、歴史の出発点と映った」のである。しかし「孤立せる個人の立場をつくり出す時代こそ、もっとも発達した社会的諸関係の時代である」。つまりもっとも孤立した個人こそ、もっとも発達した、しかし、個人には外的な強制となる社会的諸関係をとりむすぶ存在だと指摘するのである。

このあたりは、後に櫛田が労働価値説を舞台に古典派経済学を越えるにあたって活かされていく。

櫛田は「序言」を読み解くために、様々な文献にもあたっている。資本制社会では「市場は、各個人の意思から離れた全体意志の作用としてあらわれ…あたかも社会主義の社会や家内経済の社会やにおける意識的の中央機関の作用を無意識的に執行しつつある」と、ヒルファディングの『金融資本論』からも援用した。プレハーノフについても「マルクスは法律関係、国家関係は物質的生活関係より、すなわちヘーゲルの市民社会より説明せらるべしといった後、唯物史観の公式においてその『市民社会』そのものはまた何によって決定さるるかを示している、と言う意味のことを述べている」と紹介し、マルクスの「市民社会の解剖は経済学に求むべきである」という提起の意味を示唆した。

櫛田は「序論」(序説)の「一」項の解明を一応は終えると、つづいて「二」項にいどむ。ここは生産、分配、交換、消費の相互関係を論じた部分である。ここは「一」を論じた部分よりもっとわかりにくい。「『共産党宣言』の研究」と同じように、たくさんの問題意識をかかえて山中を探索して歩くうちに、考え過ぎてどんどん山奥に迷いこんでゆくような印象もうける。

そして最後の方で「私は多少目的外に走りかけたことを認める。ここで私は、私がさきにあげた生産の概念に関する諸家の解釈と、ともかくまがりなりに到達した私自身の解釈とを比較してみなければならんのであるが、編集の締切は、もはや私にこれを試むる余裕を絶対に与えないほど切迫してきている」と告白し、最後の注記で「マルクスがほとんど断想的に書きなぐった生産論を材料に、断想的に推断したこの一文で、私は、何かを証明したなぞと思っていない」云々と「未定稿」たる旨を記した。

実際、「序論」の白眉である「三　経済学の方法」については言及する前に筆をおいていた。

『生産方法』」あたりまでの櫛田の文章は、やはり字義解釈にあたってなめまわすようにマルクスの言葉をひねった河上と似ていた。しかし、このころの櫛田の文献をなめまわし自分で解釈しようとする姿勢が、後年の大成に与するのである。河上の場合、道徳論や過去の経済学への大量の知識が災いして、見当違いの迷路に迷い込みつづけたのに反し、櫛田はしだいに迷路から抜け出し、マルクス・エンゲルスの論稿もよく消化し、文体も後になるにしたがい透明感を強めていく。

なお、この論文ではブハーリンも引用されている。カウツキーやプレハーノフの権威が、ロシア革命以降揺らぎ、代わって一九二〇年代にはボルシェビキの最高理論家とみなされたブハーリンが日本でも注目されたころである。だがブハーリンの学説も戦時共産主義からネップに移行するころの、客観的な経済法則と主体的な社会主義計画経済の関連をめぐる実践的・政治的問題意識のもとに書かれていた。そのためかブハーリンは櫛田の著述にはカウツキーやプレハーノフほど頻繁には出てこない。

大内によれば、ブハーリンの『金利生活者の経済学』について「櫛田君はこれを読んで、ヒルファディングよりまずいと判断していた。櫛田君にしてみれば、この位の労作は俺でもできるということだったでしょう。実際ヒルファディングは、一応オリジナルであるからえらいが、ブハーリンはやきなおしだ。学者として、大したものではないと彼は考えていた」(『私の自叙伝』)。

4.　通奏低音となる「経済学の方法」

「未定稿」であった以上櫛田は当然続編を考えていた。「序論」の「二」については半端に終わったのだが、櫛田は「生産、分配、交換、消費」すべてが「全体の構成要素をなし、その統一の中に差別をなしている」ことを考究した。そのなかで資本主義経済全体が、生産を起点にどう回っていくのかに関心がいったようである。そして「未定稿」の続編として著したのが「ケネーの経済表と唯物史観の交渉」(『大原雑誌』二四年四月号)であった。

ケネーはマルクスより一世紀ほど前に活躍した重農主義学派の元祖であり、その「経済表」はマルクスも大いに重視し、『資本論』第二巻の「再生産表式」などに影響をあたえていた。

櫛田は冒頭に「経済学および社会思想の歴史において…重要な公式は二つ。ケネーの経済表とマルクスの唯物史観の公式」だと切り出し、一世紀を隔てた「大版形ただ一頁の図版」と「二頁足らずの公式」の関係を探るのはとても興味深いと述べている。そして、『資本論』第二巻の「再生産論」と「経済表」の比較から、カウツキー版『剰余価値学説史』と『反デューリング論』でマルクスが執筆した第二篇「経済学」の第一〇章のなかの「経済表」の論評にいたるまで読みこみ論じている。

そして「重要な」二つの公式の比較検討の結論として、「経済表」は「凡ての社会形態に共通する生活生産の一般的永久的社会的様式となり」「人類生活の物質的条件を歴史的過程として解釈することを忘れた」のに反し、マルクスは「単純再生産の表式」と「資本家的再生産の表式」にわけて資本主義的生産の歴史性をあきらかにしていると総括した。学識を充実させていく櫛田の高揚感もうかがえる論文となっている。

しかし、この論文もむつかしい。読む方の不勉強のゆえもあるだろうが、櫛田自身も完全には咀嚼し切れていないから、『生産方法』」同様、字義解釈に深入りし、己の模索をそのまま表出するからである。しかし、日本の経済学者としてははじめての挑戦であり、おそらく幾度も『資本論』や『剰余価値学説史』にたちかえりながら思索したにちがいない。

さて、櫛田と「経済学批判序論」（序説）の関係について付言しなければならないことがある。

「三　経済学の方法」は、「序論」のなかでもマルクスの方法をもっとも積極的に示している個所であるが、櫛田は「『生産方法』」ではこの「三」については言及しなかった。その点ではこの論文は臥龍点睛を欠くといってよい。重要な項だけに軽々には論じなかったと思われる。

福本和夫への批評（一九二六年）を検討する際（第八章3）に、この点についてはたちかえるが、しかしながら櫛田は「三」項について当初から重視しある程度咀嚼していたと思われる。それは先に紹介した「マルクス学における唯物史観の地位」（『我等』一九二〇年一〇月号）において、「経済学の方法」をとりあげたことにも示されていた。また「『生産方法』」を上梓してからすぐにはじめる「河上博士の『価値人類犠牲説』に対する若干の疑問」（第七章4）などの方法論的な批評や、小泉信三らとの「価値論争」でも、櫛田は「三」項を熟読したことがうかがえる。「三」項の影響は櫛田の諸論稿の通奏低音のように流れていくのである。

そこで櫛田の諸論稿の理解のために不可欠であるので、難渋な「経済学の方法」のなかから、櫛田の諸論稿に活かされていると思われる部分の概要だけを見ておこう。

「三　経済学の方法」では、まずいわゆる「上向・下向」の方法が、「人口」という観念を例にとって展開される。経済学は「生産行為の基礎であって主体である人口からはじめるのが正しいように見える」がこれはあやまりだ、とマルクスはいう。人口は「諸階級」をのぞいたら「抽象である」。「階級」はまた「賃金労働、資本」を知らなければ「空虚な言葉」であり、これらはまた「交換、分業、価格等を予定する」。「人口」に示される「全体の混沌たる観念」を「より詳細に規定していくことによって…分析的に次第により単純な観念に達し」最後に「最も単純な概念に達するだろう」。ここまでがいわゆる「下向」の過程である。つぎにいわゆる「上向」の過程がはじまる。「ここから、旅は逆につづけられて、ついにまた人口に達するであろう。しかし全体の混沌たる観念におけるものとしてではなく、多くの規定と関係の豊かな全体性としての人口に達するのである」。

マルクスは、「実在を思惟の結果として理解」したヘーゲル観念論を批判しながら、「最も単純なものから、複合せるものへと上向する抽象的思惟の進行は、現実の歴史的過程に沿っているということになる」と述べている。ヘーゲルは実在と思惟の関係を逆立ちさせた。ほんらい混とんとした眼前の実在から抽象化していった結果である諸概念であるにもかかわらず、逆に概念の展開として実在を位置づけたのである。マルクスはヘーゲルの逆立ちを正しながらも、ヘーゲルの思惟が歴史的感覚に満ちており、現実の過程に沿っていることを評価した。そして経済的諸概念は単なる論理的な抽象の産物ではなくして、論理的な抽象自体が「現実の歴史過程」によってその条件が与えられるという唯物史観にたった方法をマルクスは説いたと考えられる。

マルクスは思惟と現実の関係のヘーゲル流の解明を「労働」の「外化」という概念に拠って大要こう述べる。「労働は全く単純な範疇に見える。…それでも労働は、この単純性で理解されたものとしては、この単純な抽象をつくり出す諸関係と同じように、近代的な範疇である。重金主義は、富をなお貨幣の形で自分の外にあるものとして全く客観的に考えている。…製造業主義又は重商主義が主体的活動に富の源泉を求めるとすれば大きな進歩である。…重農学派は、労働の特定の形態を富を創造する労働と考える」。このように労働の産物である「富」が「貨幣」として、人間の「主体的活動」＝「労働」とかかわりのない客観的な与件としてとらえられている段階から、「主体的活動」こそが社会を支え変えていくと認識する段階へと、重農学派は接近すると、マルクスは説く。それは「外化」したものを、とりもどす過程であるが、観念の上のことではない。労働が一般性を帯びる事実にしたがって、富の内容の解明に反映するのである。「アダム・スミスの大きな進歩は、富を生産する活動の一切の限定性を除去したことにある。工場手工業的労働でも、商業的労働でも、農業労働でもなく、しかし、そのいずれでもある労働そのものである。かくて富を創造する活動の抽象的一般性と共に、生産物一般或はまた労働一般も考えられる」と総括する。

さらに「特定の労働に対して無差別であることは、一定の社会形態に相応するのであって、ここでは個人が容易に一つの労働から他のそれに移行」することによって、「労働はここでは範疇においてだけではなく、現実においても、富一般の創造の手段となった」と指摘する。すなわちアダム・スミスの思索した時代において、「労働一般」「即ち近代経済学の出発点が、実際上はじめて真実」となったと説く。

人間社会が成立するには労働が必要であり、それぞれの社会が成りたつには社会的に必要な労働が適切に配分されなければならないというのは、どのような生産関係においても共通である。それは、共同体や封建社会においては、支配者の必要に迫られての意識的行為によってなされていたのであるが、商品経済がおおう社会においては、市場＝神の手に委ねられていた。人類史を、社会的総労働の配分の社会的諸形態の発展として意識するまでには、重金主義からアダム・スミスを経てマルクスにいたる長年の経済学の発展が必要であった。つまり労働の互換性、一般性が現実になる時代、すなわち資本主義社会ではじめて経済学的にも理解されるのである。

そのことをマルクスは「市民社会の諸関係を表現する諸範疇、その構成の理解は、同時に一切の没落した社会形態の構成と生産諸関係への洞察を与える。…人間の解剖は猿の解剖の鍵である」という有名な表現で総括している。

マルクスは念を押す。「ブルジョア経済学は、かくして古代経済等々への鍵を与える。しかしそれは決してすべての歴史的相違を抹殺し、すべての社会形態にブルジョア的社会形態を見るような経済学者のやり方によってそうなのではない」と。

そして、資本主義のメカニズムの探求を起点とし、その理解を以て、つまり「人の解剖」で得た知見で以て、生産関係の歴史をさかのぼり解明しなければならないことを、マルクスは強調する。

「したがって、経済的諸範疇を、歴史的に規定的な範疇であった順序にしたがって追究することは、なすべきことではなく、また誤りであろう。これらの経済的範疇の順序は、それが近代的市民社会で相次いでもつにいたった関係によって、したがって、自然的なものとして現れるものや歴史的発展の順序に相応していると思われるものとは正反対の関係によって、定められている」。

櫛田がマルクス経済学の礎を固めたのも、後にみるように河上肇を越えるのも、こうしたマルクスの叙述を、幾度も読みかえし唯物史観のエッセンスとして咀嚼しえたからにちがいない。

第七章　河上肇を越えて

1. 河上肇を「新たな旅」にたたせる

櫛田は、一九二〇年に河上の大著『近世経済思想史論』の書評を公にしてから、唯物史観への河上肇の解釈を本格的に批判しはじめたのは見たとおりである（第五章2）。そしてドイツから帰国してしばらくは、「経済学批判序説」などを研究しながら、唯物史観へのみずからの積極的な見解を彫琢することに集中したのだが、それが一段落するとさらに力を込めた河上批判を再開する。

河上は『自叙伝』でこう述べている。一九一五年に京都帝国大学教授になって以降しばらく、自分の講義では「ブルジョア学者の学説を紹介しているだけで、マルクスの学説には殆ど触れていない」。数年たって「やっと…『資本論』に時間を注ぎうることができるようになった」。だが二三年から二四年にわたる講義案では「少からずマルクス主義経済学の影響を随所に示しながらも、その根本の構成においては、『資本論』における研究の方法、叙述の仕方と、全然無縁なものとなっている」。講義が、「大体において『資本論』の解説の如きものとなったのは、その次の年度」からである。

さらに「唯物史観」の理解にまつわる遍歴についてはこう語っている。セリグマンの『歴史の経済的説明・新史観』を翻訳（一九〇六）したが、「それは…唯物史観をその哲学的基礎たる弁証法的唯物論から切り離し、一つの経済学説に歪曲し去ったものにすぎなかった。…セリグマンによって初めてマルクスの史観に近づいた私は、その後長い間、経済学という狭い管を通してこの史観を見ながら、ああでもない、こうでもないと、度々色々なものを書いたが…それは文字通りの管見にすぎなかった」。

この「弁証法的唯物論から切り離し」云々の自己批判は、福本和夫やコミンテルンからの影響が色濃く感じられる。セリグマン流の、経済から政治などのあり方を説明するという経済史観は、人間の主体的活動＝労働を媒介して経済にどのような法則性がつらぬかれるかは関知しないことが問題なのであって、「唯物史観を弁証法的唯物論から切り離して」いることが問題なのではない。そこが「唯物史観」と経済学との有機的な関係を探究した櫛田との理解のちがいであることは第八章4で見よう。

一方、帰国後の進境いちじるしい櫛田は、一九二三年一月に例の双葉大三論文に関して、ヒルファディングのバヴェルク批判論文を河上に示したり、六月には「アインライツング」（「経済学批判序説」）で河上を瞠目させたり、河上にアドバイスする側にまわっていた。七月には河上は「唯物史観研究へのあなたからの批評を受け…ブハーリンを読んでいる」と櫛田に書き送っている。

さて河上は、二三年秋に自分の研究の総括として力を込めた『資本主義経済学の史的発展』（以下『史的発展』）を上梓した。ちょうど櫛田の力作「唯物史観の公式における『生産』および『生産方法』」（以下「『生産方法』」）が『大原雑誌』創刊号に出たのと、時を同じくする。この大著は、櫛田をして本格的な河上批判を決意させたものであった。そして櫛田は翌二四年の『改造』七月号に「社会主義は闇に面するか光に面するか—河上博士著『資本主義経済学の史的発展』に関する一感想」（以下「闇に面するか光りに面するか」）を寄せた。これは河上—櫛田関係の逆転を天下に知らしめた。

河上は櫛田の「『生産方法』」についてこう感想を書き送ってきた（一九二三年八月）。

「『研究所雑誌』の貴文、昨日から今朝にかけて一通り拝読致しました。…一度通読しただけで大体の御趣旨は分かりました。さうして、私はその御解釈に賛成いたします。貴論を拝見しない前から、漠然とはそういふ風に考へてゐたのです」。「『生産方法』」に刺激されて、『史的発展』が櫛田によってきびしく批判されたことを出発点として、河上自身も理解を深めていくのである。

「闇に面するか光りに面するか」が公にされるまでの間には関東大震災がおきた。大原研究所の刊行物を出していた同人社も、『我等』の印刷所も被災した。櫛田の河上宛書簡（草野心平記念館所蔵）では「森戸と櫛田の消息なきため」東京に人を派遣したところ「両君も家族も安泰」と報じ、あわせて「大杉事件は天下の怪事に付委細拝眉の上」

とあった。同人社焼失のため河上に弘文堂を世話してもらうなど、大震災の後始末もあり、対面の機会も多かったと思われる。櫛田は河上への批判を公にする前には、河上と対面か書簡のやり取りで意見交換をするのが常だった。師にたいしてとても律儀だった。

『史的発展』を刊行してしばらくしてから、河上が当時西宮にいた櫛田に宛てた手紙（二三年一二月二八日）では「ご多忙のところをわざわざ御来訪下さいまして忝く存じます。マルクスを論ずる人は私の身辺には一人もありません」とあり、櫛田との議論が「まことに良い刺激」だと書いていた。河上の『自叙伝』では、櫛田が『改造』に「闇に面するか光りに面するか」を発表する前から「大体の趣旨は、私のところに来て直接に話をされるか又は手紙に書いて寄越され、私はすでにそれだけで、おれはも一度学問をたたき直さねばならぬ、と思い定めたようである」とある。一九二四年の初夏頃と思われるが、「櫛田君は私を訪ねて来ては議論を持ち出し、書見用にしてゐた大きな机の上を拳でトントン叩きながら、私の説を攻撃されたものである。…その勢いの前に私がタジタジとなった当時の心境もまた、未だに忘れられずにゐる」（前掲『思出』）。

誠実な河上は、櫛田の無遠慮にも理論的な「刺激」に感謝していた。六月には療養のため和歌山県和歌の浦に止宿していた。そこから櫛田に宛てた手紙には、自分の父親が加齢で著作を読めなくなったので「私がものを書く時、必ずそれを喜んで見てくれると意識することの出来る相手が一人減った譯です。しかるに、あなたが依然として旧交をお見棄てなく、私の書いたつまらぬものを念を入れて読んで下さる」ことは「非常なる慰めであります」とあった。

さらに、こうある。『史的発展』は「私の頭がシッカリせぬうちに…ああいふ構想が出来上がったので、その構想の骨子は畢竟貧乏物語時代に在るのです。…ともかくああいふ風に纏ったから、何かの役に立たうと思って、世に公にしたのです」。そして自分の迷いが「あなたのご批評により…私にもはっきりして来るだらうと思って居ります」。

『貧乏物語』が刊行されてすぐ櫛田が「倫理と経済とを調和」させんとしていると批評したのだが（第二章5）、このするどい指摘を河上は忘れていなかったであろう。

度重なる面談と書簡で忌憚なき批判を受けた河上は、六月に療養先の和歌の浦で「旅の塵はらひもあへぬ我ながらまた新たなる旅に立つかな」という有名な句を詠んだ。『自叙伝』では「和歌の浦で口ずさんだ一首の腰折れは、私の一生にとって一つの大きな標識を成す記念塔である」とまで述べている。

2. 「価値人類犠牲説」批判を準備

ところで、櫛田が河上の『史的発展』を読む前の一九二三年末に起草したと思われるが、未定稿のままに発表されなかった草稿がある。それは「唯物史観とマルクスの価値法則—河上博士のマルクス価値論の説明にかんする疑問」という表題で、櫛田没後に『櫛田民蔵全集』第一巻に収録された。

西宮から京都の河上の寓居にたびたびおとずれ議論した際、この草稿にあるテーマも当然話題にしたと思われる。あるいは草稿を河上にみせたかもしれぬ。そのテーマとは河上の「価値人類犠牲説」であった。

後程紹介する、小泉信三との「価値論争」で河上が考えだし、のちに櫛田が「マルクスの価値概念にかんする一考察　河上博士の『価値人類犠牲説』に対する若干の疑問」(『大原雑誌』一九二五年一月)において「価値人類犠牲説」とはじめて命名するのがこの新説である。このネーミングは以降論壇に定着する。

小泉信三が、『資本論』にあるところの、単純な商品の「価値通りの交換」と資本主義的商品の「価値通りではない生産価格での交換」の整合性を問うたのにたいし、当時河上はこう答えていた。「人類の立場から見た此の如き価値は、平等なる人間同士の間において其のまま価値として承認されるから…物の交換が又其の価値において行なわれるのである。これに反し或る人が他の人を生産手段として利用しつつある階級社会においては、価値が階級的に歪められて観念される。言い換うれば…マルクスの所謂価値から多少の程度において離れる」(『社会問題研究』)。

櫛田はこの説に危惧をいだいた。これでは小泉信三を論破できないだけではなく、マルクスの労働価値説の根本的な誤解に連なると考えた。そこで櫛田は「価値人類犠牲説」を批評して河上を正道にたちかえらせようとした。その中間的なまとめがこの草稿である。

すなわち河上は「富の源泉」は「自然と労働」であるという、それ自体は古典派経済学もマルクスも承認する一般的な事実から、社会的に必要なる労働とは「物の獲得のために必要とせらる犠牲」であり、他方「自然」には人格がないから富の源泉としての役割を果たす上で「犠牲を観念する必要はない」と考えた。さらに、「一般的人間労働」を「超然たる人類の犠牲を意味し、全人類の立脚地に立てる道徳観を包蔵する」ところの「価値の絶対的性質」と規定した。そして「人格を無視する奴隷制度や資本制度の社会における費用価値なるものは…マルクスの価値からは離れたものでなければならぬ」。これに反し「人間が人格を認める孤立制」（共同体を指すらしい）および「社会主義社会」においては「費用価値とマルクスの価値とは一致する」。そこで「マルクスのいう所の価値がそのまま価値として通用し、商品と商品の交換がその価値を標準として行われるのは、単なる商品生産者相互の間に限られる」と論じたのである。

このように、古典派経済学の超歴史的観念をひきずりながら、人と人との平等という道徳観を介入させて奴隷制と資本制を同質視してマルクスの価値論を擁護しようとしたらしい。堺利彦からも「唯物史観と道徳論の二本立て」と批判された河上の地がでてしまった。

これにたいして櫛田は、価値論の要点は「『一般的人間的労働』および『社会的必要労働』という術語の解釈如何にある」として、みずからの積極的解釈を披歴していく。

すなわち「商品の価値と言う問題は、物理学の問題ではなく、社会学の問題である。商品の価値を研究することは、商品の社会的存在又は社会的性質を研究するので、モノとしての商品それ自身の物理的性質を研究するのではない」。「労働はいかなる時代においても生産的労働であるが、いかなる時代の労働も価値を作る労働とはならぬ。労働が価値の実態であるということは、一般的には商品生産の社会にかぎられる」。「個人的物質的労働力の支出は、一定の社会関係の制約を待って初めて一般的人間労働として価値となる」等々。

この櫛田の説明も粗削りだが、さらに河上との意見交換をしつつ、一年余を経て整理されて「マルクスの価値概念にかんする一考察―河上博士の『価値人類犠牲説』にたいする若干の疑問」として公にされるのである。

3.「社会主義は闇に面するか光りに面するか」

さて、このように「価値人類犠牲説」への批判をみがいている最中に、櫛田は『史的発展』批判として「闇に面するか光りに面するか」を『改造』一九二四年七月号に発表した。『史的発展』は、スミス、ベンサム、ミル、リカードからマルクスに至るまで延々と論じたものであり、「『学史』として天下学生のメッカと称せられた」（大内兵衛）京都帝大での講義をまとめたもので、よく売れた。また、櫛田論文が掲載された『改造』は、専門的な研究者の読む『大原研究所雑誌』や、発行部数は比較的すくない『我等』とはちがい、広範なインテリに読まれた総合雑誌だった。それだけに、天下の河上を批判したこの論文によって、論壇で一躍脚光をあびることになった。

この論文で櫛田は、「階級意識は、この意識の一形態としての経済思想においてもっとも具体的であり、かつ、もっとも容易に看視することができる」のであって、価値、貨幣、資本、労賃、地代などの諸観念から、「資本家時代の階級的意識を見出すことは、神や道徳的原理や哲学上の諸概念から階級意識を見出すよりも一層的確」であるという。そして、経済学とは「一定の時代における階級意識の表現」であって、学者が語る「経済原論」は「一定時代における経済史実の法則」にすぎないと断じ、マルクスが『資本　別名経済学批判』（『資本論』）と名付け「永久経済学を信ずる資本家学者の如く経済原論などと言わなかったのは、その立脚地を明白にするものである」と指摘した。

こう前置きしておいて、河上の『史的発展』を検討してゆく。

河上によれば、「資本主義のもとに発生する利己心是認の道徳原理は、経済学に反射してその指導原理となる」。これを櫛田は「資本主義の経済学は一つの道徳原理のもとに立つものであり…道徳論の一部であるかのごとくである」と批評する。そして『史的発展』においては「経済的自由主義の事実上の基礎については、わずかに六ページで終え、学者の「哲学ないし道徳論」、スミス、ベンサム、ミルらの資質や徳性、個人的経験などに大半をついやしている。スミスの学説も「個人の利己心」の「応用哲学」のように説明されているではないかと指摘する。

しかし櫛田が河上に期待するのは、「スミスが人間性の永久的必然と見た利己心なるものは、商品経済のもとにおいて必然的な商人心理であったということを証明する事」なのだ。河上と櫛田は共に古典派に再照明をあてる旅をつづけていたのであるが、櫛田がいち早く古典派経済学の問題点を見定めることができたのにたいして、河上はなお引きずっている永久道徳論のゆえに、アダム・スミスの「永久的必然と見た利己心なるもの」への批判において不徹底なのである。

さらに櫛田は、マルサス、リカード、J・S・ミルへと、当時の諸階級の対抗関係とそれぞれの経済学説の関係を解明していく。イギリスの一〇時間労働法と穀物関税法については、河上は前者を「功利主義にもとづく自由放任主義の衰亡の端緒」であり、後者を「人道主義にもとづく保護干渉主義の起源」とみなした。これに反し櫛田はこの対立は「功利主義」と「人道主義」を根拠とするものではなく、資本家階級、地主階級、労働者階級の対抗関係の反映ではないかと指摘した。さらに河上は、ロック、ヒューム、スミスが「功利主義的経済思想の肯定」であり、「この肯定はベンサムにいたって完成し、ジョン・ミルに至ってその否定が始まり、ラスキンおよびカーライル」で「その否定が進行」し「功利主義の否定である社会主義の母」となるかのように論じた。

この怪しげな「弁証法」にたいし、櫛田はつぎのように批評する。すなわちカーライルもラスキンも「資本家以前の経済形態」を反映した思想の持主である。「資本家経済の発展の中から必然に生まれる無産者の思想と、かつて資本家のために後方に押しのけられていたものが、無産者の台頭に、時分はよしと物蔭からぬっと出てきたものの思想を一つにするわけにはいくまい」。そして河上が好んだラスキンの「光あれ、光に面せよ」という文句にたいして、「経済学者は、けっきょくその善い面にうちかつものは、その悪い方面であるということを見逃している。…歴史を作っていくものは、実にこの悪しき側面である」というマルクスの『哲学の貧困』のフレーズを対置した。そして「社会主義は闇に生まれるがゆえにのみ光を産むのであって、光に面するがゆえに光を産むのではない。むしろそのより多く闇に面することによってより多く光に面することができるであろう」という名文句で稿を閉じている。

この『哲学の貧困』のフレーズは、「マルクスは悪の味方だ」と俗物たちが非難する根拠として東西問わず有名な文句であった。そしてプルードンによるヘーゲル弁証法の濫用にたいする批判は、『哲学の貧困』の主要テーマの一つだった。そして「人類の永久的な理性」が「善い側面」として「悪しき側面」を克服してゆくと観念するプルードンと、未だに普遍的な「人道主義」論の母斑をつけている河上を、暗に比較してみせたのである。『哲学の貧困』はドイツ語版へのエンゲルスの「解説」にある、ロードベルツスの国家社会主義論批判もあわせ、櫛田にとって河上を批評するためのヒント満載であったにちがいない。

櫛田にしては一般向けの分かりやすい論調であり、「価値人類犠牲説」批判は直接は登場しない。しかし河上の道徳と唯物史観の二元論を、決定的に批判した力作であった。

なお、本論の末尾には「博士少しく病んで紀州の海岸にある。不幸にしてこの一感想文が博士の眼にとまることがあっても、どうか私の蕪雑な言葉をとがめられないことを祈る」と記されていた。その頃紀州の海岸で河上が「旅の塵はらひもあへぬ我ながら　また新たなる旅に立かな」と詠んだとは思い至らなかったかもしれぬ。

大内兵衛はこれを高く評価し、戦後すぐに単行本として朝日新聞社から『社会主義は闇に面するか光に面するか他』として刊行した（一九八〇年に『朝日選書』として新版刊）。その解説にいう。「櫛田は最大の賛辞を以て河上を紹介し、あくまでも子弟の礼を欠くことはない。その点で十分の情をつくしているが、全編は火をはく雄渾なる批評文である。けだし当代論評文の一傑作というべきか。果然、この一文により、評論ジャーナリズムは彼をこの世界での第一人者にかつぎ上げた。すなわち、今や福田、河上時代といわれた時代は去って、櫛田をそれら両博士よりもはるかに高い地位においたのである」。

櫛田はいわば河上への御意見番のような存在として自他ともに認められるようになった。若き大内が一九二四年の五月に櫛田に宛てた書簡はおもしろい（草野心平記念館所蔵）。大内が大原研究所の刊行物で河上を論評したらしい。しかし「自分でもハッキリせぬやうなこと」なので「御暇があったら…一寸のぞいて見て下さい。そして悪るかったら、私に教へて下さい。…私は河上さんにしかられるのはイヤです。こわいやうに思ひます。それかと云ってあまりオベッカを云うふと、人が笑ふと思ひます」。やはり河上はえらい存在だったのであろう。

当の河上は『自叙伝』で、この『改造』論文が自分に与えた衝撃をつぎのように述べている。

「櫛田君の論文を読んで、その若干の個所に善意を欠いた誤解の存することを感じないではなかったが、しかし大体の趣旨に至っては、櫛田君の所説が尤もであり、私は確かに急所を突かれている、と思わざるを得なかった。─私は一本参った、という感じを、強く受けた。と同時に、私は大奮発を成し…マルクス主義の神髄を把握してやろう、と決意した」。「忘れることも離れることも出来なかった宗教的真理から、断乎として自分を引き離し、暫く之を忘却し去らんことを決意したもので…この時すでに四十六歳に達してゐた私にとって、二十年来と云ふよりも寧ろ三十年来のメタモルフォーゼであり、いのちがけの飛躍であり、繭を破った蝶に化したものなのである」。

河上からは衝撃をかくさない手紙が櫛田のもとに当時複数とどいている。

「あなたにああ言われて見ると、私は依然として『貧乏物語』の著者であるやうです…何かそこに『抜け難き』本質的なものがあって、到底済度され得ないのか？」（七月一日）。「之から奮発して二〇年来のカラをブチ破るつもりでおります」（九月二九日）等々。

また、河上は「『史的発展』もこの際絶版にすべきだらうと思ひながら、印税に釣られて、重版をいたしました」（一九二五年三月四日）と書いて寄こした。さらに（重版にあたって）「下らぬ序文をつけたので…その處だけ一度御笑覧願ひます」と同二六日に追伸してきた。そしてその「序文」には「私は繰り返し氏（櫛田─引用者）の論文を読んでみたが、結局、氏の意見は根本の主張において尤もであるといふ結論に達した」とあった。

4．価値論争への間接参戦
―「価値人類犠牲説」批判

さて、「闇に面するか光に面するか」の公表から半年足らずの二四年一二月三〇日、河上からの来信にはこうある。「貴論の刷上げ…不取敢一回拝読…多くの仕事がめくらのかきのぞきであったことを自ら感じております。…真意の分からなかったものが、之によって大いに明白になり、未知なりし世界がやや明るくなった感じがいたします」。つづけて「人類」の犠牲というのは「社会の犠牲」と解してほしいと連綿と釈明している。

ここにいう「貴論の刷り上げ」とは、『大原雑誌』二五年一月号に掲載される「マルクスの価値概念にかんする一考察―河上博士の『価値人類犠牲説』に対する若干の疑問」（以下「疑問」）である。河上の『社会問題研究』の発行元であった京都の弘文堂は、東京の同人社が焼失したため『大原雑誌』発行も一時期引きうけていたから、抜き刷りはいちはやく入手できた。

この論文は「闇に面するか光に面するか」につづき、河上に衝撃を与えた第二弾であり、「価値人類犠牲説」なるネーミングを流布させた話題の論文であった。

年が明けて二五年一月二八日の書簡には「貴論のおかげで、…十数年来の行止まりが、之で決せられたやうに思はれ、自分では一つの革命をやったやうな気がして居ります」とあり、三月二六日の書簡には「価値人類犠牲説は小市民的ユトーピアであったと、段々に感じて来ております」とあった。もう前のような弁明はみられなかった。

櫛田の「疑問」は『櫛田民蔵全集』では、第一巻「唯物史観」ではなく第二巻「価値及び貨幣」に収録されている。この論文は唯物史観の研鑽から、マルクス価値論の展開に入った櫛田が、当時の論壇をにぎわせていた価値論争に初陣したものだからである。ただまだ味方であるべき河上の武装の弱点を正すという、後方支援の参戦であった。先にふれたように、小泉信三の挑戦にたいして、例によっておっとり刀で応戦した河上の装備の粗雑さをあらためさせようと、この「疑問」を公にしたのである。そのことが結果的に小泉信三への反論ともなっている。

「疑問」は相当の長さであるが論理のはこびが明快になってきている。唯物史観や経済学の方法の探求で意味をとらえかねた問題も、『資本論』そのものを研究するなかで理解できていったのではないか。たとえば、『資本論』第一巻の「商品の物神的性格とその秘密」をよく読み解くなかで、「経済学批判序説」にとりくんだ二年前には難解であった「人の解剖は猿の解剖にたいする鍵である」というたとえも腑に落ちた感がある。さらに「抽象的人間労働」の問題、「社会的必要労働時間」の「二様の意味」などにかかわる積極的な見解も披歴されている。すなわち「社会的必要労働時間」については、同一産業部門における「社会的技術的な平均労働時間」の意味と、各産業部門への「社会の購買力としての労働時間の適正な配分」の意味の二様を示すとしたのである。今日でも価値論の理解に多くの示唆を与えてくれる。

しかし拙稿では、河上批評の要点だけ紹介しておこう。

河上はマルクスの「価値概念」を「正当に理解しなければ、一歩といえども彼の理論に追従することはできぬ」と、鼻息荒く小泉への批判を開始する。そして櫛田の表現によれば「筐中の秘密」を明かすように「価値」自体の字義解釈に懸命になり、先に紹介した独特の「価値人類犠牲説」を開陳する。しかし櫛田はこうたしなめる。「マルクスの価値概念は一見補足しがたきあるものに相違ない。けれども、それが歴史的事実の研究の結果にもとづくという意味においては、難解ではあっても決して秘密ではあり得ない。換言すれば、『資本論』を叙述の順序にしたがって初ページより理解せんとするものにとっては、マルクスの価値は一個の秘密であり得る。けれども、叙述の順序でなく研究の順序にしたがって、『資本論』における史実の考察より進んで逆に初ページの価値概念にいたらんとするものにとってはおそらく秘密ではあるまい」。

『資本論』の叙述は抽象的なものから具体的な現実へと上向するものであるが、その前提に下向過程があることを忘れて、「下向過程」の極にあるもっとも抽象化された概念自体の意味をひねくり回しても迷路に入り込むだけではないか、というのである。「経済学批判序説」などをよく咀嚼し、研究の方法と叙述の方法をわきまえた櫛田ならではの指摘であった。

また櫛田は「価値人類犠牲説」に迷いこんだ原因をこう指摘した。「価値の大いさから価値の品質を区別しないならば、いやしくも人間が商品のために支出した労働はすべて価値であるということになる。したがって、商品生産者としての各個人の支出した労働は価値であり、それらの総計、換言すれば個人価値の総計は、社会の総価値であり、したがってまた人類の価値である。価値とは人類の犠牲に他ならぬという学説ができうる。この意味で価値の存在は超歴史的である」。つまり「抽象的一般労働」の意味を理解せず、各個人の自然的な労働の支出を「価値」ととらえてしまうから、「犠牲説」におちいるというのであった。

また櫛田は、概念の形成と社会的存在についての「唯物史観的考察の方法」を例示した。すなわち、「抽象的人間労働という概念構成」において、「マーカンティリストの時代」「フィジオクラットの時代」、そして「アダム・スミスの時代」で労働の「抽象化・一般化」が事実としてどう進行し「抽象的人間労働」という概念を意識化させる条件を成していったかを説明した。

河上はこれらの櫛田の解説について「価値論に関する貴論のおかげで、社会的存在と意識との関係について一道の光明を得たので、之から本筋に向かうことが出来るだろうと思います」（二五年一月二八日書簡）と述べていた。

さらに櫛田は、河上の『資本論』第一巻四節の「商品の物神的性質」に関する読み間違いも指摘した。河上はこの節を「いっさいの社会において、商品価値はいかに共通のものであるかを示したものとして読まれているが」それはまったく逆だと指摘した。つまり第四節においてマルクスは「商品社会以外の社会においては、人間労働の支出は、商品価値として、物的な対象としてかつ一般的な形式においてあらわれるものではないということを読者に示した」のであると。

この批判に刺激され河上は第四節をもう一度読みなおし、こう櫛田に書いて寄こした。「初めて読む文章であるかのやうに、実に面白く読めるので、愉快でたまりません。…ところどころに黒い鉛筆の上へ更に赤い鉛筆を使って、価値の歴史性、社会性の関する記述のところに注意した跡が残ってゐますけれども、その当時はそれをどう読んだものか？　今更不思議でなりません。あなたの批判のおかげで、今や私も漸く本当の理解に一歩を進め得た感じがして、自らよろこびに禁じえません」（一九二五年一月一六日）。

マルクスを主観的に読みこみ、それを批判されると素直に受け入れる、河上らしい誠実な反応であった。

河上は『社会問題研究』五九冊（二五年二月）に「マルクスの価値概念にかんする一考察—櫛田民蔵氏の問題の論文を読みて」を掲載し、櫛田からの批判の全面的承認をおおやけにする。

なお、この手紙で櫛田は他にも河上をうならせる批評を寄せていたことがわかる。

手紙にはこうあった。（櫛田からの）「お手紙」で「唯物史観に関する私の因果論が批評」されたが「赤面の至りですがあれはひどくまづいものを書いたものです。私はあれを最後の迷いとして、これから本筋へ向けて進みたいと念じております」。ここでいう「私の因果論」とは「唯物史観と因果関係」のことであるが、櫛田の批評の趣旨は「唯物史観における条件関係」という表題で起草したが未発表だったもの（没後に『櫛田民蔵全集』第一巻に収録）に同じと思われる。そこで櫛田は、「生産力」「生産関係」「社会意識」の相互関係についての河上によるブハーリン説の批評は、エルンスト・マッハ（レーニンから観念論として批判された）に通じるのではないか、という観点から論じていた。

第八章　マルクス派の分化のなかで

1．社会問題への広い関心

櫛田は「価値人類犠牲説」批判を起点に、唯物史観から価値論に探求の軸足をうつしはじめていたが、広く社会問題についても活発に論じていた。『我等』に一九二四年一月～五月号にかけ「無産階級と世界恐慌」という長大論文を連載した。

コミンテルンの世界綱領草案（一九二二年　第四回大会）の趣旨を、ヴァルガ、クチンスキー、『政治・経済・労働運動年報』、『インプレコール』誌などの諸論稿・統計資料から紹介し論評をくわえたもので、大原研究所があつめていたコミンテルン関係資料にもよく目を通していたことがわかる。

櫛田の問題意識は第一回目の冒頭に示されている。エンゲルスのハインツ・シュタルケンブルク宛書簡に、「歴史の究極の動因は経済的関係であるが、このことは人間が歴史をつくるという事実を毫も否定しない」のであるが、「歴史あって以来…歴史が国民全体の意識的作用としてつくられたためしはない」と述べられていることを紹介する。しかるに「国際共産党のプログラム問題」（コミンテルン綱領）は、「エンゲルスがいわゆる歴史上未だかつて実現することのできなかったという一国民の意識的歴史作成の運動が、…企図されつつあるものとも見られる。事の成否如何にかんせず、私は、この意味においてこの問題を重視する」。そして「歴史をつくらんとするものは、つねにその時代の経済関係を顧慮しなければならぬ。…この意味において、私は、かの国際共産党の綱領が現実の経済問題をいかに観察せんとしつつあるかを知らんと欲するものである」というのである。

そして（綱領草案）「起草者の意にしたがって解説してみた」とことわりながら、大戦後恐慌は周期的恐慌ではなく、綱領草案は「継続的一般的」な恐慌とみなしていると指摘した。さらに戦争は「資本家的生産超過にもとづく過激なる恐慌である。この恐慌によって…生産力の破壊によって、世界は生産の絶対的低下の領域と生産の比較的増加の領域に分かたれ、かくてこの戦後の世界的恐慌がおこったのである。…しかし資本家的恐慌回復策は…けっきょくは投資領域の争奪戦となり、過激な恐慌としての世界戦争をくりかえさなければならない」という認識を援用した。そして「戦争が経済恐慌の一種であり、恐慌の回復がさらに新たなる戦争であらねばならぬ時代は、すなわち資本家社会の崩壊期でなければならぬ」と結語したあたりは、いわゆる全般的危機論的な観方である。

かつて櫛田はロシア革命は『資本論』通りではないので、失敗すると見通していた。しかし思いのほか労農革命政権は強靭だった。革命政権継続の客観的条件は奈辺にあるか、そして労農政府とコミンテルンはどこに世界革命への展望を見出しているのか、関心をあらたにしたと思われる。

ただ、はたして櫛田がコミンテルンの見通しに同意したのかどうかはわからない。しかしロシアの社会主義建設についての関心は持ちつづけた。

三年ほどのちの『我等』一九二七年一月号には、「ロシア共産主義『過渡期』の特質にかんする論争」を寄せた。「インプレコール」誌から、ボルシェビキ内のプレオブラジェンスキーら左翼少数派とブハーリンら右翼多数派の「社会主義的原始蓄積」をめぐる論争を紹介したのである。ロシアにおいては資本主義的蓄積がいまだ十分成熟せぬうちに高度な生産関係を成立せしめた。そのような条件下で、しかも人口の大多数が農民である条件下で、革命政権が生産力を急速に発展させるためにはどうするか。「社会主義的原始蓄積」の手法について、とくに工業（都市）と農業（農村）の関係などについて、当時さかんであった論争を紹介した。ここでも当否は判定していないが、人類初の社会主義建設の実践にあたって、なお残存する価値法則にどう政治が主体的に適応しうるかにも櫛田の関心が寄せられていたと思われる。

もう一つ、分野のちがう論文として、『我等』二四年七月号に寄せた「普選と総同盟の右傾化と政治研究会」が注目に値する。

議会政策の必要を認めた総同盟大会宣言（一九二四年二月）と無産政党結成の準備を意識した政治研究会の発足を

櫛田は無産階級運動の大きな岐路として注目する。そして、政治運動への組合主義的慎重論にたいしては、「労働者の政治が世界の一部において実験にのぼり」おる時に、「資本家的経済が一定の発達をとげたある国において、労働者の運動は、必ずかの先進国の千八百何十年代からの歴史をそのままくりかえさねばならない」ということは「不可能を要求するもの」だと断言する。

後発資本主義国・ロシアで初の社会主義革命がおきた事実は、櫛田をして、欧州諸国でブルジョア革命から社会主義に進むのに長期の過程が想定されたのに反し、階級闘争がいわば「歴史的な圧縮」を経てすすみうると考えさせたと思われる。ひいては、日本における階級闘争の発展はかならずしも欧州のように長い時間をかけなくともよいという含意もあろう。

また日本における無産者運動の主体についてはこう言及していた。

サンジカリズムは好景気時代には直接行動で資本家や議会を動かせるが、不況時には有効ではない。「資本家的略奪にたいする防止ないし労働者の地位の改善のためには議会に政党が必要」である。「わが国の組合運動はその発達の歴史も短く、はじめより多く組合主義的因襲もなく、善かれ悪しかれ戦時戦後の思想界の変動とともに発達してきたのであるから、……組合中立論をもって労働者の眼界をさえぎることは、不可能であり、不必要であり、事情によっては害である」。

「階級闘争の歴史的圧縮」といい「サンジカリズムの限界」といい、この櫛田の見解は、当時の山川均の影響を受けているように思われる。従来、櫛田は社会主義の分野では、マルクス・エンゲルスは別格として、カウツキー、プレハーノフなど欧州の一流どころの見解に言及することは多かったが、日本人の社会主義者では、河上をのぞいてはほとんど言及してこなかった。あくまで原典にあたって考えるという頑固さだと思う。しかし実際運動となるとそうはいかなかった。もともと小泉信三に真っ先に価値論争をいどんだ山川には注目していたはずだ。

一九二二年八月の「方向転換論」以降、仏・伊のサンジカリズムや先進各国の無産者政治運動の経験を総括的に紹介し、さらにはロシア革命に示されたブルジョア革命からプロレタリア革命への急速なる転化の意味も説いた山川の諸論文は、政治研究会や総同盟など各方面に大きな影響をあたえていた。『我等』の櫛田論文の論調は、山川の論調と通底しているのである。

なお、一九二五年四月の『大原雑誌』に掲載された「日本現時の労働人口と問題の無産政党」は、より積極的に無産政党のあり方を論じたものである。すなわち、無産政党組織の前提の第一は「対抗組合が大同につくこと」、第二は「農民組合、水平社の一部、社会主義的思想団体との共同」であると指摘し、「先駆労働者よりなる無産党が資本党に対抗しうるや否やは、これらの準無産者をいかなる程度に吸収しうるや否やにかかる」とある。そして、議会の利用で「立法の手段により、重要な国策を左右せんと欲するのは」「空想」であって、それは「多数新旧中産社会の人口を地盤とする党と同一歩調」をとることになり、「階級意識の放棄」で堕落であり有害だと断じている。そこで、議会に進出する無産政党の主要な任務は「議会におけるアジテーション」であるが、「いつまで少数アジテーションの時代であるかは、準無産人口の賃無産人口化する程度にかかると結語している。農民や中産階級の階級分化で労働者階級が増大していけば、たんなる「アジテーション」ではなく、実際に「立法」で「国策を左右」しえるようになるというのであった。

　いかにも学者らしい客観的分析の先行する論文で、ここまでくると、農民の多くが金融ブルジョアジーと対決するので、「先駆的労働者政党」ではなく農民をくわえた「単一無産政党」が可能だと唱えた山川ら実際運動家とはちがいが明らかになる。櫛田も、無産政党運動が実際に動きだすと、自分の口だしできる次元はこえたと自覚するのか、以降はこの種の問題にあまり言及しなくなる。

　なお、注目される訳業も多い。初期の重要な訳出は、一九一九年～二〇年にかけて『我等』に連載したカウツキーの「カール・マルクスの歴史的貢献」である。これは一九二六年に「我等叢書」『マルクス・エンゲルス評伝』（エンゲルス部分は大内訳）に収められる。一九二五年四月から『研究所雑誌』の別冊としてカウツキー版『剰余価値学説史』の翻訳に分冊で着手する（森戸、大内、久留間との共訳）。これは大原社会問題研究所パンフレットとして一〇分冊で刊行される。一九二六年五月と六月には『我等』に「『ドイツ的観念形態』第一編フォイエルバッハ論」を訳出（当時ソ連のマルクス・エンゲルス研究所からリヤザノフによって逐次公表された草稿・「ドイツ・イデオロギー」の日本初の部分的な翻訳）した。これについては「『観念形態』は四十六頁あり、これは目下大學新人会の教科書に御採用になった由、但しむつかしくて皆閉口して居る由」（六月一日）と森戸宛に書き送っている。

　意図したわけではないだろうが、的確にマルクス主義の勘所を伝えたカウツキーの著作、ケネーやミルを論じるにあたって重要な『学説史』、そして唯物史観の必須文献『ドイツ的観念形態』という具合に順次訳出したのは、いかにも系統的に思索する櫛田らしい仕事であった。

2. 福本和夫に痺れた河上肇

櫛田が唯物史観の把握に一段落をつけたころになって、福本和夫がはなばなしく左翼論壇に登場した。彼はもっぱら「方法論」で河上や山川という当時の指導的な理論家をなで切りにした。

福本和夫はドイツ留学でカール・コルシュに師事し、ジョルジュ・ルカーチなどコミンテルン系の理論家でも最左派をいっていた人物たちの空気をたっぷり吸って一九二四年秋に帰国し、翌二五年一月に山口高商の教授に赴任した。さっそく雑誌『マルクス主義』(二四年一二月号)に難解な「経済学批判のうちにおけるマルクス『資本論』の範囲を論ず」を寄稿して注目を浴びた。そこでは福田徳三と河上を串刺しにし『資本論』の「誤読」とやっつけていた。

ただしその後の福本論文もそうなのだが、マルクスなどの引用が八割前後を占め、あとは論証ぬきの論断が主だったから、実は福田も河上もその意味を解しかねたのではなかろうか。むしろ、河上、福田という当時の経済学界の二大巨頭を相手に、解しかねる批判をくわえるところが、若きインテリにとっての福本の魅力だったのである。

『マルクス主義』二五年一月号の「唯物史観序説」ではこう河上を批判していた。

日本のマルクス研究者は、「公式」をもって「あらかじめ決定、立証ないし充実されたるものの簡単な表式、すなわち公式と解釈する誤謬」を犯している。それは「唯物史観が決定、立証ないし充実せらるるために通過すべき諸過程が徹底的に理解せられないでいる所から生じている」。そのために「『公式』の文義的解釈に終始する」。「唯物史観の生成的部分は蔽い去られ、結果的部分のみが分裂的に示される」。「公式主義の害悪は実に河上博士に由来する」。

「公式」とは『経済学批判』「序文」中の櫛田も懸命に解読した例のフレーズ(第四章3に引用)のことである。名指はしていないが「公式主義の害悪」の元凶として河上だけでなく、櫛田も福本の念頭に置かれていてもおかしくない。

以降、福本は『マルクス主義』一九二五年二月号から河上を追撃する。「ヘーゲル、フォイエルバッハ等の哲学的伝統を有する独逸にありては、唯物史観の研究に当たりても前段的批判過程が常に問題とせられている」が「何等これ等の伝統を有せざる我が国にありては―即ち我が河上博士に於いては、…弁証法といい唯物論というが如きことはついに一顧だにも値していない。この過程の無視は…やがてまた唯物史観を経済史観と解釈し去るの謬想を誘引する」（二月号）。

河上は三月四日付けの櫛田宛書簡で、「今日『マルクス主義』三月号、福本論文を読んだ」。「私が間違っているに相違ないので、それはあなたから一寸ご注意を受けた当時から、そう思っているところです」。「従来の私は、全く資本家的経済学の領域にゐた者に相違ありません」。しかし福本は「人を教える親切さが足りない…ペダンチックに陥る」など書き送っていた。このころの河上はまだ、福本の批判は乱暴ではあるが、自分の経済史観の母斑にたいする櫛田からの批判と同じ内容として真剣に受けとめていたフシがうかがえる。

福本は河上が唯物論哲学については不勉強という弱点をたくみに突いた。『マルクス主義』三月号の「福本論文」とは、「河上博士の唯物史観と経験批判論」であるが、河上の「唯物史観と因果関係」を俎上に載せ、マッハの経験批判主義によって「マルクス主義を骨抜きにする」ものだと手きびしかった。先の河上書簡に、この件についてはすでに櫛田から「一寸ご注意を受けた」とあるのは、櫛田の前記「唯物史観と条件関係」と同趣旨の、やはりマッハ主義に注意を促したと思われる手紙のことであろう。おそらく櫛田は懇切丁寧に河上のあやまりを諭したはずだ。これにくらべ福本は説明しようとせず、マルクスの言葉を投げつけるだけだった。これについては「ペダンチック」、不親切との印象で、河上はそう考えこまなかったようだ。

一九二五年一一月に京都大学学友会主催の連続講演会に福本がまねかれ、その講演を河上は静聴した。会場には、河上にしたがっていた学生の岩田義道、鈴木安蔵もいた。この講演の感想を河上は櫛田に、「弁証法学者の講演を一日だけ聴きました。…雑誌に出た論文と同じ内容でしたから、新たに利益したところはありませんでした」と書き送っている（一一月一〇日）。

ただ河上の身辺は急速に福本イズムにそまっていった。

五月ころから、河上は櫛田にしきりと京大社会科学研究会への講師としての参加を勧誘しはじめる。社研の学生は岩田義道をリーダーに福本の徒となっていく。そして「櫛田君は、福本イズムにかぶれ切っていた学生を相手に学問上の議論をすることを好まれなかった。…何遍か勧誘した筈だが、やっと一度出て来られた位に止まっていた」（『自叙伝』）。河上は岩田を気に入ったらしく「岩田義道は優秀な学生」だ（五月一二日書簡）と櫛田に伝えていた。また、七月に、河上が岩田の弁証法についての論文を『我等』に掲載するよう紹介したさい、櫛田にも「一応御覧を願ひたい」と書き送った。おそらく福本イズム丸出しの内容だったのであろう、櫛田の判断もあったのか、編集部は不掲載とした。

翌一九二六年一月には、「京都学連事件」で河上宅は家宅捜査されるから、学生福本イストたちと河上の関係はとても密だった。河上の性格からすると、理論で整合的に身を処すというより心情に走ることも多い。若い情熱的な学生たちは、河上の心を動かしたであろう。くわえて福本が鬼面人をおどろかす風の追撃の手をゆるめないと、哲学方面には弱かったものだからしだいに痺れていき、ついに櫛田から受けた批判以上に重くうけとめるようになったと考えられる。

『自叙伝』では「二人の批判家が私を『新たなる旅』に駆り立てた」と回想している。櫛田は数年かけて親密な相互批判を通じて河上を動かしたのだが、福本は一年もかけずに河上を動かしてしまった。

3．福本和夫をいなす

ところが福本は櫛田についてはほとんど言及していない。

（櫛田の論稿は）「唯物史観の全般にわたっての統一的な展望を与えようとしたものではない」「弁証法は少しも問題とされていない」「いかに局部的部分的に微に入り細に入るも、弁証法をぬきにした唯物史観研究は所詮経済史観以外のものではあり得ない」というのにつきる。これらも河上批判の論文などにまれに断片的に挿入されているだけである。「フォイエルバッハ・テーゼ」から『哲学の貧困』や「経済学批判序説」にいたるまで、それこそマルクスの「前段的批判過程」に関する文献に精通し、河上の「経済史観」を正していくに寄与した櫛田は、手ごわかったのではなかろうか。

櫛田も、河上が福本イズムの魔力にかかりそうになるのは心配しても、福本を相手にしては議論しようとも思わなかったにちがいない。

その櫛田も一回だけ福本の批評をした。「福本氏著『経済学批判の方法論』に就ての一感想」（『社会科学』二六年一〇月）である。

櫛田は「『方法論はあとまわしにするように』というマルクス自身の注意にもとづきマルクスを研究しようとしていた者には、著者のかの提言は、一種の『方向転換』の要求みたようなものである」とアイロニカルにはじめる。マルクスの「注意」とは『経済学批判』の「序文」中に「経済学批判序説」（この論文では「遺稿」としている）を公表せぬ理由として述べた個所である。「方向転換」云々は、福本が山川均の「方向転換論」をさかんに攻撃していたことにかけている。

そしてつぎのように述べる。マルクスの「経済学方法論」としてまとまったものは「遺稿」(「序説」)の「三」がそれであるが、「それを充分に理解するには、予備知識を必要とするので、私は何人かがわかるように説明してくれることを期待していた」。同時に「遺稿」(序説)を「取り扱うものは、かならずや『批判』の「序言」におけるマルクスの注意を顧慮するであろうと信じていた」。ここでも櫛田は謙虚である。櫛田が「序説」を詳細に論じたのは『大原雑誌』の二三年八月号誌上(「唯物史観の公式における『生産』と『生産方法』」)であった。しかし第六章4に見たように、その際「序説」の「三」には言及しなかった。この項は相当の「予備知識」をたくわえることなくして、軽々に論ずべきではないと慎重だったと考えられる。

それでは福本はこれを「わかるように説明」したであろうか。櫛田によれば「説明」どころではなく、福本はまったく誤解をしているというのである。

マルクスは「序言」(序文)で、これから証明する「結論を先回りして述べるのは邪魔」であるし「私についてこようと」するなら、先に結論を知りたがることはおことわりであるがゆえに、「私が書きなぐっておいた一般的緒論なるものを抑制する」として、「経済学批判序説」を公表しなかった。ところが福本によれば、公表されなかったのは「序説」そのものではなく、「序説」の「三」の一部、すなわち一番最後に「編別は次のようになされなければならない」とあるフレーズの冒頭「(一)一般的抽象的な諸規定、したがって多かれ少なかれすべての社会形態に、ただし右に説明した意味で見られる諸規定」とある部分(岩波文庫版『経済学批判』三二四頁)だけをさすのだというのである。

櫛田は、この理解はマルクスの真意にそっていないと指摘した。マルクスやカウツキーの文を素直に読めば、マルクスが「一般的緒論」として伏せたのは「序説」、すくなくとも方法論を説いた「三」総体と考えるのが妥当であろう。そこで櫛田は「なにはともかく、マルクスの読者はあらかじめ方法論をにぎれというようなことは、マルクス自身のいったん否認したところである」事実を認めるべきではないかと、福本につきつけた。さらに(マルクスが)「抑制したところの、『邪魔になるから』と言ってやめたところの、そしてわざわざ事実の中に織り込んだところのその方法論を、あらゆる努力をもって、マルクス著作の随所から断片を拾い出し、これを組み立て、また展開しようというのである」と福本を皮肉った。

むろん櫛田は方法論を軽視しているわけではない。福本がまだ鼻を垂らしているころから原典に取りくみ、それこそ「断片」を発掘し考究し、早くから唯物史観の解明に取りくんだ自負もあろう。そしてカウツキーが『経済学批判』の再刊に当たって「序説」の公表に踏み切った理由を「半世紀以前にはこれから証明されるはずであった結論は、それ以後多くの文献のうちで証明されている」と述べていることを引用してつぎのように補強している。

「社会の弁証的な運動は、世界戦争およびロシア革命後においては、たんに『文献』の上ばかりでなく、文献を知らないものにも知られるようになり、人間の思惟が著しく弁証的になっている。これをはっきりと唯物弁証的に組織立てることは、マルクス主義者にとって重要な仕事に相違ない。しかし、そういう仕事をはたすことは、マルクスから方法論を浮かび上げることでなくて、その方法を実行することではあるまいか」。「それには、『経済学批判』の『実効的方面』を哲学者の眼鏡でなしに肉眼で読むこと、現在の資本家的経済学および現代の史実そのものを自分のものにすることが必要な前提であろう」。

そしてアカデミックな経済史研究や大原研究所の『労働年鑑』、政府の労働統計等の「収集調査報告」の積みかさねや、「マルクスをまずその意識の表現たる文字をとおして、一応その注意通りに読むこと」の必要を説く。また福本が、レーニン、ルカーチ、コルシュなどの最新の論調をつぎつぎに紹介したことを意識してであろうが、「批判の対象がまだいくらも熟していないうちに、次から次へと批判の方法を輸入」され「その必然の結果は、しばしばそれを輸出した国のそれと異なった意味に解せられる。『後進国』の哀れでもある」と指摘した。そして「理論と実際の弁証法的統一」を説く福本の書が「氏の意思に反し其の反対なものに変化しているようなことはないだろうか」と結んだのである。

なお櫛田はこの稿の最後で、あらためて福本説を批評したいと述べていたが、実現しなかった。それは翌二七年夏に福本がモスクワをおとずれたさい、ブハーリンから手痛く批判され、日本共産党内における権威は失墜して筆をしばらく断ち、その後検挙された事情もあったであろう。

向坂によれば、（櫛田と福本の）「論戦は仲に立つ人あって、何らかの政治的理由があげられて中止されたと伝えられている」（向坂「櫛田民蔵という人」『中央公論』一九三一年六月号）。「仲に立つ人」とは誰か、河上以外は考えにくいが、向坂先生存命中に聞きそびれたのは残念だった。

4. 経済学と哲学―河上と櫛田のちがい

しかし福本が失脚しても、櫛田が危惧したような「後進国の哀れ」さにはかわりなかった。大正デモクラシーで育った左翼インテリが大量に学界や論壇の論客として登場し、その未熟な観念的頭脳にコミンテルンの最先端の「理論」が、レーニン、ボグダノフ、ブハーリン、デボーリン、コルシュ、ルカーチなどの華々しい哲学論議やボルシェビキ内部の政治対立もからんでなだれ込み、若きインテリ左翼は夢中になる時代になっていたのである。『中央公論』や『改造』なども、福本に刺激された難渋な論争に多くの頁を割けばおおいに売れた。

福本のように何もかも「弁証法的唯物論の不足」としてかたづける悪癖は、修正主義や社会民主主義批判のモスクワ発の論調として福本失脚後も残っていく。唯物史観も弁証法的唯物論を前提としているのはその通りであるが、マルクス・エンゲルスによる唯物史観の彫琢は、経済学の成果との相互浸透なくしてはありえなかった。たとえば唯物史観の重要文献であるマルクス・エンゲルスの「ドイツ・イデオロギー」についてさえ、エンゲルスは「経済史についてのわれわれの当時の知識が…まだ不完全なものだった」ことを証明するものだと自認していた。『経済学批判序説』で、「われわれの見解の決定的な諸論点」が「初めて科学的に示された」と、マルクス自身が胸をはった『哲学の貧困』で唯物史観は完成の域に近づいたのである。そして『資本論』によって最終的に科学として根拠をもったといってよい。

福本との論争を意識してのことではないかと推測されるが、櫛田のノート『備忘録』（草野心平記念館所蔵）に、一九二六年二月三日の日付でレーニンの『唯物論と経験批判論』にふれて次のようなメモがある。すなわち、「マルクスはその哲学を組織的に叙述した一冊の書物をも遺さなかった」という見解に触れて、「マルクスが哲学を組織的に叙述した一冊の書物をも遺さなかったことは、むしろマルクスの『徹底』を証明するもので、それを残す必要がないのだ。唯物史観も哲学から学ぶべきものではなくて経済の事実から学ぶべきものである。資本論をのこしたマルクスは、それで哲学を廃止すると同時に又一種の哲学をのこしたのである。資本論を去ってマルクス初期の哲学思想に唯物史観を求めやうとするのは誤ってゐる」。

ここにメモされた態度が、福本のひいては河上への批判の立脚点であったのではないか。

エンゲルスが『反デューリング論』などで「弁証法とは

自然、人間社会および思考の一般的な運動・発展法則に関する科学という以上のなにものでもない」とのべているが、櫛田は『フォイエルバッハ論』もよく研究していたから、この種の哲学論には親しんでいたと思われる。

このように、櫛田のすぐれたところは、マルクス・エンゲルスの思索を実直に追ったことにあった。けれども「公式」や「経済学批判序説」を丁寧に読みとき、ロシア革命後は「過去の存在」と扱われたカウツキーやプレハーノフにも依拠したような櫛田の論調はもう流行らない世相になっていた。櫛田もこの種のテーマで論壇に関わるのはばからしいし、それよりもマルクスの方法を価値論争や地代論争で「実行」することに精力を割こうとしたのではないか。

櫛田の福本批評は一回だけだったが、それにたいする福本の正面からの反論は見当たらない。検挙され反論のすべを奪われたからだけではない。戦後ものした多くの論文でもつぎのような反論にもならぬものしかない。

「いかに局部的部分的に微に入り細に入るも、およそ氏の如く弁証法をぬきにした唯物史観研究なるものは、所詮経済史観以外のものではあり得ない」（一九四七年「日本における唯物史観研究前史」）。「（櫛田は）方法論なんかあとまわしにせよ。それよりも資料の蒐集編成が急務であるとしか述べていない」（一九六三年『革命運動家裸像』）等々、戦前の寸評をくりかえすだけだった。

一方福本からの批判にしびれていた河上も、福本失脚後は福本を批判する。『自叙伝』では「福本イズムの勃興に面しても、私は実にタジタジ」だったと告白しながらも、福本への嫌悪感を書きつらねている。しかしそれは多分に感情的・党派的なものであって福本イズムへの理論的批判は感じさせない。

『自叙伝』ではこう述べている。

「福本イズムの陣営からの攻撃は相当悪辣」だったが（櫛田からの批判もふくめ）「それらの批判により、自分のこれまでの立場が誤ってゐたと云ふことには、充分気付くことが出来たので、…遅れ馳せながらマルクス主義の哲学的基礎に遡って、その最後の地盤を探求しよう、といふ志を起こすに至ったのである」。さらに、福本が二五年一月に河上批判をおおやけにする「前年の大正十三年六月に、私自身が已に過去の河上肇を葬り去り、『新たなる旅』に立ってゐたのだから、いくら福本イズムが流行し…たからとて、私は最早や時代に逆行する気遣いはなかったのである。さういふ点では、真理を友とする者は、真理性の主張において勝てさうな方へいつでも味方すればよいのだから、負ける気遣い」はない。

河上の弱点への福本と櫛田の指摘のちがいは受けとめていない。どこが「誤っていた」のかを例によって早合点したようだ。政治的なちがいは別として、理論上は櫛田の批判の延長線上に福本の批判も受けとめたのではなかろうか。「思出」では、福本イズムは「マルクス主義とは似ても似つかぬもの」としながらも「それは真のマルクス主義の開明への一道程となった」と述べていた。そして「実践」に距離を置く櫛田よりも、福本の「戦闘的唯物弁証法」の方が河上の実践コンプレックスを刺激したので、自然と福本の押した方向にむかったのではなかろうか。

これに反して櫛田は「哲学」の不足ではなく、唯物史観にもとづくマルクス経済学の探求をこそ求めたのであった。櫛田の理解した唯物史観とは、古典派経済学を乗りこえマルクス経済学を理解するための認識の方法論＝「研究の導きの糸」と一体のものなのである。それは「哲学」と「経済学」に峻別できるものではない。一方河上は、経済学と唯物史観と弁証法的唯物論哲学を別建てにとらえるために、自分の経済学がときおり観念論の罠におちいることに無自覚なまま、自分に欠けていたのは「戦闘的唯物弁証法」哲学だったと思いつめたようであった。

河上は福本イズムの洗礼をトラウマにして、日本共産党の運動に参加し、福本の「真理性」からコミンテルンの「真理性」に乗りかえた。説明抜きでマルクス御本尊を振りかざし断定を繰りかえした福本と、コミンテルンを疑ってはならぬと思いこんだ河上は、結局同じ土俵にあった。

向坂逸郎は後年こう述べている。

「河上さんは…唖然とする位あっさりと福本イズムにしゃっぽをぬいだという感じであった。櫛田さんは…自分の今まで歩いてきた道を、今まで通りの態度で進まれた。福本氏は、聡明にも経済学の内容には触れないで、その方法論だけを問題にされた。それも『経済学批判』序説の紹介を出なかったのである。…この序説の重要性を認め、ここに根拠を置いて唯物史観とマルクス経済学の性格を明らかにしようと試みたのは、ほかならぬ櫛田民蔵さんであった。だから櫛田さんは福本氏の方法論的批判に少しもあわてる必要はなかったようであった」（「山川均」一九五八）。

5．再び東京へ、河上との距離微妙に

さて話はもどるが、一九二五年は河上—櫛田関係が転機をむかえる年であった。

櫛田は遠慮会釈ない河上批判をおおやけにしていたが、論戦も私信でまずかわしあう仲で親密な関係はなおつづいていた。

これも小泉信三との価値論争から派生した問題であるが、一九二五年四月には、『資本論』第一巻劈頭の「個々の商品は」なる一句の解釈をめぐり両人は議論をかわしていた（第九章4）。河上は『剰余価値学説史』の解釈もふくめ櫛田に書簡を送ったが（四月二八日）、これは櫛田が『我等』六月号に掲載する「資本論劈頭の文句とマルクスの価値法則」を書く前に「例により私の所へ問題を持って来られた消息を明らかにしてゐる」（河上「思出」）ものだ。

八月三一日の櫛田宛書簡にはこうある。「昨日はお邪魔しました。半年ぶりに京都の外に出ました。…お話は大いに有益でありました。一向文献に通ぜず、史実的資料もあらず、ただ資本論を眼の前において考へてばかりゐますので、いつも妙な方向へそれがちです」。「劈頭問題」につき「ともかく一度書いていただきたいと思ひます。…あなたの論文が早く出来上がり、それにつれて私の自己批判が早く公に出来得ることを、希望して居ります」。

櫛田が兵庫を去る前の河上からの書簡に、「東京へ御引上げ話を承った折から、もし生活上の御必要があらば、『社会問題研究』を共同著作」にして、「それからあなたの生活費を生み出す方法あると考えた」とある。そして、自分が亡くなったら「継続していただければ結構至極」と伝えていた（一九二五年七月二三日）。この勧誘は以降一年ほどつづくから、河上は自分のなきあとを継ぐ者は櫛田と考えていたようだ。それだけに河上は、五月ころから京大社研の集まりにしきりにさそっても乗らない櫛田にもの足りなさを感じていた。そして櫛田が『社会問題研究』に一度も寄稿してくれなかったことには落胆したようだ。

そして、櫛田は九月に大原研究所の東京支所員として東京淀橋柏木（現新宿区北新宿　大久保駅そば）に転居してしまうのである。河上の「思出」には、（櫛田との「交情」が次第にうすらいだ）「時期を画するものが…櫛田君の東京移住であるかの如くである」と記していた。櫛田には「交情がうすらぐ」ような気持ちはなかったであろう。また河上も十数年後に思いおこせばあの時が岐路だったと考えただけで、東京転居が当時の二人の関係にとって決定的だったとは考えにくい。

「思出」では、岩田義道から、櫛田が東京へ行くのは「無産者新聞」（再建共産党の合法紙）に携わるためだと聞かされ「私は心の中でひどく引け目を感じた」と述懐していた。過度の期待をしていたらしい。

河上との関係はともかくとして、櫛田がなぜ東京に転勤したのか、理由のわかる記録がない。

一九二五年一一月一〇日に河上が櫛田に宛てた書簡（『河上肇全集』二四巻）に小林輝次（京大出身で大原研究所の嘱託）

1926年大原研究所所員。大阪天王寺の研究所玄関にて。前から２列目の左から二人目森戸辰男、右斜め後ろ高野岩三郎、その右大内兵衛。高野の斜め左後ろ櫛田民蔵、その右へ細川嘉六、権田保之助、最後列一人久留間鮫造。本部と櫛田ら東京事務所メンバーの勢ぞろい

の手紙が同封されていて、それには大原研究所に出入りしている総同盟関係者などの間で、櫛田は高野と意見があわずに東京に行ったという風評がひろがっていると報告されていた。

『大原社会問題研究所五十年史』にはこうある。五月に櫛田が高野に「長谷川は嘱託を辞したいとの意向であり、河上はその代わり嘱託になりたいとの意思を持っている。この際自分も嘱託になるから河上氏の就任を実現してはどうか」と申し出た。「しかし高野氏は長谷川、櫛田両氏の地位の変更は聴きいれなかった」。研究員から嘱託への移行で、俸給もなくなるだろうが、櫛田はそれでも河上の希望をかなえてやりたかったのかもしれない。『大原社会問題研究所五十年史』ではこの件の記述につづいて、櫛田が九月初めに「東京在勤の強い希望」を表明し、「同人社の相談役になることを条件に承認された」と記されている。また、河上書簡（一九二五年五月二九日）には「あなたが東京に去られた後に研究所の方々と共同の作業に従事することは…あまり気分が進みません」とあるから、早くも五月には櫛田は東京行を河上に伝えていたのである。

当時大原研究所の『大原雑誌』や『日本労働年鑑』など刊行物は神田駿河台の同人社で引きうけていた。同社は二一年三月に大原研究所事務員の大島秀雄によって設立され、関東大震災で焼失した後の再建も大原研究所が援助した。それまでは転々としていた「東京支所」は、櫛田の東京在勤にともない一九二五年から同人社におかれた。櫛田は研究所の刊行物の編輯・校正などの中心として同人社で仕事をすることになった。

さて、櫛田の東京転勤にともなう河上との微妙な関係は以降二年余ほどつづく。第九章でみる価値論争関係での二人の交流を別として、記録にあるものをあげておこう。

一九二七年夏に、近代日本の経済学の開祖であった田口卯吉の全集を、櫛田の推薦もあったようだが河上が編纂することになった。その仕事の補助として原稿整理をした。

やはり夏に河上は岩波茂雄から『資本論』邦訳を依頼されていた。すでに高畠素之の全巻訳が改造社から刊行されていたが、岩波書店の改造社への対抗意識と、国家社会主義に変身した高畠ではなくいわば正系の人物による翻訳もその筋では期待されていたこともかさなり、岩波茂雄は河上に白羽の矢を立てた。

翻訳を打診された河上は「かねて貴兄に邦訳のお考があり、私もそれに参加させて頂かうとお話合っていた関係上…貴兄に御都合がつけば参加して戴いて三人の共訳本といたしたく…」（二七年八月三日）と、櫛田に共訳をもちかけた。「三人」とは河上の弟子の宮川実もくわえたのである。櫛田がどのように返事したかは記録は見あたらないが、河上のつぎの書簡から推測できる。

「資本論訳に関してご来示の次第委曲拝承いたしました。岩波君からもお詫びの次第委しく知らして参りました。『一応御尤もと考へたので引きさがったが、何らか更におすすめする理由は発見できぬか』とのことでしたが、…御無理を願ふわけにも参りませぬから、すべて仰せに従ひます。…将来御都合がついた折は参加して下さるといふ事を、吾々および岩波書店において含んでゐるといふことだけ御許しを願ひたく存じます」（八月一〇日）。

つまり、河上と櫛田の共訳の話は岩波茂雄の案のようだ。河上の書簡の日づけからすると、櫛田は即決でことわりの返事をしたと考えられる。遠慮ゆえか、大事業に時間はさけないためか、あるいは「岩波君からもお詫びの次第」とあるから、何か櫛田にたいして礼を失することがあったのか…。ともかく「将来都合がついたら」三人目の訳者としてくわわるという余韻を残して、河上・宮川共訳の『資本論』第一巻第一分冊は、高畠素之版とはことなるカウツキー版を底本として、一九二七年一〇月六日に刊行された。この岩波文庫版は、四社連盟版「マルクス・エンゲルス全集」への採録予定を経て、あとで紹介する事情から改造社に乗りかえたものの途中で挫折してしまう。いずれにせよ櫛田が共訳にくわわることはなかった。

一〇月一〇日付けの河上書簡には「『マルクス主義講座』に執筆御快諾下さいました由、御かげで大に光彩を増し得たことを喜んで居ります」とあった。そして一一月には、河上は『マルクス主義講座』刊行会主催講演会（東京）で講演をし、櫛田はこれを三晩とも傍聴した。『マルクス主義講座』予約募集パンフレットには執筆者として櫛田の名もあった。この『講座』は河上の『自叙伝』に経緯がのべられているが、福本イズムの全盛期でそのにおいもしたらしい。上野書店から刊行された『講座』は河上肇と大山郁夫の監修で櫛田の名前はない。また宣伝用の「内容見本」は櫛田が「価値論」、猪俣津南雄が「帝国主義論」とあった。櫛田は一時執筆を了解したが、ノイバウアーの「マルクス主義と財政」の翻訳でお茶をにごした。同『講座』13の奥付には、櫛田価値論は間にあわなかったので、別途パンフレットとして刊行するとある。

福本イズム自体は二七年七月に福本と徳田球一がモスクワにいき、ブハーリンからこっぴどく批判されて失脚する。だが、一九二六年末に再建された日本共産党の活動自体は、たくみなフラクション活動でさまざまな方面に波紋を広げ、これへの反発が堺、山川のグループと鈴木茂三郎、大森義太郎らの雑誌『大衆』グループを生み出し、両者は合流して一九二七年末に雑誌『労農』の同人が発足した。この日本マルクス主義運動の、いわゆる「労農派」と「講座派」への分岐はすべての分野に波紋を広げていくのであるが、大原研究所も雑誌『我等』のグループも、櫛田、大内もふくめてこれらの動きには注目はしていただろうが、直接のかかわりはもたなかった。ただ櫛田―河上関係は一九二九年の新労農党への河上の参加までは、なお微妙な違和感をたがいに抱きつつつづく。

そういう時期に、二人の最後の協力関係が『マルクス・エンゲルス全集』の計画でつくられる。

6．時代の反映『マルクス・エンゲルス全集』

ソビエト・ロシアでは『マルクス・エンゲルス全集』の編纂にかんしてはモスクワのマルクス・エンゲルス研究所とフランクフルト社会研究所の協力で、一九二五年には全四二巻の企画ができていた。その指導はベルリンで櫛田と文献蒐集競争で知りあったリヤザノフだった。

櫛田は『我等』一九二六年二月号の「マルクス・エンゲルス全集インターナショナル版の刊行」（『全集』未収録）で、『マル・エン全集』編纂についてのリヤザノフの講演の要旨を紹介しつつ、自らの文献への蘊蓄の一端をみせている。そこでは本全集に収録予定の「ヘーゲル法理学の批評にかんする草稿」（一八四四『経済学・哲学草稿』─引用者）、「マルクス・エンゲルス─独逸観念論」（一八四五『ドイツ・イデオロギー』─引用者）にとくに注目している。前者はリヤザノフが「一九二〇─二一年の初頃（?）に…独逸社会民主党文庫…に於て、マルクス・エンゲルス遺稿の探求中…偶然発見したもの」と述べている。ちょうど櫛田がベルリンでリヤザノフと競いあったころであり、ドイツ社民党文庫でマルクスの『哲学の貧困』手択本を入手したときだ。

また「ヘーゲル法哲学に関する批評としては、従来『独仏年誌』に於けるその序論的の論文（『ヘーゲル法哲学批判序説』─引用者）だけが一般に知られて居たが、今度はこの方面に於て、多少とも本論的のものに接する機会が與へられるわけである」と期待をみせた。ただ『マル・エン全集』で公刊された『経済学・哲学草稿』がインタナショナル版『マル・エン全集』で公刊されるのは一九三二年だから、櫛田は読む事あたわなかったと思われる。『ドイツ・イデオロギー』については、その原稿の数奇な運命の一端を、エンゲルス、ベルンシュタイン、ラファルグ、メーリング、グスタフ・マイエル、カウツキーなどの面々の関与もあわせ、リヤザノフにしたがって紹介した。『経済学批判』「序文」で「ネズミの齧るに任せた草稿」と存在だけが示唆されていたので、世界中がその行方と内容について興味津々であった。

リヤザノフはこれら新発見の遺稿類を、特に『ドイツ・イデオロギー』草稿については小出しに公表したので、日本では櫛田もふくめ競って訳出し雑誌などに発表した。中でも重要な、フォイエルバッハに関する部分は、櫛田が『我等』一九二六年五月号～六月号にかけていち早く訳載した。けれどもモスクワでの『全集』の刊行は、つぎつぎに遺稿類が発見されるものだから遅々としてすすまなかった。リヤザノフがスターリンによって粛清され、アドラツキーに編者が代わったのも遅れの一因と思われる。

ロシアではゆったりとしたテンポであったが、一九二〇年代なかばからマルクス主義がインテリの間ではブームとなっていた日本で、いち早く全集の企画が立てられた。しかも二つの計画が並行してすすんだのである。当時、ドイツでもこの種の計画はまだなく、いわんや二つの版が競うなどというのは世界でも日本だけだった。ドイツではメーリングによる『マルクス・エンゲルス初期著作集』（これは櫛田がおおいに活用した）が刊行されたところだった。彼の地では、マルクス主義は労働者諸政党や労働組合運動がそれぞれに消化し血肉化していたが、アカデミズムではあまり幅を利かせてはいなかった。プレハノフ、メーリング、カウツキー、ローザ・ルクセンブルグ、ヒルファディング、オットー・バウアー、レーニン、リヤザノフ、ブハーリン、ジョルジュ・ルカッチなど錚々たる理論家たちは講壇の人ではなく、革命的政治家であるか社会主義運動界の人物であった。

これに反し日本では無産政党や労働組合運動は未熟でありながら、アカデミズムや知識人層の世界でマルクス主義は繁茂していった。いわば頭でっかちであったのだ。それだけに日本では『マルクス・エンゲルス全集』は一般に需要があり、商売になったのである。こうした事情は、日本におけるマルクシズムのレベル・アップにも、観念的傾向にもつらなった。

さて目ざとくマルクス・エンゲルスという宝の山に目を付けたのは、改造社社長・山本実彦（「山本改造」と呼ばれていた）であった。山本は一冊一円のいわゆる「円本」として『日本文学全集』を売りだして大あたりしていた。改造社版『マル・エン全集』の発起の経緯を記した文献は見あたらないが、各種の回想から推察すると、一九二七年秋、山本は当時『改造』の常連執筆者であった山川均や大森義太郎（当時は東大助教授）にまず相談したらしい。改造社『マル・エン全集』の第一回配本は翌一九二八年六月だったから、二八年春にはすでに第一回配本の編纂は終了していたものと思われる。そして二八年五月に、三・一五事件後の帝国大学教員パージ（河上、大森も追われた）で九州大学を追われた向坂逸郎が上京。親友大森義太郎とタッグを組み、第二回配本以降の編纂の中心となった。訳者には向坂、大森の関係者だけでなく、東大新人会出身者らによる雑誌『社会思想』の同人も多く参加した。

これに対抗して企画されたのがいわゆる「五社聯盟版全集」だった。希望閣、同人社、弘文堂、叢文閣、岩波書店である。希望閣の社主は再建共産党の市川義雄、弘文堂は河上の御用達出版社である。大原研究所東京支所の同人社に事務局が置かれ、最後は大原研究所が編纂の責任をひきうけることになった。『全集』の最終的な編輯主任は、河上肇、高野岩三郎、櫛田民蔵、大山郁夫、森戸辰男であった。

向坂は九州にこもり『改造』にも『中央公論』にも登場していなかった。大森はやっと『改造』に寄稿したばかりだった。大学追放でやっと世間に名を知られたばかりの駆けだし者二人が編纂責任の改造社版にくらべ、豪華な編輯陣の看板をかかげ、しかも権威ある大原研究所が責任をもち、当時なおインテリの間では精神的な権威があった再建日本共産党がバックにあった。どう見ても「五社聯盟」に勝ち目があった。そして河上と櫛田は、改造社版を向こうにまわして「統一戦線」をくむことになったのである。

なぜこういう対立構造になったのか。

一つは山本改造流への反発である。改造社版『全集』には『資本論』は高畠版をおさめることになっていた。あらためて誰かが訳出するとなると数年はかかり、とても商売にはならないからである。大内はこう回想している。

「五社聯盟の参謀になったのは私と櫛田君だった。高畠の『資本論』が出ると困ると思って、まず櫛田君から河上さんと文通して、東京の方では櫛田君と僕とがすべての計画を立てた。ちょうど岩波が河上先生の『資本論』を分冊で出しかけていた。それを中心に全集を出すという計画だった」(『朝日評論』一九四九年九月号座談会「櫛田と河上」)。

同業の岩波茂雄は山本改造社には対抗心をもっていた。一方大内らアカデミズム出自の学者たちには高畠『資本論』には不満があった。くわえて共産党系には、『資本論』も『全集』も、「正統派」ではない連中にはやらせてなるものかという意地もあった。二七年末には雑誌『労農』が山川らを中心に刊行され、いよいよ全分野でマルクス主義陣営も二分化されはじめただけに、なおさらだった。改造社版は「労農派」や『社会思想』系のにおいが強かったのである。

五社聯盟版の参謀であった櫛田、大内と、改造社版の参謀であった向坂、大森は、三年ほどあとには広い意味で同じく「労農派」と見なされるから、不思議に思われる方もいるかもしれない。しかしまだ世界は別だったのである。向坂も大森も高野岩三郎や大内には敬意ははらっていたが、大原研究所とのつきあいはなかった（宇野弘蔵は大原研究所の研究員になった）。東大の同人会からつづく高野、櫛田、森戸、大内の人間関係はなお強く、また河上と櫛田、高野の関係も残っていた。彼らとは一世代ちがう血気さかんな向坂や大森にとっては、河上は「過去の人」だったろう。五社聯盟版の中心に、高野、櫛田、大内が座っていることを承知の上で、すでに山川均の徒としての気概を胸にしていた若き二人は「ドン・キホーテ」を自認しながら世界初の事業にいどんだ。高畠版の採録については「誤植のない本はない」「シェイクスピアもゲーテも誰が訳そうがシェイクスピアとゲーテにかわりない」（向坂）と意に介さなかった。

7. 五社聯盟版『マル・エン全集』の中心に

河上の櫛田宛書簡や「思出」、『河上肇全集』二四巻収録

の櫛田宛書簡への河上の注釈（「思出」では省略されているもの）、『高野岩三郎伝』、大村泉論文（「二つの日本語版『マルクス・エンゲルス全集』」『大原雑誌』二〇一〇年三月）などからうかがえる「五社連盟版」の顛末はつぎのようなものだった。

一九二八年二月一日、河上と櫛田の賛同を得た岩波茂雄が河上書簡持参で高野岩三郎を訪問し、聯盟版『マル・エン全集』企画への協力を要請した。当初、弘文堂、叢文閣、希望閣というマイナー出版社で編纂をしようとしたが、先の大内回想にあるように岩波茂雄が河上『資本論』の関係でくわわり、さらに大内―櫛田ラインの知恵と思われるが、大原社研の協力取りつけ（同人社も参加）をはかったのであろう。河上、櫛田の要請とあれば高野も検討を約したのではないか。ただ改造社版の進捗も知っていたから、嘉治隆一（『社会思想』同人）に事情を説明するなど気くばりはした。

こうして三月一日には、大原研究所は、創立十周年記念事業として『マル・エン全集』の編纂・監修の方針を決めた。翌二日の櫛田宛森戸書簡（草野心平記念館所蔵）では「マ・エ全集については高野先生が五月上京、こちらの大体の考えを懐にして諸方と交渉されることになりました。…単に出版社間及訳者団体間の均衡仲裁となるだけで、よいものを造る希望に背馳する場合は、研究所は手をひくことにしたい希望です。その場合には研究所は対立計画の何づれにも参加せず…個人の自由にすること…と考えています」とあった。

一方、河上は櫛田に（『マル・エン全集』で）「私が致すべき役割があれば、ご遠慮なくお漏らし下さい。全集の計画が円滑に進行するためには、私は出来うるかぎりの事を引受ける心構えではゐるのです」と書き送っている。

しかし、すでに第一回配本の作業に入っていた改造社とくらべると、出おくれていた。

しかも、三・一五事件関係者の大量検挙で、予定訳者の多くがひっぱられた。その余波で大原研究所にまで当局の捜査が入った。ソ連のマルクス・エンゲルス研究所との関係で嫌疑がかかっただけだったから、これ自体は大したことはなかった。しかし大原財閥からの資金で成りたつ研究所としては、衝撃だった（第一〇章4）。三月二四日には高野は河上と面談し、大原研究所は『全集』企画から手をひく事を告げた。河上の櫛田宛書簡には「高野博士ご入洛…最近のご事情をあらかた拝承いたしました。…事が思ふやうに運ばぬのも致方ない事だとあきらめてをります」（三月二八日）とある。五社聯盟内も調整つかず暗礁にのりあげた。

だが櫛田らの働きもあったろうが、四月一〇日に、岩波が五社を糾合して高野に再度協力を要請したところ、高野は研究所として『剰余価値学説史』の翻訳をするなどの協力を約した。『学説史』はすでに研究所からパンフレット形式の分冊で、櫛田、大内、森戸、久留間鮫造が訳出をはじめていた。

話は逸れるが、改造社は並行して『経済学全集』というこれまた大規模な出版計画をたてていた。剛腕の山本改造らしく、河上が聯盟版に協力していることは承知の上で、『経済学全集』への協力とりつけに五月に河上宅に二回もおとずれた。向坂によれば「十万部の印税にあたる金」持参で東京から京都に飛んだという。河上の名を使えるかどうかは、売れ行きを左右したのである。河上は執筆を了承し、そのやりとりを河上は櫛田に報告している（五月六日付け書簡）。

実は山本改造の河上攻略作戦はのちに別件で効を奏するのであるが、それはともかく、河上は「聯盟」が再度動き出したことをよろこんで、櫛田に（高野が）「編纂主任引きうけた由安神」（河上は安心を安神と書いた—引用者）と伝え、「大兄および大内君にも編輯主任になって頂きたく（岩波茂雄には）求めておいたと書き送った（五月一七日）。またこの書簡では『社会問題研究』を櫛田と自分の「共同の雑誌」にしようと、またもや勧誘していた。

六月二日には、弘文堂で高野、櫛田、森戸、大内、岩波らで協議し、大原社研で編集を全面的に引きうけること、編集主任を河上・櫛田・大山・森戸・高野とすること、実務的には櫛田・大内が中心で小林輝次（大原研究所事務員）を助手とすることを確認した。だがこの時すでに改造社版『マル・エン全集』第一巻発売との広告がはなばなしく打たれていた。これに太刀打ちするには、大原研究所の権威と人材にたよる他なかった。

こうして、櫛田は連盟版編纂で実務的にも大きな役割を負うようになることが、河上の書簡からもうかがえる。六月一〇日の櫛田への書簡のあて先は自宅ではなく「同人社内マルクス全集刊行委員会気付け」櫛田となっている。文面はマルクスの「フォクト氏」の翻訳を依頼した人から「六かしい」とことわられたのでどうするか、「編集部からの御指図を受けぬので」櫛田の意見を聞きたいというものだった。この種の翻訳実務に関する河上からの来信が七月に集中して出されている。

六月一五日の河上の書簡には、櫛田の助手とされていた小林輝次の河上宛書簡が同封されていた（法政大学大原研究所蔵）。そこには「私にはやり切れないといふ理由で辞そうと決心しました」とあった。河上は小林に対し「私にハ何の遠慮も要らぬから、お考え通りお決め下さい」と返事したと、櫛田につたえている。この問題についての書簡は七月にかけ複数来ている。同人社で編纂作業を共にする小林が、直接櫛田にではなく河上に苦情をうったえるところを見ると、櫛田が編輯実務の主任として相当きびしく指導したのだろう。

ところで「改造社版」と「聯盟版」の勝負で争奪戦の対象となったのが、モスクワのマルクス・エンゲルス研究所所長リヤザノフのお墨付きだった。ここでも山本改造は一歩先んじていて、六月初に刊行された第一回配本の「月報」に（リヤザノフからの）「改造社版を援助する旨の電報に接す」と大々的な宣伝文を載せた。山本のリヤザノフ対策には向坂―大森コンビが書簡の起草などに一役買っていた。

一方「聯盟」側は六月一七〜一九日にかけて、リヤザノフ対策で高野、櫛田、大内、権田で協議した。『高野岩三郎伝』によれば、リヤザノフと親しかった櫛田は、いまさら電報で働きかけても無理ではないかとの見解だったらしい。ところがリヤザノフから返電が高野宛に来た。「貴殿はいずれの全集を支持するのか」というのである。大原研究所員としての櫛田、森戸とベルリンで遭遇してモスクワに招待して以来、リヤザノフは大原社研に一目置いていた。一九二六年には大原研究所から欧州留学に派遣された細川嘉六が、つづいて訪欧中の高野所長がモスクワにマルクス・エンゲルス研究所をたずねていた。高野は二五日付けでリヤザノフにこう返書した。「今年初め」二つの企画が生まれ「一つの企画に取り纏めることはできないかと一生懸命努力」した。「いずれの側にも知り合いがたくさんいたから」だ。改造社版には自分も森戸も寄稿する。しかし研究所としては「連盟版を支援」する。「主要な編集責任者」は河上、大山、櫛田、森戸、高野の五人である、と。

この高野書簡が効いたのか、リヤザノフは改造社版支持の前言をひるがえし「聯盟版」支持を伝えてきたが、時すでに遅しであった。くわえてあらたなもめ事が聯盟サイドでおきた。河上が岩波文庫版で五分冊まで刊行していた『資本論』の続巻翻訳を停止したのだ。櫛田宛書簡に後日整理にあたって本人が付した「注」（『河上肇全集』二四巻一九三頁）によれば、河上の言い分は、当時岩波書店で起きたストライキの争議団から翻訳の中止を求められたためという。岩波茂雄はこれに怒った。

一方、『経済学全集』に河上の旧稿を再録して、三・一五事件で京大を追われた河上をして「金が欲しいばかりに、たうとう改造社に買収された」（七月一八日付け櫛田宛書簡）と自嘲させたほど商売上手の山本改造は、河上訳『資本論』を狙うとしてもおかしくない。実際秋にはそうなる。もっとも河上の「金欲しさ」は自分のためではなくて、共産党への献金のためであった。

それはさておき、七月一八日の櫛田宛の河上書簡は、「聯盟版」中枢のひとびとの感覚をよく示している。「第一回配本がおくれる様子、それで私も全く安神してゐます。…めちゃなものを急いで出されてはたまらぬがと、最初はその点を最も懸念してゐたのですが、大兄が編輯を監督して下さることになった」から安心していた、というのである。後年河上自身がこの書簡にこう注釈した。（このテンポではとても）「改造社版と競争することが出来ぬ、と云ふのが書肆側の不満」で「聯盟崩壊の端緒となった」。

実務の中心だったらしい櫛田の持ち前の厳密さも、テンポのおくれには大いに寄与したと想像できる。だが、改造社版ができあいの高畠訳『資本論』再録でリードしていたのに、河上の『資本論』訳出（宮川実に長谷部文雄が加勢していた）は前途遼遠で、その上岩波茂雄を怒らせたのも「聯盟崩壊」の遠因だったにちがいない。

河上は一八日の書簡では櫛田に、長谷部文雄への岩波の原稿料支払いを督促してくれるよう頼んでいる。すでに岩波の機嫌を損ねていた河上は、自分では話をつけられないからと、櫛田に連綿としたためたのである。櫛田もこの種のことまで持ちこまれたのには閉口しただろう。

こうして七月三一日には、岩波は「五社聯盟」を脱退した。

後始末の最大の問題は金であった。九月九～一〇日に高野、大山、河上、櫛田と出版社側と協議したが、稿料、編集経費など違約金七千円の拠出を岩波や弘文堂が拒否するなどで大もめになった。大内によればこの頃と思われるが、岩波が弘文堂が資金をだせば出すというので、河上に弘文堂を説得してもらったが、拒まれたそうだ（「河上肇と櫛田民蔵」）。そこで河上を通じて競争相手の山本改造にも金を出してもらうことでやっと収まった。

河上の「思出」には、「跡始末のために何千円か」必要だが「岩波が出し渋った」ので河上が改造山本に頼んで『資本論』を「先ず改造社から纏めて刊行し、その後で岩波文庫に入れる」ことにして、出させたと回想されている。しかし河上は「実践」に走り、改造社からは第一巻を出しただけで一九三一年には頓挫する。

一方櫛田も実務的な残務処理に追われたようで、河上から一〇月に「全集の残務については何彼とご迷惑をおかけしてゐる事と存じます」と書いてよこした。一〇月二五日付けで、高野、河上、大山、櫛田、大内、森戸の連名で「聯盟計画中止」の報告が関係者に発送された。服部之総あてのそれの裏面に、櫛田名で「御寄稿のお約束に対し薄謝として金参拾円也郵便為替にてお送りします」と書かれたものが残っている（草野心平記念館所蔵）。聯盟版用に準備された訳稿は、改造社版に入れることで話がつき、それには櫛田と森戸共訳の『ドイツ・イデオロギー』関係（「フォイエルバッハ・テーゼ」や「フォイエルバッハ」など。第一五巻収録）や、河上配下では林要のものもあった。

かくて聯盟版『マルクス・エンゲルス全集』の夢は消えたが、それとともに櫛田と河上の共同作業も以降はなくなるのである。

第九章　価値論争

1. 価値論争の概要

価値論争は櫛田がはじめて参画した日本経済学史上の大論争であった。そして最後はほとんど一人で、ブルジョア経済学陣営批判をひきうけたようなものだった。

それは日本のマルクス経済学のレベルを一気に引きあげた論争であった。けれども、きわめて抽象的な次元の論争で経済学のレベルアップがはかられたことは、これまた日本的特殊性であった。マルクシズムの先進諸国では、マルクス主義をめぐる論争といえば、それぞれ大衆的影響力を有したバクーニンやラッサール、プルードンを相手にしたマルクス・エンゲルスの論争にはじまり、エンゲルスが引きうけたデューリング、ロードベルツスらへの批判を経て、カウツキーがひきうけたベルンシュタインとの修正主義論争、同じくカウツキーによる新カント派との論争、プレハーノフによるナロドニキ経済学との論争、レーニンとローザ・ルクセンブルグとの帝国主義や資本蓄積論をめぐる論争、カウツキーとのプロレタリア独裁をめぐる論争にいたるまで、哲学、唯物史観、資本主義の現状分析など総合的な論争であった。しかも壮大な階級闘争の進路にかかわっていた。ヒルファディングがひきうけたベーム・バヴェルクとの価値論争は比較的に抽象的な原理上の論争ではあったが、唯物史観をはじめとする前段の総合的な論争の蓄積があったから、幅と深みのある論争となった。

けれどもこれも櫛田の指摘する「理論的な後進国の悲哀」で、日本では「議会政策論争」と「アナ・ボル論争」があったが、欧州の論争にくらべればごくかぎられた世界でのやりとりであり、マルクシズム自体をめぐる論争とはいえない。しかも労働運動は欧州とくらべて未発達であった。いわば理論的にも実践的にも小学校も卒業せぬうちに大学並みの高度な価値論争に突入したのである。いきおい少数のインテリだけの抽象的な論争となりがちだった。とくに反マルクス経済学側からは、労働者にはわかりにくい抽象的な土俵で、限界効用理論に依拠した攻撃が繰りだされたのである。

しかしこの売られたケンカはマルクス経済学にとっては避けて通れなかった。問題は相手の土俵に乗らず、抽象的な概念をめぐる論争とは言え、つねに歴史的なファクツを意識して反論できるかどうかにあった。この姿勢をつらぬいた論者こそ櫛田民蔵であった。一方、観念的な河上は抽象論にさそいこまれまごつくことが多かった。

この件については第七章で「価値人類犠牲説」に関連して触れたが、論争の経過をふりかえっておこう。

論争は一九二二年『改造』二月号の、小泉信三による「労働価値説と平均利潤率の問題」を発火点としておこった。それはバヴェルクの受け売りで「価値と生産価格の矛盾」をとりあげ、「資本中の労働雇用量割合の大小」によって利潤率は異なるはずだが、「マルクス説は利潤率の均一を認める」。「これ、財の価値が生産に要する労働量によって決定されるというと矛盾する」と論じていた。

そこには「価格総額と価値総額の一致」＝「総計一致二命題」説による論証は排撃し、価値法則の論証に求められるのはあくまで「個々の商品の交換比率の説明」だとする、マルクス批判派の立脚点が示されていた。小泉は、論争の出発点では「価値と生産価格の矛盾」（『資本論』第一巻と第三巻の「矛盾」）という内在的な批判にとどまっていたが、論争が拡大するなかで第一巻における価値規定そのものを問題にしてゆく。

小泉にたいする最初の批判は、山川均の『社会主義研究』同年五月号の論文「反マルクス主義者の古証文」であった。それは理論的に小泉を論破しえたとはいえないが、「バワアク（ベーム・バヴェルク―引用者）がいかなる非難を案出し得ようとも」「労働者は一日に生産したものよりも僅かを賃金として収得する」事実は否定できないと啖呵を切って、小泉の上から目線にたいして在野の気骨を示した。

つづいて『解放』一〇月号に高畠素之が、翌一九二三年に双葉大三が『我等』三月号で反論を開始した（双葉論文は第六章1参照）。この間、一九二二年一一月に『社会問題研究』で河上が押っ取り刀で小泉に切りつけたのが例の「価値人類犠牲説」であったので、櫛田から批判され、河上が自己批判したのは第七章で見たとおりである。

さて一九二五年『大原研究所雑誌』一月号の「マルクスの価値概念に関する一考察―河上博士の『価値人類犠牲説』に対する若干の疑問」では、第七章4に紹介した唯物史観に関する部分とは別に、櫛田は河上の小泉批判自体にも疑問を呈した。小泉が「二商品の共通のある物があるというマルクスの断定」を問題にするにたいして、河上は、マルクスの価値法則は「断定」ではなく、「人類の立場から見て」「交換される二商品には共通の在るものが同量だけ含まれて居るとの仮定」だという不可解な反論をした。これでは「断定」であれ「仮定」であれ、マルクスの価値論は現実から遊離したものになってしまうというのであった。

櫛田はこの河上の「反論」のふがいなさを正すために、価値を交換比率としてしかあつかわぬ議論への初歩的な反論を簡潔に説いた。すなわち「価値それ自身に変化があっても、之と交換せらるる他の商品の価値が同時に同一の方向に変化するならば変化しないがゆえに、価値と交換価値とは必ずしも一致するものではない」などの、『資本論』で価値と交換価値の諸変動について説いた部分をていねいに示したのである。

だが櫛田は慎重でまだ小泉への正面切っての批判はしていない。

価値論争はさらに発展する。その後の経過を概観しておこう。

小泉は『改造』などで双葉大三、河上批判をくりかえし、河上も『社会問題研究』で反論するものの今ひとつかみあわない。満を持して櫛田が小泉の批判を開始するのは一九二五年の『改造』六月号に寄せた「学説の矛盾と事実の矛盾―小泉信三氏のマルクス評」であった。あわせて河上にもなお批判をくわえねばならなかった。『我等』六月号「資本論劈頭の文句とマルクスの価値法則」である。これに河上がまた『社会問題研究』で幾度か反論し、しばし櫛田―河上―小泉の三つ巴の論争がつづく。小泉は一九二五年『改造』一一月号に「四度労働費用と平均利潤との問題を論ず―河上肇、櫛田民蔵両氏のマルクス弁護論」を寄せた。論争の進展にともない、『資本論』劈頭の「個々の商品は単純な商品であるか資本主義的商品であるか」という大問題へもテーマがひろがった。これは小泉も口を出したが、主に櫛田―河上論争であって、ふたたびマルクスの方法の理解の相違をめぐるものとなった。

明けて一九二六年には『改造』四月号で櫛田が「カール・マルクスを克服するもの」で小泉を批判すると、同誌五月号で小泉が「櫛田氏に答う」を公表、七月には河上が『社会問題研究』で「『資本論』劈頭の文句とマルクスの価値法則―櫛田民蔵氏の同題の論文について」を執筆するといったにぎやかさであった。

櫛田は『我等』一九二七年二月号に「価値法則にかんする小泉教授の『答弁』」を、『大原雑誌』三月号に「マルクス価値法則と平均利潤―河上教授の批判に答う」と、二人を相手に精力的に論陣をはった。

小泉信三は『我等』七月号で櫛田にたいして「論争うち切り」宣言をして、小泉との応酬は終わったが、ただちにあらたな輪敵があらわれた。東京帝大教授土方成美である。土方は『社会科学研究』の一九二七年五月号の「労働価値説批判」で、主に櫛田と舞出長五郎をターゲットに批判を展開し、八月に論集『マルクス価値論の排撃』を刊行した。櫛田は『我等』九月号で「マルクス価値論の排撃（土方成美君の『排撃』を読む）」で反論。すこし間をあけて一九三〇年には京大教授高田保馬が『改造』八月号に「労働価値説は支持し得らるるや」を執筆した。これにたいして櫛田は『中央公論』一〇月号で「マルクス労働価値説の擁護」で批判、高田保馬が『中央公論』一二月号で「労働価値説の擁護難」で反論をくわえた。

以降、論争は差額地代をめぐる地代論論争に進むが、それまでの間「価値論争」では、一九二七年に舞出長五郎と土方が論争したのをのぞけば、小泉、土方、高田、時には「身内」のはずの河上まで相手に、櫛田がほぼ一人で奮闘したのである。『資本論』劈頭商品の規定において一歩行きすぎをしたとはいえ、櫛田のマルクス価値論の理解は当時の最高水準であったといってよい。そしてその腰のすわりは唯物史観を血肉とした前段の勉強の賜物であった。

価値論争で登場したころの櫛田の論壇での位置を、阪本勝（『社会思想』同人）が『エコノミスト』一九二七年一〇月一日号で語っている。「マルクス経済学の研究にかけては、当今日本の第一人者で、河上、福田の両雄さへ、一目置くであらうとは、単に学界少数だけの評価ではない。…それほどの造詣を持ちながら、大原関係と『我等』を除けばなかなか書かない。大正七、八年頃、猫も杓子も踊った中で、君だけは雑誌の勧誘を受け入れなんだ」。

2. 櫛田の労働価値説の理解

櫛田の参戦した価値論争は難解であり、勉強不足の筆者では満足な解説はできない。そこで論争を通じて櫛田が一応の到達点とした積極的見解をまず紹介し、諸氏との論争についての要点と、それへの後世の識者の評価だけを紹介しよう。

一九二七年六月に『社会問題講座』に掲載された「商品価値の批判序説」は、「久しくマルクス価値論の解釈に力を注いだ著者」が「その研究を一応まとめた形となっている」ものとされている（『櫛田民蔵全集』第二巻　大内による編者序説）。他の論者への批判はなく、みずからの積極的見解だけを述べている。

冒頭にいう。「価値理論の使命は、価値価格の成立および変動の根本原因を明らかにすることによって特定な社会の成立および変動の過程を明らかにするにある」。マルクスにおいては「価値法則研究の目的」は「階級闘争の必然性を明らかにしようというにある」。むろんこの論文は「価値法則の概説であるから」階級闘争の必然性には触れないが、「その創設者自身がそれによって目的とするところのことをあらかじめ一言しておく」と、抽象的な論理操作にかまけるブルジョア経済学陣営批判の前口上を弁じたわけである。

まずマルクス価値説の要点として「なんらかの使用価値を調達するために、社会的に必要なる労働のみがその価値量を定める」（『資本論』第一章）を引用し、「その解釈が多くの誤解をひきおこした」という。そして誤解は「『社会的必要労働時間』なるものが交換を前提しないものと考えられたことである」として、「社会的必要労働時間」の解明をしてゆく。

櫛田はマルクスにしたがって商品をこう規定する。（一）「人間労働の生産物」、（二）「他人の欲望を満足する使用価値」、「この二つの規定は自然と人間労働との交渉に関するものであり…生産力の一定の発達が前提せられる」。（三）「商品は交換をつうじてはじめて商品となる。この規定は、分業と私有財産のもとにおける必然的な人間相互の関係が…商品の存在の必要条件たることを意味する」。

これに反し「マルクス以外のあらゆる価値理論は」、「交換そのもの」か「商品の使用価値たる性質」か「使用価値をつくる労働そのもの」か、いずれにせよ「一方的な部分的な規定に固執する」というのである。確かに交換比率だけの探求、商品の技術学的研究、超歴史的な労働価値説な

1927年秋の櫛田民蔵

どでは、商品の神秘的な性格を解明できなかった。

つぎに櫛田は、マルクスが商品の使用価値を抽象して「二商品の交換に当たり共通物の存在」を抽出するいわゆる「蒸留方法」を論じる。「この理論的抽象は、経済学者の間にやかましい問題をひきおこした」が「マルクスは自分勝手につくり上げた概念を事実におしつけたのではなくて、歴史的過程のうちに存在する、しかしそれが超感覚的な事実なるのゆえに、『常識』には分からないことを理論的に闡明したまでである」。つまり「抽象的労働は社会に現存する事実であってマルクスの頭脳の所産ではない」。ここらあたりは小泉批判でもあり、同時に河上の「仮定」説批判でもある。

櫛田は「抽象的人間労働はマルクス価値論の根本概念」であると説く。そしてあらためて「抽象的人間労働」はたんなる理論上の抽象ではない事を説いてゆく。

まずこう述べる。「価値の分析が人間労働に到達することをもって理論的抽象的方法となすならば、今この抽象概念の成立過程の追求は、すなわち対象を実践的に、いわゆる『主体的』にしたがってまた歴史的に特殊な人間の活動の結果として把握することにほかならぬ」。「主体的」云々のくだりは、櫛田が唯物史観の形成過程をていねいに読み込んだことをうかがわせる。「フォイエルバッハ・テーゼ」に、従来のあらゆる唯物論の欠陥が、対象を「主体的にとらえない」点にあると指摘された意味が、経済学にどう活かされるべきか、考えたのであろう。そして、「『経済学批判』序説」を研究し、そこで重金主義が富を貨幣の形で人間労働とは無関係な存在としてとらえたのにたいし、重農学派が富の源泉を労働という人間の「主体的活動」に求めはじめたのを、「大きな進歩」として評価していることなどを識り、納得したのではなかろうか。

社会は労働という「主体的な活動」なくしては成り立たない。総労働が適正に配分されて社会を成り立たせる形態は、商品生産社会ではいかなるものか、価値法則とはいかなる関係があるかを、櫛田は説明してゆく。すなわち、商品生産社会においては、「各個人はたがいに他人のために働かなければならない必然性をもって居るにかかわらず…直接にそうすることのできない事情にある」。この矛盾の解決には「労働力を交換するかわりにその生産物を交換することである」。交換を通して「生産に費やされた私的個人の労働は社会の総労働の一分子として物に『対象化』せられる。人間個人の労働はすなわち抽象的人間労働として商品価値となる」。価値は「物としての商品の固有な性質でないことはもちろん、物自身に現実に含まれる人間労働でもなく、ただ個人の労働が社会的労働として社会的に存在する一方法たるにすぎない」。

これに反して「正統学派」（古典派）の「労働価値説における労働なる概念は、交換を前提しない人間労働」であるので「厳密に社会的客観的たるをえない」。「正統学派」の価値理論は分析を「人間と自然との交渉としての労働行程」まで進めた点で画期的だったが、労働は「人間相互の特定な関係のもとに行われるという事実が閑却せられた」。「抽象的な孤立個人の労働」すなわち「すべての生産方法に共通な概念」で分析をとめてしまい、「価値をつくる労働と使用価値をつくる労働」の区別もない。「商品生産社会」も「永久的存在となる」。こうした櫛田の説明は、マルクスがはじめて発見した「労働の二重性」についての、当時としてはもっとも要を得た説明であったろう。

櫛田はこの「抽象的人間労働」の解明にあたり、「フォイエルバッハ・テーゼ」との関連を示唆していたが、つぎのような「落ち」がつけられている。すなわち「正統派」の労働価値説の「認識の方法」は、「宗教の本質を人間的本質にまで解消しながら、その人間的本質が現実において一定の社会関係の産物たることを理解」しない「唯物的観念哲学者のそれと同じものではあるまいか」。この部分への自注では「フォイエルバッハ・テーゼ」の第四テーゼを、フォイエルバッハをスミスとリカードに読み替えて、「経済学に翻訳」してみせた。未整理ながらも重要な示唆なので引用しておこう。

「アダム・スミスやリカードは、商品価値の自己隔離（外化のこと—引用者）の事実から、一つの交換価値的なものと一つの使用価値的なものへの経済世界の二重化の事実から出発している。彼らの仕事は交換価値をその現実な使用価値をつくる人間労働の中に没入させることにある。しかし使用価値をつくるために支出せる人間労働が自分自身から浮き上がって抽象的人間労働として超感覚的なものになるということは、商品の使用価値をつくる個人の労働がそのもとにおいて働く特定な社会関係の自己潰裂（自己分裂—引用者）と自己矛盾とからのみ証明せらるべきである」。

櫛田は「抽象的労働は…事実である」としたが、それは具体的な労働過程で支出される意味ではなく、「特定な社会関係」としての「事実」なのである。そしてまとめとしてつぎのように述べている。

（自分の）「解説の要点は、（一）交換がなければ労働は商品価値とはならないが、（二）価値の大いさは交換によってではなくて、労働の生産力の発達によって定まるというにつきる。」

さて、この櫛田のマルクス価値論理解が、戦後にかけてのマルクス経済学の発展の中でどういう位置を占めていくかは、筆者には語る能力はない。一応は櫛田の見解を紹介するにとどめただけである。よく問題となる「複雑労働の単純労働への還元」についても櫛田は言及しているが、難解なので紹介は省いた。ただ本論文の内容は、賛否は別として価値論解釈のある種の優れた典型例であったようで、戦後になって本論文を対象に論争が交わされた。鈴木鴻一郎東大教授の「価値論の方法論―櫛田民蔵氏のマルクス価値論『解説』について」(鈴木鴻一郎『価値論論争』所収)、遊部久蔵慶応大学教授の「櫛田価値論の一批判」(遊部久蔵『価値論争史』所収)、川口武彦九州大助教授の「価値論の方法論」、「商品論における歴史と論理」(『価値論争史論』所収)などである。

若いころ大原研究所に在籍し櫛田の謦咳に接した鈴木鴻一郎は、櫛田説を採らない立場だが、櫛田への敬意もこめてこう述べている。櫛田の「解説」を「吟味するという仕事はそう容易くはない。…そこに含蓄せられた櫛田氏の造詣には並々ならぬものがあって、そう簡単には分け入ることを許さないからである。だがそればかりではない。マルクス自身櫛田氏の『解説』を容れる余地を全く残していないとは必ずしもいいきれないものがあるのであって、この事情がさらにわれわれの仕事を困難にしていると考えられるからである」。

「並々ならぬ造詣」ある櫛田であり、『資本論』も櫛田のように理解できる個所もあることはある、という。ただ宇野弘蔵に近い鈴木は、『資本論』での論証のありかたにも不整合な面があれば改善にいどむ姿勢だから、櫛田が『資本論』通りに理解しているからというだけでは納得できないわけだ。川口はほぼ櫛田擁護である。それは『資本論』をまずはあるがままに受けとめる姿勢のあらわれでもある。

とはいえ櫛田にもあきらかな『資本論』の誤読はあった。第一章劈頭にある「商品」の理解がその典型だ。これについては鈴木も川口も同じ見解である。また、あとで述べるが差額地代論では向坂逸郎と櫛田には重大な論争点があり、今では櫛田説は妥当ではないというのが一般的である。

3. 小泉信三との論争と「劈頭商品」問題

論争の出発点にもどるが、論争文として最初にしてかつ重要なのは『改造』一九二五年六月号の「学説の矛盾と事実の矛盾―小泉信三氏のマルクス評」である。

櫛田が参入する前の価値論争は、おもに価値と生産価格の「矛盾」をめぐってだったが、櫛田の参加によって開始された後期のそれは、『資本論』第一巻の範囲内の、価値規定自体をめぐる論争に比重が移った。この櫛田論文の主要テーマもそこにあった。

　櫛田は価値と生産価格の問題は、マルクス自身が充分に解決していることであって、落ちついて『資本論』を読めばわかるとかたずけ、むしろ小泉信三の価値概念への内在的批判を展開した。

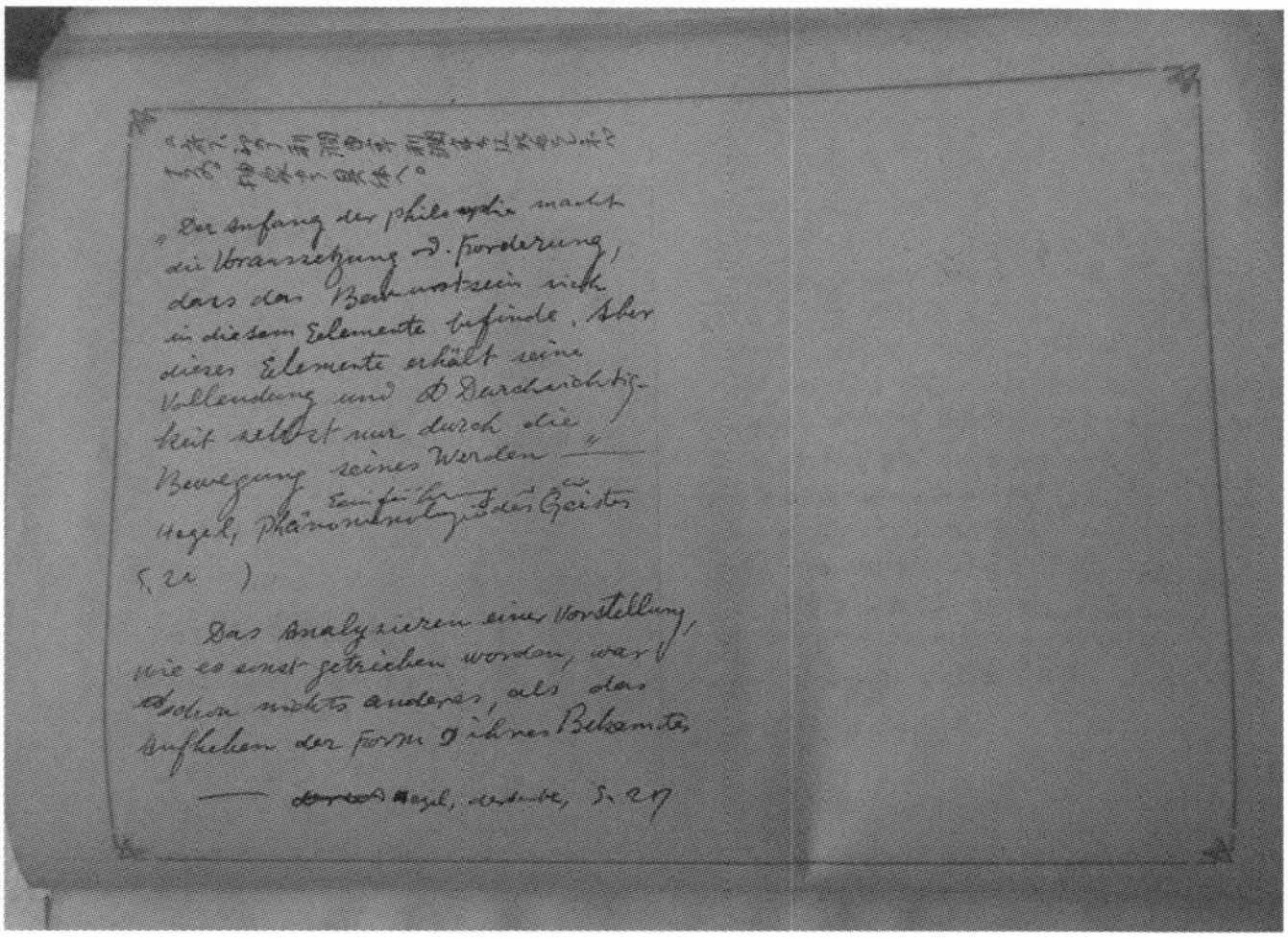

　最初に、小泉が河上の価値人類犠牲説にたいして「『価値』なる概念は歴史的概念であり、毫も非歴史的概念たる人類の犠牲たる労働費用という意味をもつものではない」と指摘したかぎりにおいて、「氏の解釈に賛成する」と櫛田は明言する。その上で、小泉が「マルクスのいわゆる『価値』概念」が「歴史的概念」であることを知っているのであれば、論理のおもむくところ、単純な商品から資本主義的商品にいたるまで価値法則が貫かれていることを承認せざるを得ないではないか、と質す。

　そして各論として、小泉が「競争が価格を価値に一致させ、あるいは乖離させる」という「競争の二義」の「矛盾」を論難するのには、同一産業内の競争による社会的必要労働時間の形成と、異種産業間の競争による社会的総労働の配分―生産価格の成立を区別していないから「矛盾」としてしか理解できないのだと一蹴した。また、小泉が「需要供給としての競争がなければ、価値で決まる保障もない」、価値は決まっているのではなく需給関係が価値を決めるのだ、と主張するにたいしては、しからば「需要供給」一致点での「平均価格としての市場価値が、なにゆえに一定の高さにおいて定まり、なにゆえにその他の高さにおいて定

1927年の「備忘録」の価値論研究ノート。「抽象から具体へ」とした後に独文で記されたヘーゲル「精神現象学」の抜粋。
草野心平記念文学館所蔵

まりえないかの理由をいかにして説明するか」、「まったく個人の主観的動機に帰着せしむるほかないではないか」と逆襲する。

櫛田は最後はこう終えた。「価値法則と平均利潤率の矛盾」について「何故にかく矛盾するかを理解するには、矛盾する二つの事実そのものの間に一定の連絡を求めねばなければならぬ。これ即価値法則それ自身に基く価値法則の矛盾の解釈である。…事実の変化しつつあるところに於いて、矛盾を矛盾とした学説には矛盾はないが、之をかく見ようとしない学説には無理があり矛盾が出来る」。

さて、櫛田は『改造』一九二五年六月号論文の姉妹編として、『我等』六月号に「資本論劈頭の文句とマルクスの価値法則」を発表した。そこでは『改造』の小泉批判論文では証明を省略した『資本論』第一巻「劈頭商品」問題への見解をはじめてまとめて示した。

小泉が、劈頭の「商品」は資本主義的商品としか読めぬのに、そこでは価値通りの交換を説き、第三巻で同じ資本主義的商品をあつかいながら生産価格論を説くのは矛盾するではないかと主張したのにたいして、答えねばならなかったからである。

その際、小泉だけでなく、マルクス派の河上も、その含意は別として劈頭の「商品」を資本主義的商品とみなしていたから、話はややこしくなった。

櫛田はかなり難解な反論を展開した。櫛田は劈頭の「商品」は資本主義的商品ではないとすることによって、整合性をつけようとした。その表現は「冒頭の商品は『商品集成（集積—引用者）』の一分子として」は「資本家的商品ではあるが、その関係から抽象せられた個々の商品は、単なる商品として資本家的商品とは異質であり、むしろその前提である」と微妙にひねってある。だがいったいどちらなのかという問題設定を前提してしまうと「単純商品説」と読まれてもしかたがなかった。しかし、一方ではこの論文で、劈頭「商品」は「資本家的商品がその資本家的特質から抽象せられた」ものと正しく規定している。小泉への駁論の必要から、劈頭商品＝実在の単純商品説と読めるニュアンスを押し出し一歩行きすぎたのであろう。

また河上も櫛田への反論の中で、価値通りに交換される単純商品とは資本主義的商品を論理的に抽象した産物であるにすぎない、との見解をしめした。これにたいしても櫛田は、単純商品は論理的な抽象の産物ではなく現実的存在であったことを強調する必要を感じたと考えられる。

さらに、櫛田が「『資本論』第一巻におけるマルクスの価値理論は、実にこの人類の歴史において六、七千年に渡る経験的事実が、コンデンスせられており」云々と述べたうえで、劈頭商品＝単純商品説を主張したものだから、あたかも『資本論』が歴史の経験的事実に沿って記述されているかのような理解にもみちびきかねなかった。「経済的諸範疇の順序は…歴史的発展の順序に相応していると思われるものとは正反対の関係によって定められている」という「経済学批判序説」のフレーズにたびたび言及していたにもかかわらず、小泉と河上を論破するいきおい余り、みずから研鑽したマルクスの経済学の方法の適応を徹底できなかったとも考えられる。

その後のマルクス経済学研究の中で、いわゆる「歴史的・論理的方法」として櫛田のゆきづまった問題は整理されてゆく。そのあたりは、先の川口武彦論文、鈴木鴻一郎論文を参照されたい。また鎌倉孝夫氏が劈頭商品問題をめぐる河上―櫛田論争を追った論文（「価値論争の批判的一考察」『唯物史観』4号一九六七）によれば「両者の説を詳細に見ると、河上は当初はむしろ単純商品説に近い理解をもち、これが漸次資本家的商品の抽象説に落ち着きながら、最後には櫛田説をかなり受け入れることになっている」という。また『日本のマルクス経済学』（下一九六八）所収の桜井毅論文でも櫛田説を批判的に論じている。

しかし勇み足はあったが、櫛田が小泉だけでなく河上にたいしても強調したのは、『資本論』はたんなる論理的な思索の産物ではなく、事実に立っていること、つまり彼の信念である「事実があって概念がある。学問は後から始まる」ということだった。

そしてこの論文においても、ゾンバルトやシュミットの『資本論』への観念的解釈を、「歴史的・論理的方法」を明示することによって諌めたエンゲルスの『資本論』第三巻への「補遺」をとりあげていた。櫛田のほんらいめざした態度はこれにつきるといってよい。

なお、「単純商品」問題に示されたように、櫛田は小泉と河上をいわば串刺しにして批判することが多かった。

小泉の「四度労働費用と平均利潤との問題を論ず」（『改造』二五年一一月号）への反論「カール・マルクスを克服する者」（『改造』二六年四月号）もそうであった。「学説の矛盾と事実の矛盾―小泉信三氏のマルクス評」にくらべれば、こちらの方が串刺しは見事に決まっている。

実は先にみたように、小泉はマルクス価値論を河上のように「価値人類犠牲説」とは読めないと正しく指摘しながらも、この説自体には「すこぶる傾聴すべきものを含めり」と述べていた。小泉は「価値人類犠牲説」のうちに超歴史的な観念を認め、老獪にもそれこそ河上説の積極面だともちあげたのである。だが櫛田にとって生産関係と切り離したこのような観念こそ「ラサールやプルードンやロードベルツスやまたそれ以前のリカーディアン・ソシアリストの一派と同じ労働全収益論の要求を含む」のであって「それらの学説にもとづく社会主義の運動が、いわゆる空想的であり、実行上失敗に終わったことも、小泉氏の認められるところと思う」と問うた。そして「価値人類犠牲説」にはこのような「労働全収益論」の「思想が含まれる」からこそ、自分は賛成しなかったと、あらためて付言したのである。

4. 櫛田―小泉―河上三つ巴の決着

これにたいして小泉は『改造』一九二六年五月号に「櫛田氏に答う」を寄せた。櫛田も再度反論するのであるが、それはあとで触れる。その前に河上からの批判に答える必要があった。櫛田―河上―小泉の「三つ巴」の論争の概要は河上への反論文（「マルクスの価値法則と平均利潤」一九二七年三月『大原雑誌』）で櫛田自身がわかりやすく述べているので、その要旨を紹介しよう。

「かつて私はかのいわゆる『資本論』第一巻と第三巻の矛盾なる問題について次のように述べたことがある。『『資本論』第一巻首章の価値法則なるものは、たんに理論上の仮定…と見ることは…正しくはない。…資本家社会においては、価値法則は、生産価格の総計は価値の総計に等しいという意味においては、けっきょくはその矛盾なきにかかわらず、眼前の現象とはかならずしも一致しないから、この意味で理論上の仮定ということもできよう。しかし、資本家以前の社会においては、それはたんなる理論上の仮定ではなく同時に歴史的の事実である。…』。これにたいし、河上教授は、価値法則はたんに抽象的法則として理論的仮定であり歴史的現実性をもつものでないということを主張…せられた。…その間に私見にたいする小泉教授の批評があらわれた。…主要点は例により、マルクスの価値法則は、理論的にも実際的にも誤りだという主張であり、しかもその実際的に行われざる理由の一つとして河上教授説をも援用している。その異なるところは、一方は簡単であるに反し、他方は複雑であって、しかもマルクスにかんする該博なる知識をもってその方法論にまで説きおよんでいることである。…小泉氏は私の批評に対して…ただちに立って答弁を公にせられた。この答弁は氏の前論をくりかえされたにすぎないものであり…私見にたいしてはなんらの批評でもなかった。しかもその主張の一半は、河上教授と同じように価値法則の歴史的現実性を否認することにある。その異なるところは、一方はそれをもって、マルクス説を否認する根拠となすに反し、他方はかえってそこにマルクス説の特徴を認め、いわゆる弁証法によってそれを是認しようというのである。」

三つ巴の論争の要点はここにつきている。ただ単純な商品に価値通りの交換がいかなる形態でつらぬかれていたか、さきの「劈頭商品」問題とも関係して今日に至るまで、経済学上の議論のテーマになっているので、その問題にしぼって「マルクスの価値法則と平均利潤」において櫛田がどう論じていたかを紹介しておこう。

櫛田はエンゲルスの『資本論』第三巻「補遺」などによって、価値法則は価値と交換価値が一致する形態で実際につらぬかれていたと主張した。これに反し河上はつぎのような理由からエンゲルス説を否認する。すなわち、（一）価値と交換価値の一致は売買の一致がなければならないが、歴史上そうした事実の存在は想像できない。（二）マルクスは交換が価値で行われる条件として、交換が純粋に偶然的であり、単に臨時的であることをやめることを明記している、（三）価値と交換価値が一致するなら、売買の差額に依拠する商業資本の存在はいかにして説明するか。

櫛田はこう答える。「売買の一致というようなことは、一定の長期にわたる平均的持続的の問題であり、個々の商品の個々の眼前の交換を指すことではない」のであって、「交換が全物質的生活の条件になっていない時代においては、おのずから長い期間を有する」。一方「歴史をさかのぼるに従い、交換に入るところの貨物の種類は少なく、交換者相互が相互の需要をまたは相互の支出労働時間を容易に知ることができる」。そこで「個人的労働の支出がそのまま社会的必要労働時間として価値たる可能性が与えられる」。

つぎに「純粋に偶然的」云々については、遊牧民が偶然農業共産体と接触した場合などたがいの生産条件などを知らず、したがって交換は価値通りではなく相互の欲望の大小によってなされるような「偶然的・臨時的」な場合を指すのである。たがいの生産条件を知っている共同体間や大家族相互間の交換などのような「一般的な物々交換には価値と交換価値の一致がないというわけではない」とする。

最後の商業資本の不等価交換については、「商業の媒介で…交換が継続せられるにしたがって交換の偶然性は廃止せられ、価値は一定の大きさとして慣習的に確定せられ、商業資本そのものが、その範囲内においては廃止せられる」。したがって「商業資本は最初は異なれる地方又は国々の間の価格の差額をせしめる事に依って存立するが、かかる行動の結果は価値での交換を結果するであろう」と説明した。

なおこの問題を論じた個所への櫛田自身の（注）で、エンゲルスの「補遺」の解釈はヒルファディングもリヤザノフも同様であると付記した。さらにレーニンが「カール・マルクス」で、「彼（マルクス—引用者）の抽象的なる、ときには純粋演繹的とまで思わるるところの叙述形式が、交換と商品生産の発達にかんする材料の驚くべき集積である」と述べた行も紹介した。

さて河上は、価値は生産に要する社会的平均労働できまるという法則は単純な商品生産社会では通用しないと説くが、一方では生産価格が成立する資本主義社会でも価値通りの交換にはならない。しからば価値法則は現実にはどの社会でもつらぬかれないという問題にぶつかるのである。入り組んでいるので説明は省くが、河上はこの問題を独特の「弁証法」で解決しようとする。櫛田はこの「弁証法」をたしなめて本稿を終えていた。

櫛田の小泉批判は「価値法則にかんする小泉教授の『答弁』」（『我等』一九二七年二月号）をもって終わる。これは小泉が櫛田にとっては決着済みと考える論点に執拗にくいさがるので、あらためて反論したものだ。

そして小泉が『我等』七月号で櫛田にたいして四百字足らずの「論争打ち切り」を表明して二人の論争は終結する。そこで小泉はこうのべていた。

「…櫛田氏が私に答へられたのは愉快である。私の批評が終に同氏に容れられなかったのは遺憾である。…斯く議論が終に一致を見るに至らなかったのは誠に遺憾であるが、併し此の数年来の論争の間に私が利益を得たことも決して尠くはない。此の点、櫛田氏のみならずマルクシスト諸氏の度々の批評に対して厚くその労を謝するものである。…」。

一方小泉は河上との論争で最後の論文となった「河上博士とマルクス論争」（『改造』一九二八年一〇月号）ではこう述べていた。「…河上博士近年の論調は余りに感情的であって、論敵に対して無用の罵詈の言を放ち、そのため綿密な理論の推究を妨げられる場合が尠くないと思う」。しかも河上の見解は「度々動揺し変遷」しており「その謬れる解釈によっても、正しい解釈によっても、いずれにしても常にマルクスは正しいという結論が」生じるのは「奇異ではないか」。

小泉の尊大な態度はさておいても、相反する解釈をしてもつねにマルクスは正しいというのは、牽強付会だという指摘は的を射ていた。櫛田には「愉快」を感じ、河上には不快を感じたのももっともであった。

5. 土方成美、高田保馬との論争

小泉との論争は打ち止めにしたものの、櫛田にはこの種論争でもう一度出番がまわってきた。

一九二七年八月に東京帝大教授の土方成美が『マルクス価値論の排撃』を刊行した。同書には舞出長五郎と櫛田への批判がおさめられていた。これにたいして櫛田は『我等』九月号に「マルクス価値論の排撃（土方成美君の『排撃』を読む）」を寄せた。櫛田の論調は小泉批判の時とは一変してきびしく軽蔑の風さえある。小泉信三や高田保馬がそれなりにマルクスの価値論を理解して内在的批判をしようとしたのにたいし、土方はマルクスを多々引用するものの、引用の意味を解ろうとしないからであった。また、東京帝大内でも教授会の右派のボスとしてかんばしくない風評もあったようだ。小泉には三歳年下でも「小泉氏」としたが、五歳年下の土方には「土方君」とした。当時論壇では、論及する相手に「博士」、「学士」などの肩書で「格付け」した。土方は東大経済学部研究室では先輩であった櫛田を「櫛田学士」としたのである。櫛田のお返しであった。

櫛田は手きびしい。（土方君は）「マルクスの価値論なるものを紹介しながら何を紹介したかを知らない」のである。入り口で無理解なのである。たとえば「日常多量の労働が投ぜられた商品が安価に売却せられている事実を目撃」するから、マルクス価値論を無批判にはうけいれられないという。櫛田はこれに「比較的多量の労働が支出せられた私的個人の生産物が商品としていわゆる『安価』に売却せられている事実こそ商品価値が社会的必要労働で決まる証拠ではないか」と指摘する。土方の主張は論理のおもむくところ「社会的必要労働」が商品に於いて「目撃」されなければ、証明にならぬことになってしまう。櫛田は「目撃」できるのであれば貨幣など不要ではないかとやっつける。最後に櫛田は、土方の論文は「資本家の経済論でもなんでもないことは資本家学の打ち立てた法則を知らず、また否認しているによって明白である。この排論のごときが、資本家の代弁だと思われると思って心配するなどはもっとも無用な心配であろう」と皮肉って筆をおいている。

土方成美は戦後に『学界春秋記　マルクシズムとの抗争三十余年』なる回想記を著した。そこでは土方を批判した大森義太郎、河上、舞出長五郎には批評をさかんにくわえているのに、櫛田については「『マルクシズムの至宝』といわれた」と紹介しただけで、反論めいたことはない。

その後、土方よりは手の込んだ批判を京大教授・高田保馬が「労働価値説は支持しえらるるや」と題し『改造』一九三〇年八月号に発表し、櫛田が「マルクス労働価値説の擁護」（『中央公論』同年一〇月号）で反論する。これは『櫛田民蔵』全集では第三巻『農業問題』に収められてるが、むしろ第二巻『価値および貨幣』に収められる方が適当である。当時はじまった差額地代論争に入り込んでいるのだが、主には価値論争の全面展開といっていい。

この櫛田論文の意義は、高田保馬にかぎらずマルクス批判でつねに持ちだされる、つぎのような問題を取りあげ、逐一反論したところにある。すなわち、マルクスによる二種の商品間の共通物の存在もそれが労働であることも、複雑労働が単純労働に還元されることも論証されていない。使用価値の抽象をするなら交換価値の抽象もなされるべきだ。労働の生産物でない土地、証券なども価格をもつのであって、労働生産物のみを商品とするのは不当だ、等々である。

櫛田は繰りかえし説いてきたように、価値とは生産物が商品として交換されて社会が成り立つ生産関係において、物がうけとる「超感覚的な社会的性格」なのであって、自然的性格はみじんもふくまないという立脚点に立って反論した。その多くは正鵠を射たものと思われるが、「複雑労働」の還元問題など、その後の研究の深化によってかならずしも妥当ではなくなった見解もあるかもしれない。

ところで櫛田は価値論のような難題にとりくむときは、理論的に一目置く人物に考えをぶつけながら整理してゆく癖があった。阪神に住むことが多かった若きころの師範代は京都の河上肇であった。一九二五年九月に東京に戻り大久保の柏木に居を定めてからは、自宅から数百メートルの近くにいた大内兵衛がお相手となった。一九三〇年一一月に牛込の新小川町に転居してからは、向坂逸郎がおつきあいした。東北帝大に赴任していた宇野弘蔵も上京の折にはお相手させられた。当代一流の面々を選定し、胸を借りたわけだ。

価値論争の渦中のことと思われるが、大内はこう回想している。

「『資本論』の何ページかを喰い終わり、その内の問題について一定の解釈ができると、櫛田君は、必ずわたくしを訪ねた。…彼が訪ねてくるのはわたくしの夕食がまだすまぬ頃であり、彼が帰るのは、たいてい十一時か十二時になった。この間、彼はわたくしに難問をたたみかけ、その答えに応じて彼の自説を展開するのであった。要するにそれは、彼が咀嚼した桑たる『資本論』を、彼の生絹として吐き出すのであり、その生絹で、わたくしをからみ、わたくしをからめて、わたくしを擒にするのである。この運動、このいとなみが彼の楽しみであったのだ。こういうことは、毎週少なくとも一、二回に及んだのである」(「櫛田君とその犬」『社会』一九四七年三月号)。

第一〇章　河上肇との緊張と別れ

1. 無産政党の分立の中で

一九二七年〜二八年にかけて、無産政党運動や労働運動が活性化し、マルクス主義陣営もいわゆる労農派と講座派への分化がはじまり、櫛田もそれなりに関与しまた余波を受ける場面もふえていく。『マルクス・エンゲルス全集』をめぐる顛末もその一つであった。

一九二六年三月に結成された労働農民党が単一無産政党として成長するかに見えた労働者・農民の政治運動は、日本共産党準備会の福本イズムにわざわいされた稚拙な戦術と、労働組合幹部の右翼的分裂主義によって、早くも一九二六年末には社会民衆党、日本労農党、労働農民党などに分解してしまった。単一無産政党か左翼政党か、はたまた非合法共産党かが、マルクス派内部の実際運動上の対立点となり、堺利彦、山川均、鈴木茂三郎らによる『労農』派が、再建日本共産党の分裂主義と対立するようになった。日本共産党は労働農民党をフラクションで操作し、第一回男子普通選挙（一九二八年二月）で労農党の選挙運動を通じて共産党の公然運動を展開した。政府はこれにたいして空前の大量検挙（三・一五事件）で応えた。共産党員だけでなく櫛田の周辺の人物も多数検挙・追放された。労農党、日本労働組合評議会、無産青年同盟は結社を禁止された。河上肇、大森義太郎、向坂逸郎らが帝国大学から追われ、新人会や各大学の社会科学研究会も解散させられた。

一方労農党から分かれた合法無産諸政党は『労農』派の努力もあって統一にむかい、二八年末には「七党合同」による日本大衆党として再結集できたかに見えたが、これまた分裂してしまう。無産政党が分立するなかで労農党の合法的な再建運動が起き、河上の提唱もあり、一九二九年一一月に大山郁夫を中心に新労農党（いわゆる大山新党）が結成される。しかし日本共産党は指導部を根こそぎ検挙されて合法無産政党利用論と有害論の間をぶれ、新労農党は内部から「解党論」を生じ混乱してゆく。櫛田は河上肇がかかる実際運動に参加することを危惧し忠告していたが、実際河上は新労農党の問題で振りまわされ、けっきょく非合法共産党の地下活動に飛びこむことになる。

河上は櫛田の忠告にはもはや反発するだけだった。地代論をめぐって二人は論争したが、櫛田は河上への敬意を保とうとはしたものの、価値論争までのような同志的な空気は感じられない。けれども二人の対立が極限にあったとき、櫛田の河上隠匿というドラマもうまれた。櫛田と河上はやはり切れぬ仲だったのである。

さて櫛田は、分裂した無産諸政党のうちでは、大原研究所の同僚と同様に、当初は労農党にシンパシーをもったようだ。『労農』派メンバーも労農党に所属し同党を統一の軸に置こうと努力していた。しかし、結社禁止をされて以降、河上も関与した再建の迷走や、共同戦線党ならぬ左翼政党ぶりを発揮するにいたって、『労農』派は旧労農党再建運動には見切りをつけるようになる。

櫛田は『我等』（一九二七年九月号）の「種々なる『政治学校』の成長」で、労農党から日労党へ共同行動の申入れをしたのにたいし、日労党が拒絶したことを批評している。そこでは「一つの分派が他の分派の運動の非合法的性質を大衆に暴露するようなことは、多くの場合暴露せられた側に大衆の信望が増し暴露する側に失われる」と述べていた。遠回しではあるが、日労党が労農党にたいし「福本イズムの排除」を共同行動の条件としたことを批判したのである。「福本イズム」といえば非合法共産党を意味した。

一九二八年二月一六日に森戸辰男に宛てた書簡ではこう報告していた。「今朝労農党の諸君来訪─昨夜書記長自身来訪の由、併し小生留守─改造社から昨夜金五千円借金の契約成立今日中に受渡を了したきにつき、大兄と小生とにその責任者中に加盟して欲しいとの事…責任者名は…大山、河上、大内、佐野、細迫、藤森その他数名…小生は…加わる事を承諾しました」。書記長とは細迫兼光、借金は選挙運動費用であろう。いわば保証人として名をつらねたのである。

森戸の代印を頼まれ「大兄の承諾を得る時間なく」そうしたとあるから、櫛田や森戸ら大原研究所メンバーは労農党への支援で気脈を通じていたものと思われる（別格の高野岩三郎は日労党の河上丈太郎と杉山元治郎を応援した）。また、同じ書簡で、長谷川如是閑が大山郁夫の応援に選挙区の香川にむけて出発したと報告しつつ、「新聞では大兄と小生とが今日位出かけるやうに書いてありますが、小生は行きません」とあった。大山は「大阪朝日」時代から長谷川や櫛田と親しく、その後も『我等』同人として長谷川、森戸、櫛田らと同席の機会は多かったと思われる。

河上の「思出」では、櫛田は大山の応援にはいかず、森戸は新労農党の大山と日労党の候補を応援したとし、「森戸は公平な態度」をとり櫛田は「超越的な態度」をとったと櫛田に批判的なニュアンスの回想をしていた。

前掲三月五日つけの櫛田宛森戸書簡（草野心平記念館所蔵）では「河上さんの御伴をして二度講演し二度とも中止。応援演説といふ奴はとても厄介な代物でほとほと閉口しました」とあった。長谷川も何回も「弁士中止」をくらった。

三月五日の河上からの書簡では「香川では学問しました。細川君（細川嘉六―引用者）と…櫛田君が来ればよいのにと二人でお噂いたしました」と、櫛田が大山の応援に香川に来なかったことへの無念をにじませていた。香川選挙区における大山の選挙運動には弾圧が猛烈で、その渦中に飛びこんだ河上は、「これこそ学問だ」とかなり感激したのではなかろうか。京大社研への勧誘をはじめ、実際運動に何かと櫛田を引っぱりだそうと努めてきた河上にとっては、櫛田の態度は残念だったであろう。大原研究所関係者も『我等』同人も、ほとんど香川にいったのに、櫛田が何故選挙の応援におもむかなかったのか。自分の出る幕ではないと思ったのだろうか。

さて選挙後の三月一五日に「共産党」一斉検挙事件がおき、つぎに労農党、労働組合評議会、学生社会科学研究会などが解散される。そして河上は労農党への支援を問われて四月一六日に京大を辞職した。東大では大森義太郎、九大では向坂逸郎、石浜知行、佐々弘雄、助手の塚本三吉が辞職した。余波で大原研究所本部まで家宅捜査された。

運動界だけでなく象牙の塔まで震撼させた大弾圧であったが、櫛田は筆にはしていない。櫛田の個人ノート「備忘録」（草野心平記念館所蔵）にはこう記していた。「四月十一日の新聞紙は一せいに『某重大事件』として記事禁止になってゐた『共産党事件の全真相』を発表した。かうしたことが『あった』のかと驚かされた。しかし事実は判決を待たねばむろん判らぬ。…大山氏は留守のやうである。…」。

大量検挙自体は報道管制下にあったとはいえ、櫛田の周辺のひとびとも当事者だったから分かっていたはずだ。「驚かされた」とは、労農党などの背後に日本共産党の操作があったことをさすのであろう。ただそれも「判決」をまたねば事実かどうか判断しかねるという受け止めだったようだ。

櫛田はすぐに京大を追われた河上を京都にたずねた。五月一日付けの河上書簡には「過日は遠く御来訪を辱くいたし千萬感謝の至りに禁えません。その折の御忠言もまことに難有存じます」とあった。「御忠言」の内容は記されていないが、想像するところ河上の性格を熟知している櫛田が、くれぐれも実際運動には深入りしないようにと諭したのであろう。河上は「御忠言」有難くとは記しているが、櫛田への不満もあり胸中は忸怩たるものがあったのではないか。

ただすくなくとも一九二八年末ころまでは、櫛田はなお旧労農党の再建運動に一定の期待をしていたと思われる。一〇月二七日つけの久留間鮫造あて書簡に「新党準備会代表者会議をぼうちゃうしました。会は警官の包囲のうちに二日二夜うちつづけられました。解散前に比して少しもおとろへた様子なく感心します」とある。このころ労農党再建についての日本共産党フラクションの指導は「百度結党百度解散」といわれた玉砕戦術で、合法的な再建は考えていなかった。だから、合法の単一無産党を追求していた山川均や鈴木茂三郎らは、再建運動に見きりをつけたのである。研究者である櫛田はそんなことは知らず、素直に共感を示していたのであろう。

そのころ櫛田は『我等』(一九二九年四月号)に「商品と貨幣　河上博士著『資本論入門』第八分冊」という書評を寄稿した。河上の『資本論入門』は、価値形態論の解説が主で、例の主観的解釈はすくなかったようだ。櫛田は「現に行わるる経済学における現象と本質との錯倒に論及せしめ、われわれ読者の興味をそそりつつあるが、さる三月はじめその第八分冊が刊行せられ、われわれは博士の健康を祝した」とある。河上への親近感を持った公の言及は、地代論争で間接的なエールらしきものをチラリとする(後述)ものの、これが最後となる。

そして河上から櫛田への手紙も、櫛田が保存していて没後にフキ夫人から河上に託したものとしては、五月六日付けの改造社『経済学全集』に関する事務的な文面が最後となった。もっとも「思出」では河上は「この昭和三年のものが最後になっている」としながらも「それ以降のものは同君が保存することを好ましからずと感じられたのであらう。遂に一通も残ってゐない」と記している。

2. 河上の「実践」と櫛田の危惧

河上と櫛田の政治的な関係が決定的となったのは、河上が一九二九年一一月二日の新労農党結成大会に参加して、初の検束をくらったころからだ。河上は大会参加のために京都から上京したのに、従来は上京時にはほぼ立ち寄っていた柏木の櫛田宅への訪問をしなかった。『自叙伝』にはこうある。結党大会の会場で河上と細川嘉六が同席した際に話が櫛田におよび、「同君が姿を見せてゐないことを、…遺憾とした」。細川は「この頃は何を話しかけても皮肉ばかり云って…会ったって面白くもないから、上京しても彼の所には近寄らんです」といった。

労農党への解散命令以降、共産党は合法無産政党は有害で前衛党としての共産党があればよいという方針にかたむきつつあった。しかし合法政党がないと選挙にも参加できないし、大山郁夫を議会に送りだすこともできない。

まだ共産党に入党していなかった河上は、共産党が相つぐ弾圧で合法運動面で活動しにくくなっているのを、何とかしなくてはならないと個人的に思いつめ、細迫兼光らに労農党再建の話をもちかけていた。コミンテルンが合法政党、労働者農民政党の是非をめぐり方針がジグザグしていたこともあり、大山の支援者たちの実際の必要と、共産党の合法舞台の代行役の必要などさまざまな思惑が入りまじって、河上も発起人の一人として新労農党は発足したのである。この河上の判断は、共産党の指導ではなく自主的なものだった。そして翌年二月の選挙では大山郁夫は新労農党から立候補して当選できた（このとき河上も新労農党から立候補した）。

こうしてできた党は、合法政党ではあるが無産政党の合同には消極的で「左翼政党」として独自の道を行く方針をつらぬき、全体的に共産党コンプレクスが強く、共産党の方針を忖度しつつ合法分野の政治運動を担うという性格が強かった。山川均などは、この党を共産党に頭の上がらぬ存在だとして信用しなかった。

実際一年もたたぬうちに共産党の指導で「新労農党解消」運動がおこり事実上分解してしまう。河上は、今までは共産党本家の指導が見えないので自己流に行動してきたが、コミンテルン日本支部としての共産党の合法政党解消の指導とあらばそちらを信用し、一転して解消運動に与した。『自叙伝』には河上の悲痛といってもいいジグザグ、人間不信とコミンテルンへの信奉がないまぜとなった当時の心境が明かされている。

その後河上はしばしば「書斎にこもり」、『資本論』翻訳と解説書の執筆に専念するのだが、その稿料は日本共産党への資金援助のためのものになっていき、入党を勧誘され党員として地下に潜入を余儀なくされる。そのさなかに櫛田との最後の出あいのドラマがあるのだが、のちに述べよう。

一方合法無産政党の指導者はたびたび高野岩三郎を党首

や顧問にひっぱりだそうとした。一九二八年一二月には、旧労農党主流をのぞく「七党合同」でできた日本大衆党の党首就任を要請された。高野は意欲的であったようだが、胆石でたおれ入院してしまった。そこで健康上の理由で党首就任せずとの新聞発表原稿の起草を櫛田と大内に依頼した。その後も高野は無産政党の合同には熱心で、体調不良にもかかわらず一九三〇年七月に成立した全国大衆党の顧問に就任し、さらに全無産政党の合同を実現した全国労農大衆党の顧問もひきうけた。

こういう高野の態度からしても、櫛田は大山との人間関係はあっても新労農党に与する気にはならなかったろう。ただ一九三〇年の総選挙で大山が当選した際、森戸あてに「大山くんとうせん番狂わせです（後援会への寄付同君へ届けておきました）」（二月二五日）と書きおくっているから、大山への友人としての義理はたてていたようだ。

しかし何よりも櫛田には、実際運動には半端にかかわってはならず、マルクシズムの探求も立派な実践だという割り切りがあったと思われる。また感激屋で年に幾度も自己清算をするような善人の河上は政治運動には向いていないし、新労農党への深入りも結果的に混乱をまねきかねないと危惧していたであろう。事実、京都帝大元教授で『貧乏物語』の著者ともなれば、一党員でいられるわけもなく、世間の耳目をあつめる存在となった。だから、新労農党結党の発起人でありながら一年もたつと「解消」を唱えるというのは、決して名誉なことではなかった。

大内兵衛は河上が『自叙伝』で櫛田のことを手ひどく非難したのにたいして、こう回想している。

「この時代、櫛田君の話し相手を承った者は、かく申す私であるが…当時の櫛田君はマルクス主義の発達成長に対して狂うが如く熱心であり、共産党の運動にも陰ながら力を懸命に入れてゐたのであるから、その点では先生に誤解があったと思ふ」。「学究は、学究としてこの運動に参加すればいいのであって、必ずしも直接実践に参加しなくてもよいとしたのに過ぎぬのである。それ故、櫛田君は度々そのことを河上先生に申入れたのであるが、先生はむしろ反対のことを櫛田君に要求」した（『河上肇より櫛田民蔵への手紙』あとがき）。

「共産党の運動にも陰ながら力」を入れたというのは疑問で、労農党や大山郁夫への援助のことであろう。ただ共産党員でも排斥することはなく、「陰ながら」手を差しのべることはあった。記録にあるのは浅野晃への援助だ。

浅野は一九二五年に東京帝大を卒業後、野坂参三の産業労働調査所に勤めて入党し、三・一五事件に連座して入獄。一九三〇年に転向して出獄するが、「日本共産党労働者派」

（一般に「解党派」と呼ばれた）として共産党指導部と対立し、戦後は国策パルプの経営者となる人物である。

浅野は後年こう回想している。「私は新人会にいたころから、櫛田民蔵先生に師事していた。…櫛田先生は恩師の中の恩師である」。「私が産労で働くようになった頃には、大原社会問題研究所の支所が東京に出来て、先生も上京して柏木のへんに居を構えていられた。それでいつもお邪魔にあがっては、教導に預かっていたのであるが、当時の先生は…共産党というものに対して、かなり批判的な態度を持しておられた」。「櫛田先生は、福本の『理論』を、困ったものだと、いつも苦笑されていた」（浅野晃『主義にうごく者』一九五五）。浅野は福本イズム全盛の共産党に入党したが「私はあくまで櫛田先生の学風を信頼しきっていた」という。

彼は妻の伊藤千代子とともに検挙され、一九二九年の九月に千代子が獄中で亡くなった。友人らが弔慰金をあつめることになったが、櫛田は一〇月にカンパの要請文を起草して服部之総、蔵原惟人、大内兵衛、大宅壮一らと名を連ねた。その文面には「早くから両親を失った千代子さんにたいして在京の親戚の人々は氷のやうな冷酷な態度を示したのに、浅野のお母さんと妹さんとは、精神的に物質的に、あらゆる手段をつくして解放運動に二十五年の生涯を献げつくした彼女の世話に当たられたのでした」とあった。

出獄した浅野は同僚の藤井米蔵とともに櫛田との交流をつづけ「労働者派」の綱領作成のために農業問題の教えを請うた。櫛田は一九三〇年六月には森戸にあてて「共産党の巨頭連の予審調書は…浅野君が一部都合してくれる筈です」と報告していた。「巨頭連」とは佐野学や鍋山貞親、三田村四郎であるが、大原研究所で資料としてそろえたものと思われる。

しかし浅野との人間関係は、後日、河上との関係悪化の火に油となってしまう。

3．河上肇隠匿のてんまつ

河上が日本共産党に入党するのは一九三二年九月である。そのころの共産党は検挙に次ぐ検挙で指導部をうばわれ、田中清玄のような怪しい人物が主導し、そこに当局のスパイが食いこみ大衆運動とは切断された極左的な行動に走っていた。だから河上は入党したものの、「地下」に潜れという指導で身をひそめる下宿先を党の指示通りに転々とする日々をすごした。公然たる論陣を張れぬ党にとっては河上の名声を印刷物で利用することもできず、要するに「資金源」であった。河上はわずかに残っていた稿料のたくわえをほぼすべて資金として党に提供した。コミンテルンの「三二年テーゼ」を訳出したのが唯一の仕事といっていい。その間、義弟の共産党員・大塚有章の大森銀行ギャング事件という芳しくない事件まで、スパイの策謀でおきた。

さて櫛田と河上の接触はほとんど絶えていたころだが、河上が入党して地下生活に入る直前、一九三二年八月初に、櫛田が長谷川如是閑をさそって、大久保にいた河上をたずねたことがあった。前掲の「座談会　河上肇と櫛田民蔵」(『朝日評論』)における長谷川と大内によれば、久しぶりの二人の再開はこんな具合だった。

長谷川「…そのとき急に河上君が猛烈な口調になって、櫛田君に対して…解党派はけしからんということをいった。…革命の国家ができればそういう人間全部が死刑になるべきだとかいった。…櫛田君は一言も口をきかなかった。あまり口をきかなかったことが癪にさわったのかもしれないが、猛烈にやりだしたので、僕から河上君に、この問題は決着がつかんからやめようじゃないかといって、櫛田君を外へ連れ出した。外へ出るや否や櫛田君は猛烈な口調で僕にやり出した。…河上さんの議論は理論にもなんにもなっていない。感情論だ。マルクスの学説は疑わない、ああいうことをいう人間を疑う、といって、しまいに『河上の奴』といい出した。終始河上先生または河上さんといっていたのに、『奴』とか『じじい』とかいい出した。そして自分の家に帰らないで、僕の家へきて、なんだかいろいろいっていた」。

大内「長谷川さんのところへいった同じ日に僕のところにもきて、実に激烈な言葉で、河上さんは共産主義者という柄でもないこと、理論が正しいかどうかを論ぜず、ビラくばりか何かをやって威張っていることを口をきわめて罵倒していた」。

一方河上の『自叙伝』にはこうある。

「新労農党解消後」櫛田に会って「その頃頻りに同君の書斎に出入りしてゐた浅野晃、藤井米蔵らが如何に悪質の意図を有する一味であるかを、委しく説明したことがあり、後また、私が愈々地下に潜伏しようとした前夜には、殆ど懇願的に党外に居て党を批判することを控へて欲しいと頼んだが、…同君は最後までこれ等の一派を遠ざけなかった」。

あとで述べるが、日本の地主―小作関係の性格をめぐって労農派と講座派のいわゆる封建論争がこの頃さかんであった。櫛田も一九三一年秋から三二年春にかけ、今や講座派の看板論者となった河上と野呂栄太郎への批判を公にしていた。この論争はかつての唯物史観や価値論をめぐるそれとはことなり、労農派とコミンテルン＝講座派との党派論争の性格濃厚なものであった。しかも浅野晃ら「労働者派」は共産党の絶対主義天皇制論に対抗した理論を必要としており、親交のある櫛田の所説こそ彼らにとって利用価値充分なものとなった。そして櫛田宅をおとずれて教えを乞うていた。また櫛田も前述のように浅野の妻伊藤千代子の弔慰金カンパをよびかけたり、浅野の同僚藤井米造の論文を匿名で大原社研のパンフレットにしたりしていた。しかし櫛田は自分の論は研鑽の結果にすぎず、それが「解党派」の理論と一致するかどうかは、どうでもいいことで、何が科学的に正しい理解であるかは誰に説明しようと勝手であった。しかし河上にとっては、かつては自分に接近してきながら、獄中転向をし、佐野・鍋山のように国家社会主義的転向ならまだしも、なおも共産党の正統派のごとき「日本共産党労働者派」をかたり、党の支持者をかく乱するのは断じてゆるせなかったのだ。

だが櫛田も政治的に無防備であったわけではない。東大の大学院時代に河合栄治郎の紹介で櫛田を知り、大学院を出たあと一九三〇年から大原研究所に櫛田をたずねて三年間ほど研究員として指導を仰いだ佐多忠隆（戦後、日本社会党代議士となる）の評伝・『雷魚のかば焼』（一九八二）で、正木千秋はこう述べている。佐多が一九三二年に『日本経済研究』という雑誌の第三号に寄稿したところ、「この雑誌が当時藤井（米造）らの日本共産党解党派の機関誌ではないかとの世評を心配した櫛田民蔵は、佐多に彼らに深入りしないように忠告した。かくて『日本経済研究』は三号で中止になった」。

このように、それなりにわきまえて対処している自分にたいして、無理難題・罵詈雑言を浴びせる河上には堪忍袋の緒が切れそうだったのだろう。「一言も口をきかなかった」という回想に、その心境はうかがえる。

そのわずか半月足らず後であるが、八月中旬に河上夫人・秀が櫛田宅をおとずれた。官憲の眼をのがれて転々と居を変える河上が潜伏先に窮しているため、櫛田宅にかくまってもらえないだろうか、というのであった。「櫛田さんはわたしの願いをおききになって、あの深刻なお顔で暫くじっと考えておいでてしたが、やがて『よろしうございます。たしかにお引き受けいたします』と力強くおっしゃってくださいました時は、胸がいっぱいでした」（河上秀の櫛田フキ宛書簡　『たくさんの足音』所収）。

この時の河上の心中は、常人には想像しづらいものである。『自叙伝』にいう。「身の置所もなく、窮余一身を託そうとして遣って来た櫛田君こそは…解党派一味の理論上の最高顧問として、…マルクス学に関する蘊蓄を傾けることに余念のなかった最中である」。だが「櫛田君の門に救を求めるやうな羽目に逢っても、私自身はそれを恥ずかしいとも惨めだとも感じはしなかった。私はむしろ一種の矜持を抱いて久しぶりに此の旧友に面した」。こういう心境で八月二〇日から九月九日にかけて居候した。そして『自叙伝』でも感謝を込めて回想しているような親切なもてなしと、多忙な中を時間をさいて話し相手になった櫛田であった。ところが、家を出る前日には櫛田を相手に「党外の安全地帯にいるマルクス学者」は「党を批判してはいけない」と説教したのである。「櫛田君は納得したやうな様子をしておった」と回想しているが、一生の別れともなりかねない晩に、恩師に反論する気にもなれず黙っていたのだろう。

　だいたい河上は「安全地帯」の櫛田の苦労が理解できなかった。『自叙伝』でははじめのうちは櫛田は「暴力団に追われているので身を隠した」（秀夫人はそう説明したらしい）と思って気楽に引きうけたように書いている。櫛田がそれくらいわからぬはずはない。秀夫人に「よろしうございます」と返答したあとフキ夫人に筆と硯を用意させすぐに大原研究所への辞表をしたためておいた。暴力団からかくまうくらいでは考えられないことだ。またその秘密厳守は徹底していた。長谷川如是閑は「櫛田君は毎日運動のために散歩していて私の家に立ち寄っていたんだが、河上君をかくまったことをついに同君の口からは聞かずにしまった」と回想している（前掲座談会）。長谷川も大内もこのことを知ったのは敗戦後だったという。

　フキ夫人の苦労も並大抵ではなかった。子どもたちは河上を知っていたから余計神経を使った。「眼鏡をかけて変装している二階の客を、あれは吉田の小父さまと言い聞かされて、半信半疑の瞳に不安の色を浮かべる子どもたちを怖い目で叱りつけて、私は三度の食事を二階にはこびました」（前掲『たくさんの足音』）。もっとも特高がこの隠匿に気付かぬはずはなかった。放置しておいて、人の出入りを監視していたと思われる。櫛田は労農派関係者の検挙の前に世を去ったが、あと三年ながらえていたら、隠匿は重大な罪状となったであろう。

　河上は謝礼としてマルクスのC・パスカル宛献呈署名入りのフランス語版『資本論』をあげた。見返しに「拝呈　櫛田学兄　河上肇」と記されている。フキによれば、櫛田はこれをつねに机上においていたという。櫛田没後は蔵書を東北大学に寄贈したが、この書だけはフキが手元においていた（現在は東北大学に所蔵）。

　文字通り最後の別れとなった九月九日の情景をフキはこう回想している。「小雨の降る夕暮れの闇の中に、次第に遠ざかってゆく先生の、傘をさした後姿を、二階の窓から見えなくなるまで私は夫とともに見送りながら…その無事を祈った」。

河上と犬を一緒にするわけではないが、ある日、犬を家に追いつめた野犬狩りを、櫛田は「ひどい剣幕で、うちの飼犬だ」と怒鳴り追いかえした。この茶色の雑種はエルと名付け、櫛田のペットになった。「大内さんを訪問の時などはついて行き、幾ら長くても待っていて、一緒に帰って来るのだった」（『たくさんの足音』）。大内兵衛はエルを救った場面を目撃していて、それだけで戦後になって「櫛田君とその犬」（『社会』一九四七年三月号）という随想までものしたから、相当に印象に残る様子だったらしい。その随想によればこの雑種犬は隣家のもので、隣家は仔犬をやたらと生むので処分しようとしたのだった。櫛田は決して犬好きではなく、保護したはいいが仔犬が生まれたらどうしようかとさんざん悩んだとか。

それからわずか三カ月後、一九三三年一月一二日に河上は潜伏先で検挙された。九月には秀の代筆で獄中からの報告が櫛田にとどいた。それにはこうあった。「…千八百余日にわたる長途の旅を前にして、敗残の老書生、何とはなしに秋のあはれを感じないでもありませんが、…元気よく『路縦横に踏んで』出発いたしましたから、憚りながら御安神を願ひます。何とかして無事にこの旅を終わり、再びお目にかかれる日のあらん事を望みます。…」。この手紙は近親者以外は河上指名の十数人ほどに差し出された。

河上が獄につながれているあいだに櫛田は世を去る。河上は出獄後「両三回、同君逝去後の法要に列したことがあるが、さうした場合、私はいつもただ見るのさへ胸の悪い思ひのされる浅野、藤井らと同席することを余儀なくされた」（『自叙伝』）と、恨みがましかった。また「もし櫛田

一九三七年秋　保釈後の河上肇

君がまだ生きてゐたなら、この頃は、大内、向坂などといふ人々と同じやうに検挙されてゐるだらうと云ふ人もあるが、私はさうではなく、同君はマルクス学者のうち傷のつかない唯一の人として無事に残ってゐるのではないかと思ふのである」等と筆にしたのである。何もここまで書かずともいいではないかと思うのだが、河上の愛憎のいりまじった特殊感情はもう済度しがたかった。

なお、河上が櫛田にいだいた疑念は、「実践」に踏みこまなかったことと合わせ、レーニンを不勉強だったのではないかということだった。『自叙伝』でも「最後までレーニンを顧みなかった」し、櫛田の蔵書にはレーニンはなかったのではないか等々と述べられている。

たしかに櫛田にはレーニンの引用は多くはない。ただ櫛田がマルクス・エンゲルス以外のマルクス主義者からの援用をするのは、唯物史観の彫琢の過程ではかなりあったが、その後はあまりない。櫛田は唯物史観を一応身につけてからというもの、レーニンであろうとも他人の受けうりはせず、マルクス・エンゲルスの原典にあたり、自分の頭で考える姿勢をつらぬいたのである。筆者の気がついたかぎりでは、レーニンからの最初の援用は、価値論争の論文において『カール・マルクス』から、『資本論』の方法について簡潔に述べた個所を紹介したことであった。ロシア語のできなかった櫛田にとって、ドイツ訳か英訳が入手できるようにならないとレーニンの研究も容易ではなかっただろう。しかしこれから見る地代論争・封建論争ではたびたびレーニンに依拠している。

高橋正雄はこう回想している。「私がまだ東大経済学部で助手をしていた時代に、レーニンの『ロシアにける資本主義の発達』のドイツ訳がはいってきたのではないかと思います。ちょうど先生（大内兵衛―引用者）のお宅におじゃましていた時で、櫛田さんが目次をていねいに見ていて、資本論の方法を、実に見事に適用しているね、といわれたのを覚えています」（大内兵衛・高橋正雄対談『私の履歴書』）。この場面は一九二七、八年ころと思われる。この対談では大内も「マルクス以外に、レーニンを高く買っていたでしょう。本を書くのが上手だとか、実際問題とマルクス主義の連携をうまくつけるとか、そういう点に特に敬服していた」と述べている。

レーニンに大いに刺激された小作料論争の櫛田の諸論文は、主には河上の在獄中に発表されたから、櫛田はレーニンを斟酌しなかったという河上の思いこみが消えなかったのかもしれない。

4. 多事多難の大原社会問題研究所

河上との関係に神経を使っていたころ、櫛田は同人社に置かれた大原研究所東京支所の事実上の責任者として何かと多忙だった。各種の論争に活躍したころの櫛田は、人びとの回想によって、書斎にとじこもり、やたらと議論をふっかけ、文献の蟲のような存在とうけとられがちだが、事務的な仕事もふくめ研究所の運営には大事な役割を果たしていた。

一九二八年の三・一五事件の余波で大原研究所が家宅捜査を受けた件は、家宅捜査だけですんだとはいえ衝撃であった。捜査直後(日付不明)に森戸が櫛田に宛てた書簡(草野心平記念館所蔵)にはこう報告されていた。

捜査は事務室と所長室を「入念に調べた」が「正式に押収されたものは一物もありません。但し、捜索直後に、所長室からリヤザノフ氏よりの手紙一通、事務室より…軟派の洋本一冊、資料室から例のビラ一枚、及マ・エ文献目録二部が見えなくなったことを発見しました。」そして、記事の解禁のさいに「変な記事を書かれると迷惑」なので、「東京の有力な新聞を訪ねて、事情を話して了解を得て置いて下さい」と櫛田に依頼していた。実際に不明になった資料があったのに「正式に押収されたものはない」というのは、これらの返品を当局に求めたのに「何も押収していない」と応えたからだ。結果何の容疑もないことになった。しかし四月一〇日に報道が解禁されると「大原社会問題研究所が捜索された」と大きく報じられた。

さっそく出資者の大原孫三郎が大原研究所の廃止を考えているとの話が、ひとづてに高野の耳に入った。

二八年秋には高野は大原孫三郎から資金の援助中止を打診された。一時は研究所解散やむなしかと思われたが、当局による所の解散命令が出た場合の対抗措置や、大原孫三郎からの資金援助が止まった場合の対処などもふくめて、高野は存続の決意をかためた。その高野を、櫛田や森戸は支えて何とか存続する方途をさぐった。九月一六日には研究所の事務局会議で高野、櫛田、権田、大内は出資がとまれば東京に移転し、「自由大学」を設定することまで決意した。

一〇月におこなわれた高野と大原孫三郎のトップ会談では平行線におわり、研究所員は緊縮財政と、出版物を縮小し「たとえ図書館としてでも永続をはかる」という想定までした(大島清『高野岩三郎伝』)。一九二九年一月の大原研究所委員総会で、高野・櫛田・森戸にくわえ久留間鮫造・大内・細川らで所の解散回避を確認した。大原財閥からの資金援助はしばらく継続されることになった。

一安心したのもつかの間の一九二八年一二月と翌二九年一月、高野所長は胆石でたおれた。そのときはしばし療養してまた各方面に顔を出せるようになるが、しかし胆石は持病となりときおり発症し、体力の低下は否めなかった。さらに一九二九年四月一六日に第二次の共産党関係者の大量検挙があり、同人社にも捜査が入った。これも大事には至らなかったが、高野を支えて同人社を守る立場の櫛田は、気の休まる間もなかったろう。高野も一九三〇年の春には総選挙で河上丈太郎の応援でまたたおれるなど病苦を押して行動し、ついに東大附属病院に入院して大きな手術を受けた。けれどもはかばかしくなく、自宅に近い神戸の昭生病院に転院し、三年あまりの長期療養に入った。

この間森戸が大原研究所所長代理となった。大阪の本部には森戸所長代理をはじめ久留間、細川らが、東京には櫛田をはじめ権田、大内らが、高野の留守を守ることになった。一九三〇年春から東大病院での手術を経て自宅療養をし神戸に転院するまでの間、櫛田は高野の療養にかなり精力を使ったと思われる。八月には森戸に宛ててこう書き送っている。

「先生は内科へ廻りました。…現在時々熱を出す位で食事もすすみ御健康はずっと回復されました。しかし予定以上にながびきはせんかと存じます。就いてゲルドの事ですか、一月どうしても四百五十円いります。…先生のご希望としては研究所同人以外の相談になりたくないらしい、あゝゆふ御仁ですから個人的の関係は喜びません。デ可成急ぎこの方準備しなければならんでせう。権田大内両君とも一昨日相談しました。研究所の支出として今日以降若干準備できるよう、細川、久留間、大林諸君とご相談ください」。

弟・三郎に宛てては、「高野先生大病にて…大手術をやったが経過はよろしい方、併しマダ安心出来ず。看護長—役に立たぬ看護長だが—一日も東京をあける事叶わず」と、「看護長」ぶりを報告している。

高野の神戸への転院は前掲『高野岩三郎伝』では六月とされているが、櫛田のこれ等の書簡の日付からすると、早くとも九月以降と思われる。それはともかく転院してからは櫛田の負担は少しは軽減されたものと思われる。しかし研究所の仕事はその分増えたのではないか。研究所の定期出版物は『労働年鑑』、『大原雑誌』、不定期でパンフレット類や単行本があった。その出版社は大原研究所東京支所のおかれた同人社だったため、入稿、割りつけ、校正、印刷から発送などの責任者は櫛田であった。森戸への当時の書簡にはその苦労がしのばれる。原稿あつめ、初校、同人社との折衝、校正ゲラの催促など櫛田みずからしている。

大原研究所が援助した同人社も難物だったらしい。「同人社甚だしく手許不如意と見え、いくら催促しても校正すみません、原稿を渡して八十余日にもなってラチあかず、印刷の方に原稿おさえられているのではないかと思ひますが」「雑誌の方此の儘にしておけば、いつ出るか判からず（年かん又同様）応急策としてどうしたらよいか…ご意見おもらし下され度お願いします」（森戸宛一九三一年三月二三日「年かん」とは『労働年鑑』をさす）。「九月号は権田君と大兄と僕とでだいたい、こしらへなければならぬ」（六月六日）。

このような多忙の故か、とくに高野が在京で療養していた時期にあたる二九年から三〇年にかけて、本格的な論文はあまり執筆していない。

なお一九三一年一一月には父・櫛田兵蔵が没している。

第二章　地代論争・小作料論争

1. 貨幣論、信用論の勉強

話をすこしもどす。価値論争から地代論争に移る過程で、櫛田は貨幣論、信用論の研究に一時むかった。事は専門的であるので、大内兵衛の解説をひいておこう。

「一九二五年以後の合理化過程は、各国における金輸出解禁をめぐって貨幣問題を、世界的に新たにした。…櫛田君もまた、価値論から貨幣論へしたがってまた信用論へと進みはじめた。昭和四年における『資本の現段階における金の意義』（『中央公論』）はこれの代表作であり、『通貨原理に関するマルクスの書簡、金本位の基礎理論マルクス説の一紹介』（『大原雑誌』）はこの問題に関する理論的構成への資料である。当時、貨幣論についての彼の勉強は、例のごとくブルジョア理論の批判となって世に現れるまでに進んでいると思われていたが、彼はついにこのことを果さずして、昭和六年以降は、さらに歩を地代論へと進めた。…問題をはやくも貨幣理論信用理論の水平線上に見ていた彼は、しばらくそれをそのままにしておいて地代論へと下降したのである」（「櫛田君の死」『改造』一九三四年一二月号）。

前掲「備忘録」の一九二八年一〇月のノートには膨大なカウツキーの『貨幣論』の研究メモを残している。そこではカウツキーとヒルファディングの説の異同にもふれていた。

貨幣論に言及した最初の論文は「商品と貨幣―河上博士著『資本論入門』第八分冊の紹介」（『我等』一九二九年四月号）である。河上は『資本論』第一巻を対象とした『資本論入門』という大作を分冊で刊行しはじめていた。まとめて一九三二年に単行本として公刊されたときには、河上は日本共産党員として地下生活に入っていたので、マルクスにかんする河上の遺作でもある。

大内によれば、第一巻の「ていねいな解説」ではあるが「時々話がそれることがある。…そしてむつかしい論理が出てくる。それはたいてい弁証法的唯物論の講釈であり、それによる『資本論』の一節の解釈である。彼はそのとき『資本論』のテキストをはなれて彼独特の弁証法的唯物論をやっているのである」(「経済学者としての河上肇」、筑摩書房『河上肇』一九六六)。福本イズムの後遺症という独特の「弁証法的唯物論」のにおいが強すぎたのであろう。櫛田もそれは気になったにちがいない。

しかし櫛田は河上への敬意を以って本書を評価した。そして第八分冊があつかった『資本論』第一篇第二章「交換過程」の記述にそって、「商品はいかにして生成し、貨幣はいかにして生成するか商品生成の過程における矛盾はいかようにあらわれまたいかに解決せらるるか」を商品の二重性からの弁証法的な展開として解説した。そして最後に「第八分冊の趣旨をかく考えつつ私は博士の努力に敬意を表する。博士の意見に副わない節々もあるかも知れないが、それは私の疑問としてうけとっていただくよりほかない」と結んだのである。そしてこの論文が、櫛田が河上への敬意を公にあらわした最後のものになったと思われる。

二番目の論文は「資本の現段階における金の意義」(『中央公論』一九二九年四月号)である。こちらは当時ほとんどの国が金本位制に復帰したことを受け、金為替本位制など金本位制の形態が変化し、金兌換がなお必要とされるのは国際間の決済手段として求められることに由来するなど、詳細に現状分析をしている。またアメリカへの金保有量の偏在は、第一次大戦後の「資本主義の発展段階の一大特徴である」と指摘し、一方で敗戦国ドイツが資本輸出にまで進出するにいたり、植民地の再分割の要求が各国に高まりつつある帝国主義の不均等発展の様相を解明している。

最後にこう問題を提起している。すなわち、ヨーロッパは金本位制への復帰によって「ますます金を貯蓄するが」それは「金流通本位制」に立ちかえったとは思われない。「金が国際収支決済の手段としてもつ機能はまったく排除することはできないが、中央銀行の為替売買および国家の貿易干渉によって、—この傾向はトラストの発達にともない国家資本主義形成とともにますます強くなるであろう—その最小限度に制限しうるのであるから…各国各自が自国内の金貯積に努力するのはなんのためであろうか」と。

櫛田はとりあえずはソ連の経済学者ヴァルガの説—「一部は古いトラディションから、一部は将来の戦争を見越してのことだ」―を紹介している。

『資本論』の原理をあつかうことの多い櫛田ではあったが、ヴィヴィッドな世界経済の現状分析への探求心も持っていたことを示す論文である。

そして本論文を上梓して数カ月後、全世界を一九二九年恐慌がおそい、各国は金本位制から一斉に離脱し、ブロック経済化にむかう。その渦中で日本（金本位制復帰はしていなかった）は濱口雄幸内閣がアクセルとブレーキを踏みまちがえ、金輸出の解禁に踏みきり混乱におちいったのである。これは櫛田といえども想定外の事態であったろう。一体金本位制とはなにか、それは廃止できるものなのか、ますます貨幣問題は現実政治の大問題となっていた。それは恐慌対策を左右する問題でもあった。

櫛田は、現状を分析するにもまずは『資本論』に立ちかえって、立脚点を再確認しようとした。こうして書かれた論文は「金本位の基礎理論について―貨幣単位にかんするイデオロギーの解剖としてのマルクス説の紹介」（『大原雑誌』一九三〇年九月）である。

この論文は『経済学批判』の価値尺度論の解説であって、「マルクスの貨幣論は日本語で読んでもわかりにくく、わかろうとすることがまず問題で、それ以上のことはまだ考えていない」と冒頭で慎重居士ぶりを発揮している。ただ最後に「金本位制問題は貨幣価値の安定したがってまた物価の安定を目的とするものであるが、貨幣が特殊な商品たる限り物価の永続的安定も期する一切の方策は不可能であること」、「貨幣が価値の独立な実体として商品に対立するかぎり…すでに抽象的に恐慌の可能性が与えられていること」などが「マルクスの見解から当然引き出しうべきこと」としてあげている。

おそらく櫛田は、大内の忖度したように貨幣論・信用論の研究から恐慌論の探求に進みたかったことであろう。そのウォーミングアップとして、ヒルファディングの『金融資本論』や、そこで展開された貨幣論へのカウツキーの批判にも関心があったのではなかろうか。先に触れたように櫛田の「備忘録」にはカウツキーの『貨幣論』の研究メモが残されている。

一九三〇年六月に宇野弘蔵がヒルファディングの貨幣論を批評した論文をものしたときの、櫛田との会話が『資本論五十年』上で回想されている。「櫛田さんがぼくを本郷の宿に訪ねてきて、いま君の論文を読んでいるところだといって…これはなかなか面白いといって、お前だれに教わって書いたか…というから、ぼくはだれにも教わったということはない。ただ『価値形態論』は、…河上先生の『価値形態論』で、なんだか非常に重要なものだということは感じていたが、ヒルファディングの貨幣論をやってみて初めてその重要さがわかったということをいった。そのとき櫛田さん、カウツキーもわかっていないのじゃないだろうかというんだ。ぼくはあの論文はカウツキーにずいぶんよっているのでカウツキーもどうもあやしいと思いながら、そういえなかった。櫛田さんがそういったから、ぼくもそう思うといった。…櫛田さんは、ぼくのひがめかもしれないけれど、ぼくの論文を読んでから以降、価値形態論を重視するようになったのじゃないか」(『資本論五十年』上)。

しかしさすがの櫛田も、ブルジョア陣営からのマルクス地代論批判への反撃と、恐慌論の探求の両方は無理であった。貨幣論、信用論にたちもどる前にその命は燃えつきてしまう。

2. 地代論争の概要

見たように、小泉―山川論争を起点として、ブルジョア経済学陣営からのマルクス経済学への本格的な批判は労働価値説に集中して開始された。ここをくずせば労働の搾取が否定ないし仮説化され、階級闘争の根拠も生産手段の私有と労働力商品の廃絶の必要も不問にふされるからである。しかし、『資本論』第一巻と三巻の矛盾からはじまり、価値規定の論証問題にいたるまで論点となったが、櫛田をはじめとするマルクス派を論破できなかった。そこで『資本論』第三巻であつかわれる地代論は、マルクスの価値論とは不整合ではないかという搦め手から、ブルジョア経済学陣営は攻めこんできた。

この種の論争はつねにそうであるが、ブルジョア経済学陣営から批判されると、マルクス経済学陣営は反論するにさいしてまずは『資本論』などの当該部分をひきあいにだす。ところが論者によってその解釈の相違が多々生まれるのである。そこで自然とマルクス派内部の論争に移ってゆく。価値論争では、いずれも櫛田が主役であった「価値人類犠牲説」や『資本論』劈頭「商品」の性格規定など、マルクス派内部の論争が派生した。けれどもマルクスの理論はこうした内部の論争を通じてこそしだいに理解が深まり、またそれ自体がふくむ発展的な要素が開花してゆくものなのである。

地代論争ではその経緯は典型的であって、ブルジョア陣営との初期の論争よりも、途中から開始されるマルクス陣営内の論争の方が熱気がこもり実りも多かった。そして今回も櫛田が重要な役割をはたした。そして地代論争は価値論ひいては『資本論』の厳密な理解をめぐる論争の継続であった。

一方、地代論争につづく小作料論争（封建論争）は同じ顔ぶれで継続したとはいえ、無関係ではないまでも別次元の論争であった。それは、日本資本主義における主要な生産部門であった農業はどのような生産関係にあるか、ひいては日本の革命戦略や如何にという論争であった。後者は、いわゆる講座派と労農派の日本資本主義論争として、マルクス派内部だけの論争となっていった。当時はこれらの難解な論争が、『中央公論』や『改造』などの総合雑誌の目玉商品の一つとなった。それくらいインテリにはマルクス主義の精神的な権威があった時代だった。

この二大論争の概要を鳥瞰するだけでも一冊の大著が必要である。しかも今日では社会のわずかな分野になった農業が対象の世界である。地代論争では予定しておかねばならない資本家的農業経営と農業労働者という関係も、封建論争では現状分析の対象であった地主と小作、自小作という関係も眼前にない。封建論争の方は第二次大戦後も、農地改革や過小農制などなお日本では農業問題の占める比重が大で、それなりに実感があった。けれども地代論争は、『資本論』が想定していた資本家階級と労働者階級と地主階級だけに論理的に純化させられた条件下で、借地農業資本家が農業労働者の生産物を商品として販売し、その中から地主に借地料として支払う地代、その中でも豊度にかかわりなく支払う絶対地代ではなく、豊土に応じて支払う差額地代の源泉はどのような搾取による剰余価値なのかをめぐる論争であった。しかも『資本論』での原理的な想定とはことなり、日本では地主と小作人の関係の中で論じなければならなかった。いわば二重、三重に抽象化のフィルターが必要な価値論争の深化バージョンであり、これを紹介するのは難しい。

そこで地代論争では、マルクス派内部の論争においても、とくに差額地代の理解ではもっとも妥当な見解を説いたと、今日も認められている向坂逸郎による論点の解説を借用しよう。

向坂によれば高田保馬らマルクス批判派が問題としたのはこうだ。

「マルクスは市場価値を論ずるに際しては、同一種類の商品も、生産する諸条件の異なるにしたがって、異なる個別的価値を有することになるが、これらの商品の市場価値は、平均的な諸条件を有する商品によりて決定され、したがって、平均的なものとして成立すると述べている。ところが差額地代を論ずるに際しては、平均的諸条件の商品の価値を決定するものは、農業生産物の市場価値ではなくして、最劣等地の諸条件をもって生産される商品の個別的価値であるとなした。…そこで、より優良なる諸条件を以って、生産する諸種の土地には剰余利潤が生ずる」。優良な土地で生産された商品の個別的価値は低いにもかかわらず、市場では最劣等地で生産された商品の個別的価値に近い市場価値で高く売られるからである。そして「この剰余利潤は、土地所有の存在するために差額地代に転化される」。

そこで「第一に、批判家たちによれば、マルクスの価値論は、差額地代論においてかれ自らの手で破壊されたというのである。蓋し、平均的なるものとして示された価値が、ここでは個別的、限界的なものによりて決定されるとなされるにいたったからである」。「第二に批評家たちは次の非難に移る。一般的商品についてはより優良なる条件をもつ商品は、その個別的価値以上に売られ、剰余価値が生じ、より劣悪なる条件をもって生産される商品はその個別的価値以下に売られることになる。しかしこの場合は、個別的価値以上のものと、以下のものとは相殺されて、…この部門の生産物全体としては、それに凝結せる人間労働の量にしたがって売られることになる。ところが農業部門についてみるに…最劣等の諸条件をもって生産された商品によりて市場価値が決定されるのであるから、他のいっさいの土地の生産物に剰余利潤が成立するわけである。すなわち他のいっさいの土地では、それらの個別的価値以上に売られていて、剰余利潤が成立するのにかかわらず、他方この生産部門の内部には、個別的価値以下に売られている生産物がない。したがって、それらが相互に相殺されることはない。部門全体として全生産物についてみる時、ここでは価値以上に売られている。しかもマルクスによれば、この価値以上の部分、すなわち、最劣等地以外のいっさいの土地に成立する剰余利潤にあたる部分は、地代に転化される部分である。かくして地代は価値ではなく、したがってまた剰余価値ではないということになる」(「河上博士の地代論」『労農』一九三二年一月号)。

つまり農業部門においては社会的平均的労働による価値の規定は通用しないのだから、マルクスの論理は二重に破綻すると批判したのである。くわえて『資本論』第三巻においては、この一見つじつまの合わぬ差額地代は「虚偽の社会的価値」(einen falschen sozialen wert) と呼ばれていたものだから、マルクス批判家たちは、これはマルクスが根拠付けた価値ではない「価値」の存在を認めたものであって、マルクス価値論の自己否定だといきおいづいたのである。

それでは櫛田の地代論争はどう展開されたか。

すでに一九二八年中に土方成美と河上の間でジャブの

応酬はあったが、そこではまだ差額地代の源泉については論点にならなかった。本格的なマルクス地代論批判は一九二九年『中央公論』一二月号の二木保幾（早稲田大学教授）の「マルクスの価値論に於ける平均観察と限界原理との矛盾」からはじまった。農業生産物の市場価値が平均的生産条件ではなく最劣等地の生産物によって規定される点を突いたものである。

翌一九三〇年一月に高田保馬が「マルクス価値論の価値論」（『経済論叢』一月号）と「労働価値説の擁護難」（『中央公論』一二月号）で同様の批判をし、その間に『批判』（『我等』の後継誌）五月号に「差額地代と平均利潤―高田教授の答弁」で櫛田が簡単に言及したが意をつくせなかった。

そこで櫛田は一九三一年の『批判』一月号に「差額地代と価値法則」で高田への再反論をし、批判者たちによる「差額地代は剰余価値にあらず」という主張を批判した。その際、農業部門だけでなく社会全体として見れば「差額地代は剰余価値である」ことの論証に向かえばよかったのであるが、櫛田は差額地代は主に「農業部門の剰余価値」すなわち「農業プロレタリア」が生みだした剰余価値でもあることを論証しようとした。そのために『資本論』第三巻の差額地代説明の表式が「貨幣地代のほかに生産物地代を示していること」に着目し、「生産物地代」としては「農業部門の剰余価値」であるという主張を展開したのである。当時の地代は米による現物地代の形態が主であったから、いきおい、差額地代は主に小作農からの搾取であるということになった。ここに次に述べる櫛田のつまずきの石があるというのが、櫛田の同僚たちもふくめて大方の一致した結論である様だ。

櫛田は、高田らからの批判に答えるかぎりでは、だいたい正鵠を射た見解をしめしていた。『中央公論』一九三一年二月号の「マルクス批判者のマルクス地代論」ではこう述べている。すなわち工業においては生産条件の相違は「不断に均衡化せられ」特別利潤は「経過的である」。しかし農業においては「土地の限定性のゆえに、また地味地位等の自然的差異が比較的恒常的」なために特別利潤も「恒常的」である。「土地自然の限定性そのもの」が「平均利潤以上」を農業資本家に保障し「この特殊利潤は農業資本家から地主に転化せられる」ので差額地代が成立する、としたのである。しかしこの論文の中にも工業における相対的剰余価値の説明を敷衍して差額地代を論じるような傾向が、「特殊利潤」という表現からもうかがえた。

この点についてはあとでくわしく検討するが、ともかくは高田保馬への反論が、『中央公論』一九三一年六月号の「近代地主的土地所有の弁護について―高田教授『マルクス地代論と価値論』を読む」、『中央公論』九月号の「マルクス批判の必然性」、『批判』九月号の「ブルジョア民主主義革命の一図表としての『差額地代表』—高田氏に答う」と精力的に展開された。

ことさらに高田批判に集中したのは、高田が毎回反批判を発表したことにもよるが、政治的な要素もあった。

一九三一年七月九日に森戸辰男に宛てこう述べていた。「高田保馬と僕との係争は…思想善導問題にかかり、単に文献解釈上のことが多少とも政治化する傾向がないではない」。高田は全国で文部当局によって組織された「マルクス批判講習会講師」なので「僕もこの機会に書きつづけることに決めた」。そこで『中央公論』の九月号には、貨幣のことを書く予定が地代論にかわったのである。

そろそろ立ちかえろうと思っていた貨幣論の展開を中断してまで高田批判をつづけたのは、権力の走狗を相手にした櫛田なりの政治的態度だったのだ。そして『中央公論』九月号の「マルクス批判の必然性」の冒頭はこうはじまっている。

「『マルクス批判』は組織化されてきたようである。…『学生思想の左翼化防止につき躍起となっている文部省は…各大学、高等学校、専門学校、中学校、小学校の一般教職員にたいしマルクシズムの理論をいかに批判すべきかを明瞭に認識せしめ、教授上の統一をはかる必要ありとし…。一般教職員のマルクス批判講習会を開くことになった』とある。ここに…『資本論』をいかに批判すべきかということが含まれており、したがって、京都帝国大学高田氏とわれわれとのマルクス地代論争も当然問題になるかに思われる。…『マルクス批判』がかく世間の問題になってきた以上、われわれの問題もたんに学術雑誌裏に押しこむべきでないように感ぜられる。私が本誌の求めに応じかさねてこの問題を取り扱うゆえんである」。

河上肇流の「政治的実践」とは異なってはいるが、筆でのたたかいに階級的な真剣勝負のつもりで臨んでいた櫛田の心意気をしめす巻頭言である。

高田がどのような手の込んだ「マルクスの矛盾」をもちだそうが、地主の懐にころがりこむ地代は、搾取による剰余価値の変形であり、価値法則に規定されるものだということは一歩も譲らぬ気迫は感じられる。しかしいかんせんあらゆる知識をかたむけるものの、櫛田自身の差額地代論には無理が内在していたものだから、きわめて不透明な文章であることは否めない。

3. 「虚偽の社会的価値」と櫛田の躓き

生産的な論争は、価値論争同様にまたもやマルクス派内部で開始された。まず河上が「地代論にかんする諸家の論争」(『中央公論』一九三一年九月号)で、高田保馬批判というよりは、櫛田、猪俣津南雄、向坂逸郎を主敵としたかのような勇ましい論文を寄稿した。すでに「政治的実践」にひたっていた河上にとっては、この三人は「労農派」として同じ穴のムジナであり糾弾すべき相手であった。加勢するかのように「講座派」の若きエース野呂栄太郎が『中央公論』一〇月号に「櫛田氏地代論の反動性」を寄稿。これにたいして櫛田は『中央公論』一一月に「河上博士に答う─あわせて野呂氏へ─」で反駁。さらに河上の労農派批判の第二弾「地代論にかんする共同戦線党の暴露」(『改造』一一月号)にたいてし櫛田は「河上博士の地代論」(『大原雑誌』一九三二年二月号)で応えた。

このうち野呂論文は封建論争の領域なのでのちに検討しよう。まず河上は、「櫛田氏地代論の反動性」において、(櫛田にとっては)「差額地代の全部が剰余価値から生じるかを説明することが、はたさねばならぬ理論的義務となっている」と紹介する。ところが河上は「差額地代の一部は剰余価値からなるものではないから、そういう理論的義務は本来ないのだ。ないものをあるかに考えるから無理ができる」というのである。

この河上の説は、地代の一部は剰余価値でないとする点では高田の説に通ずるところがあったので、櫛田は「博士があまりに熱心に高田氏を勉強せられたせいであろう」と皮肉った。

櫛田は河上にたいしては軽いジャブをだす程度だったが、向坂は「地代の『戦闘的解消』」(『中央公論』一九三一年一〇月号)で徹底的にやっつけた。この向坂論文は櫛田とはじめてスクラム組んで論争に参加したもので、以降向坂と櫛田は見解の相違はふくみながらも、講座派にたいしては緊密な連携プレーを展開する。

一方河上は再度櫛田と向坂を相手に「地代論にかんする共同戦線党の暴露」で批判をくわえるのだが、いつもながらに自説をかなぐりすて別の旗印で攻めこんできた。櫛田の再反論であった「河上博士の地代論」によれば、河上は、つい一月前は「差額地代の一部は剰余価値ではない」としていたのに、今回は「差額地代は他の部門の剰余価値であると同時にその部門の剰余価値」だという。一月前は「虚偽の社会的価値」とは「消費者一般が過分に支払う価値部分の転形したもの」だとしていたのに、今回は「社会の剰余労働の一部を構成するものだから虚偽ではない」という。

このように地代の一部は剰余価値ではないという当初の河上説を撤回したかぎりでは櫛田説に近よった。しかし、「共同戦線党の暴露」というタイトルが示すように、河上が党派性でほじくり出した問題の方はやっかいであった。それは櫛田と向坂、さらには猪俣の間に、差額地代について見解の差があるではないかというのである。三人は河上や野呂など「正統マルクシスト」に対抗して「共同戦線」を張っているだけだというのである。

櫛田は「河上博士の地代論」ではこう応えていた。

「河上博士によれば私（櫛田―引用者）は生産物地代の見地においては向坂氏と対立し、貨幣地代の見地においては同氏と一致するという」。しかし「貨幣地代の見地に立っている」向坂によっては、「私の生産物地代の見地」は「いまだ積極的には反対せられていない」。次に「博士は私が猪俣氏の平均説は総説的に正しいといったことをもって私を非難し始める。すなわち博士は、私が一方において向坂氏とともに限界説をとりながら他方において猪俣氏とともに平均説を認めるのは矛盾といわれる」。この指摘にたいして櫛田は『資本論』における「落流の例」による説明を援用しながら、「平均説」と「限界説」の矛盾は「事実の矛盾であって理論上の矛盾ではない」とし「農業特殊の場合に限界説をとる向坂説は正しいが、平均説を把持する猪俣説は総論的にはまちがいでないと信じる」と弁明した。

しかしながら「共同戦線」を構成する櫛田、猪俣、向坂の見解の相違についての弁明は、簡単にすむものではなかった。櫛田は、猪俣説および向坂説との異同にふくまれる難題を、「貨幣地代」と「生産物地代」に分ける無理な自説で乗り切ろうとしたのであるが、そのことがかえって混迷を深めてしまった。

そうこうしているうちに、櫛田の弱点を突いた批評が登場する。

まず、河本勝男名の「マルクス地代論とその歪曲者」（『プロレタリア科学』一九三一年一〇月　本名は川崎巳三郎）だ。この雑誌は講座派系統であったので向坂が「大いに私を批判したものであろうと思って読んでみたら、驚いたことに、私の意見に賛成したものであった」と回想した（「地代論争のころ」）ものである。河本は「問題は差額地代が農業生産部門で生産された剰余価値であるかないかという点にあるのではない。問題はむしろ、総社会的に見れば『虚偽の社会的価値』はありえず、差額地代もやはり労働者から搾取した剰余価値であることを指摘する点にある」と論じた。向坂が櫛田と猪俣にさしはさんだ異論と同じであった。

一方、櫛田は『大原雑誌』（一九三一年一〇月号）の「河本氏の地代論」で、持論をくりかえし、河本説は敵を利するものだとした。同時に（河上の）「主張には地代が生産物地代として農業部門の剰余価値分でなければならぬという予感がひらめいている。農業プロレタリアートの立場から離れまいとするマルクス学者の執着であろう」と、ひさしぶりに河上への共感をしめしたのである。

当時同人社社員で櫛田のそばにいた北久一はこう回想している。この河上批判の「校正毎に先生は原稿に赤線を入れて厳しく修正された。それを見ると論調が毎回次第に柔らかくされてゆき、およそ嘲笑的な字句などは校了までには全部削りとって仕舞はれたやうであった。当時の先生の心境を示すものと思われた」（『社会』一九三四年一二月号）。

河本論文と同じころ、櫛田、向坂、猪俣の諸見解を詳細に比較検討し、向坂説に軍配を上げた力作として登場したのは橋田三郎の「地代論争を鳥瞰す」（『批判』一九三二年三～八月号連載）であった。橋田は九大の助手だった田中定の筆名である。彼は向坂が九大を追われたあとも、向坂に傾倒していたので、河本とはことなり向坂の支持者であった。

この橋田論文にたいして櫛田が反論した「『地代論争鳥瞰』を評す」（『批判』一九三二年七月号）は、「同一陣営」内における櫛田の位置がみずからの筆で比較的に客観的に語られているので、少しくわしく紹介しておこう。

櫛田は冒頭で、「観念的な党派性を打破しよう、客観的基礎のうえにわれわれの党派性をうちたてよう、それがためには同陣営内における諸説矛盾の対立を摘発し無慈悲な討論を展開しなければならぬ、これが『論争鳥瞰』一遍の趣旨であろう。われわれはマルクス学の成長のためにこれを歓迎しよう」と、真剣に応戦する意思を示した。

そしてまず、「差額地代においては、農業プロレタリアの搾取なし。これがマルクス批評家並びにマルクス主義的自己批判『鳥瞰』の判決である」と、高田保馬らと橋田を十把一絡げにして断じる。そもそも「農業プロレタリアの搾取」自体は否定してはいない橋田はこう断定されても当惑しただろう。

櫛田は、「差額地代は特殊な市場価値の決定と結合せられた相対的剰余価値の転形である」という。土地という人が生産できぬ生産手段に拠り農業資本が自由に移動できず、したがって最劣等地の個別的価値に市場価値が規定されることを「特殊な市場価値の決定」ととらえたとも受けとれるが、しかし「相対的剰余価値」という概念で説明しようとするところに無理がある。

つづけて「超過利潤」は「相対的剰余価値分の転形たる

かぎり、正常な市場価値との結合にありては、それはその部門のその経営において『虚偽の社会的価値』であり、最不利の条件による市場価値決定との結合においては、その部門全体についての『虚偽の社会的価値』でなければならぬ」と、農業以外の全産業部門の「超過利潤」さえも、「その部門のその経営において」という限定を附しながらも「虚偽の社会的価値」なのだとみなす。

これではマルクスがなぜ、特殊農業部門で生まれる差額地代の根拠を、「相対的剰余価値」一般とは区別して「虚偽の社会的価値」と名付けたのか、という重要問題には応えらえない。

つぎに高田のいうマルクスの「平均原理」違反と、差額地代における「利潤総計と剰余価値総計のずれ」にたいしては、かねてからの櫛田独特の考え、すなわち地代を「有利な生産条件における、相対的剰余価値分としての生産物地代」と「貨幣地代に相当する虚偽の価値分」に分け、また農業部門の有機的構成の高いことなども根拠に反論する。しかしこれは論理に無理があるためなのか、きわめてわかりにくい。

櫛田は「生産物地代」と「貨幣地代」に分ける意味をこう強調する。「生産物地代は直接生産者の立場をあらわすものであり、この視点においてのみ農業資本家対農業プロレタリアの関係があらわされ得る。貨幣地代は直接には農業資本家と工業資本家との関係をあらわすにすぎない。問題の焦点は生産物地代にある」。そして（橋田が）「特殊な市場価値決定を力説するのはよいが、生産物地代の見地は問題にせられない。私との行き違いの原因はここにある」というのである。

つぎに櫛田は、猪俣と向坂の見解の相違にたいする橋田の判定に異をとなえる。

橋田はこう判定する。すなわち猪俣説は差額地代を「相対的剰余価値」一般から説明するので、工業と農業に本質的な相違はないことになる。猪俣は、優等な土地は劣等地にくらべごくわずかなので、各生産条件の生産物の支配的量によって平均的に決まる以上、劣等地の生産物に結果的に規定されると説明した。そう考えるならば、農業独特の超過利潤、差額地代は存在せぬことになる。最劣等地の生産物の個別的価値で農業生産物の市場価値が決まるのは、優等な土地がわずかであるという偶然的な事情よるにすぎない。これに反して向坂説では、優等な土地と劣等な土地の量的比率にかかわらず必然的に最劣等地の個別的価値できまると考えるから、差額地代の根拠も定められる、と。

この橋田説にたいして櫛田はこう判定する。「平均か限界か」は「土地の制限」にかかわり「優良地が比較的容易にえられるところでは平均規定がおこなわれる」。だから猪俣説と向坂説は対立するものではない。「一般的な場合」と「特殊な場合」のちがいにすぎない。マルクスは『資本論』において「差額地代の概念規定を落流の例により平均規定のもとで説き、農業本来の地代はこれを限界規定のもとで説いた」ではないか、と。しかし「優良な土地が」たやすく得られる条件においては、その内でも比較的劣等な土地が最劣等地の役割をはたすことになるのだから、「平均規定」は適応されなくなる。櫛田の論理は袋小路に入り込むことになるので、橋田説への有効な反論にはならない。

さらに橋田が、向坂・櫛田の見解のちがいに言及したのにたいし、櫛田は「猪俣対向坂、向坂対櫛田という氏の批評は的を逸している」と応じた。

しかしその論拠もまた不透明である。やはり、『資本論』においても「落流説から土地制限説に」叙述がおよんでいることをしきりと強調した上でこう述べる。「猪俣対向坂、向坂対櫛田の対立関係がマルクス地代論そのものに含まれる。実に矛盾に満ちたものである。…しかし『資本論』叙述の矛盾は発展的にかつ因果的に見れば理論上の矛盾ではなく、それによってのみ生活の事実が反射せられるということ。…生一本でおしとおすていのものであってはならぬ」。

このように差額地代をめぐっては櫛田らしくない理論的な「逃げ」が感じられる。櫛田は「学説の矛盾と事実の矛盾」(『改造』一九二五年六月号)で、価値と生産価格の事実の「矛盾」については特殊資本主義的生産関係のメカニズムによって止揚されているとあきらかにした。このときの櫛田の論理は見事であった。差額地代について櫛田は同じような論法で差額地代の難問を解明しようとしたと思われる。けれども、「落流説」と「土地制限説」、「平均説」と「限界説」の「矛盾」は、今回は「止揚」ではなく苦しまぎれに折衷されたといってよい。

この無理も「差額地代は農業プロレタリアの搾取に原因する」ことを証明せんとしたところに起因した。しかしこれではブルジョア経済学陣営が、差額地代の成立根拠を農業部門だけに閉じこめた上で、第一に市場価値の規定の「平均説」と「限界説」が矛盾する、第二に農業生産物の個別的価値額の相殺がなく、生産物総体が価値以上に売られる以上、地代の根拠は剰余価値ではない、と論難したことに真実には応えられなかったのである。

櫛田の「虚偽の社会的価値」についての躓きについては、後年、鈴木鴻一郎「虚偽な社会的価値について」(『唯物史観』三号　一九四八年)、小島恒久「地代論争」(『社会主義講座』第七巻　河出書房一九五六年)が詳しい。

4. 向坂逸郎の回想

この問題に応え得るのは、差額地代論争の到達点とされる向坂説であろう。すなわち、土地の制限的性質のため特殊な市場価値の規定がされ、それが農業部門独特の差額地代＝「虚偽の社会的価値」を成立させる。けれども「虚偽の社会的価値」は、社会全体で生産されている全剰余価値の一部が、農業生産物との交換をつうじて、借地している資本家から間接的に地主に配分されるのであるから、「虚偽」ではなく現実の価値なのである。

実は向坂と櫛田の二人だけのさしの真剣勝負は、まさにこの問題をめぐって四年近くつづいた。遠く湘南の鵠沼にあった向坂宅へ朝やってきて、夕食後まで「机の上に地代に見立てたミカンをならべ」議論をつづけ、向坂が今の世田谷区等々力に居を定めると盆暮れもなくたびたびおとずれて議論した。だが、とうとう櫛田は自説を曲げなかったという。「ほんの出発点のちょっとのまちがいが、思索力のない男ならそこらへんで止まっちゃうけれども、その方向で思索に思索を重ねるから大変な方向に行くのです。最後まで一致しませんでした」（向坂逸郎「労農派の主張」。『昭和経済史への証言』中に所収）。

こうした櫛田を、戦後も向坂はよくなつかしく回想した。向坂は早慶戦ファンだった。一九三四年初夏と思われるが、等々力にいた向坂が、午後からの試合にいい席をとるために朝一〇時ころ家を出ようとしたところへ「櫛田さんがやって来た。しまったと思ったが、仕方なしに座敷に上げる。櫛田さんは上がり込んで、早速地代論である。そのころになると、新しい論旨はどちらにもなく、ただ幾度か論じた論旨を二人で繰り返すだけである。それをどちらもあきずに何度でもやる。よくつづいたものであると思う。しかし時はたつ。私は時どき時計を見て気が気でない。たまらなくなって、『今日は早慶戦でしてね』といってみる。櫛田さんは何の反応もなく『はあ、そうですか』というだけである。時計の針が一二時近くになる。また『今日は早慶戦でしてね』といってみるが、今度も何の反応もなく、地代論である。そこで私も早慶戦をあきらめて、ラジオ放送も切って、それから、夜ふけまで、腰を落ちつけて地代論争を本格的にはじめる」（「櫛田民蔵」『総評新聞』一九六五）。

向坂は櫛田を尊敬し好いていた。河上から「共同戦線」を揶揄された際には、「両者の一致点と相違点とを少しもかくした覚えはなく、ただ、ブルジョアジーの代弁者たる『批評家』諸氏にたいしては、とうぜんにわれわれは協力してあたるべきであることを信じているのみである」（「地代論論争小史」）と啖呵を切った。差額地代は剰余価値の一部であって、マルクス価値論とは何ら抵触しないことを説くかぎりでは、二人は見事に協力してあたった。一方向坂は読む人が読めば櫛田説の真反対であるとわかる自説をかくすことなく公にしつづけた、また、櫛田がぼやかした猪俣と向坂のちがいにかんしては、公然たる猪俣批判を公にした（「猪俣津南雄氏の資本蓄積論と地代論」『中央公論』一九三一年五月号）。猪俣と櫛田は「相対的剰余価値」から差額地代を説明する点では共通していたから、そこを突いた向坂は猪俣を櫛田の身代わりにしたといってもいいかもしれない。ただ櫛田との公の論争はいっさいしなかった。

しかし好事家の間では櫛田と向坂の意見の違いは話題になっていたろうし、櫛田の心境も複雑ではあったろう。前掲の北久一の回想によれば、『社会』のある論文で「向坂ブロックに対立する勢力は…櫛田民蔵であったが、その『吾国最高の資本論通』にも不拘、散々痛いところをきめつけられて中々の苦戦であった。…向坂一派からつつかれて猪俣と同列に引き下げられてしまった」云々とあったのを見て「先生が実にイヤな顔をして苦笑されたことを覚へてゐる」。

ここに「向坂一派」とあるのは、河本と橋田をさすのであろうが、猪俣と向坂の地代論論議もふくめ、ここらあたりは拙著『向坂逸郎評伝』上巻（二〇一八　社会評論社）を参照されたい。

宇野弘蔵も「昭和八年」ころの回想としてこう述べている。

地代論について櫛田宅で議論していて「ぼくが帰ろうとすると櫛田さん、あの人は激しいんだね。これは非常に重要な問題だからいま帰っちゃいかんというのだ。それで議論するんだけれど、同じことをいっているだけで、いくらいわれてもぼくにはそういうことは考えられないといって反駁するだけだった。あの人は自分の説を承認するまでは帰さんのだ。…結局は、いわゆる『虚偽の社会的価値』、あれがわからないのです。ぼくもわからない。わからないけれど、…櫛田さんみたいに、農民の労働の対象化したものが貨幣ではどうとかというようなことは、…いくら繰返したって解決にはならんといって反駁する。…とうとう朝の四時まで、間に波布茶を飲んだり…奥さんが隣の部屋にねまを敷いてくれて、…四時になって、とうとう櫛田さん弱っちゃって『もう寝よう』とかいってついに床に就くことになった。…それにしても戦後にはああいう人がいなくなった。みんななんかわかったつもりで議論をするようになってしまった」（『資本論五十年・上』）。

それはともかく、向坂と宇野をてこずらせた「差額地代の源泉」問題では、櫛田民蔵の真骨頂が不本意な形でのぞいたのではないだろうか。彼の執拗なまでの理論拘泥の陰には、階級闘争への情熱が種火のようにもえていたのではなかろうか。情熱を抑制していた櫛田も、地主と農業資本家からの直接的搾取を地代論においても論証しないかぎり、農業プロレタリアートの階級闘争に寄与できないと思いつめたと思われる。河上とたもとを分かってから数年、論争しながらもふたたび奇妙に共鳴したのである。

だがこの抑制のゆるみは一時のことであって、同時に進行した封建論争では、地主―小作関係についての科学的かつ冷徹な分析をし、講座派からの批判の的となるのである。

5. 小作料論争へ

櫛田は地代論にかんする論争文を公けにしなくなってからも研究は熱心につづけ、克明な研究ノートをつけた。その一部は櫛田没後に大内によって『改造』一九三五年三月号に「過渡期における現物納地代の意義」として公表され、また多くは『櫛田民蔵全集』第三巻に収録されている。生前に公表したのは『大原雑誌』一九三四年八月号の「リュビーモフ『地代論』の紹介」だけだった。差額地代論の理解は、ソ連の学者の間でも議論となっていて、リュビーモフは「差額地代は農業部門の剰余価値」のみを源泉とするという考えにたち、「農業外産業の剰余価値部分の流入」を説くのは「流通本位論であって反マルクス主義的だ」という立場だった。

櫛田はこれを「差額地代の源泉を農業内部の関係に求めないで流通に求める」(櫛田や河本の)説への批判としては賛成するが、モスクワの学者だからといって賛意だけを示すような櫛田ではない。農業外産業からの剰余価値流入を無視すると、マルクスが「虚偽の社会的価値」として問題にした意味が不明になると指摘した。しかし櫛田はこのときも現物地代と貨幣地代に分けてリュビーモフ説を批評したところに無理があった。

リュビーモフ紹介でもって地代論への公の言及は終え、もっぱら小作料=封建論争に専念するが、地代論争の渦中に櫛田は「わが国小作料の特質について」(一九三一年)でもって事実上封建論争にも参戦していた。この二つの論題に、直接の関連性を見出せるのはよほど勉強した者でなければむつかしいだろう。しかし何事も厳密に理論的に納得して進もうとする櫛田は関連つけようと意識していたという。論争の筆を収めてもなお、膨大な地代論研究ノートをつけたのは、そのためであった。

櫛田は、高田保馬からの批判に答えて「ブルジョア民主主義革命の一図表としての『差額地代表』」を『批判』三一年九月号に寄せていた。それは『資本論』にある「差額地代表」をとりあげて、リカードの地代論とマルクスのそれとの関連と区別、ブルジョア民主主義革命の徹底の結果としてのイギリス型の資本家・地主・労働者階級の関係などを論じている。そして最後にこう述べている。

「日本の論壇にはいま二つの論争が進行している。一つは、マルクス差額地代表にかんする究明であり、もう一つは日本農業の現段階論である。前者はブル・デモ（ブルジョア・デモクラシー――引用者）革命の究極の図式にかんする理解の問題であり…一般的には資本主義化のおくれた国々がそれに到達せんとするところの一目標であり、後者は日本現時の農業が現にいかなる程度にこの目標に近付いたか、ないしいかなる過程を経て近づき行くかという問題である。…現に到達せる発展段階の規定は、ブルジョア民主主義の自由な発展、したがってまた農業における階級闘争の自由なる場面としてのイギリス式図表を尺度としなければならぬであろう。しかるかぎり二つの論争は結合せられる」。

問題意識を荒っぽく投げだした感じの論文で、なぜ「二つの論争」が「結合」されねばならないかはよくわからない。

大内は『櫛田民蔵全集』第三巻「農業問題」収録の「地代史論第三節」への編者注でこうのべている。

「一方において差額地代表の解釈を問題にしつつ他方において全然具体的にしてその多くの歴史的範疇の混合たる小作料の特質というようなものを問題にするのはあまりに無方針な勉強の仕方であると考える人もないとはかぎらぬが、彼自身においてはこの理論とかの説明とは必然の関連において一体をなし、したがって同時的に研究されねばならぬものであったらしい」。

こうした櫛田の理論的執念深さは、彼をして当代一のマルクス学者となした所以であるが、同時に「差額地代」論のつまづきに示されたような、ついて行きがたい考えすぎの一因ともなった。

それはともかく、櫛田は地代論争と比べて封建論争では、明快でわかりやすい積極的見解を示し、日本資本主義分析の深化におおいに寄与する。

この論争は地代論争とはことなり、最初からマルクス派内部の論争であった。先鞭は猪俣津南雄と野呂栄太郎による、日本における地主―小作関係、土地所有をめぐる論争がつけた。小作農・自小作農が狭い土地にしばられ高率の現物小作料を地主から搾取されている現状を、ブルジョア革命が一応は経た上の事象とみるか、それともなお絶対主義の段階にある故とみるか、いいかえると高率小作料は不利な条件に置かれた農民の間の競争（「経済的強制」）に起因するか、それとも身分的に土地に緊縛された「経済外的強制」に起因するのかと、論争のテーマがしぼられていったのが、三〇年春ころの到達点であった。

一九三〇年『改造』四月号に掲載された猪俣の「マルクス主義の前進のために」は、野呂が高率小作料を「経済外的強制」による封建的地代だとしたのにたいし、特殊な資本主義発展をとげた日本の農業の特徴である「過小農制」で農民が競争を強いられる結果であり、資本主義地代にはいたっていないが封建地代でもない「高利地代」だとした。

6．「わが国小作料の特質」

櫛田は一九三一年二月一〇日に大阪で開かれた大原研究所月次講演会で「わが国の小作料の特質」と題した講演をし、それを『大原雑誌』同年六月号に掲載した。これは論争の形態はとっていない。しかし名前こそ挙げていないが、野呂―猪俣論争への櫛田の事実上の判定であった。

ここでは櫛田は、小作料が封建地代なのか半封建的地代（資本家地代への過渡）なのかの解明が、都市プロレタリアと農民の同盟の在り方にかかわると最初に言及している。労農同盟自体を論じるわけではないが、問題の政治的意味を示唆したわけだ。「地代論争」では「農業プロレタリアート」の立場に立とうという意志がかえって櫛田の混迷を生んでしまったが、封建論争は直接に日本革命の戦略論を左右する性格の議論であって、櫛田の姿勢はよい結果をうんだ。

本論文で櫛田は、まず農林省の『小作慣行調査』などによって小作農民の実際を分析し、小作の種類は「賃貸借契約に基づく普通小作が支配的」で小作料の種類は「米現物納小作料」が主としめす。しかし「現物納」であり「高率で利潤以上労賃の一部をまで搾取する」（江戸時代の五公五民とほぼ同じ）事実は、「封建的な支配隷属関係」による「封建地代」と規定する根拠ともされうる。そこでこの錯綜した事実をどう考えたらよいか考察をしていく。

まず「現物納はかならず封建地代の証拠であるか」と問う。封建社会の農民支配は、「経済外的強制」によるものである。それは身分的に固定化され、土地から離れることはできず、移動や職業転換の自由もない。これに反して、都市貧民への転落であっても土地売買と移動の自由があり、地主と小作は債権関係にある状態は「経済外的強制」とはいえない。だから地主が「小作料を失うがゆえに小作人の転業を禁止するというようなことは聞かない。そのか

小作料論争に打ちこんでいたころの書斎。牛込区新小川町
この部屋で 1934 年 11 月 1 日に昏倒した

わり小作人が小作料を滞納すれば地主はただちにこれを貸金になおし…高利をむさぼる高利貸化し、小作争議においては小作地取りもどし、土地立ち入り禁止または財産の差し押さえの方法によって対抗しつつある。それははたして封建的支配関係であろうか」。いかに悪辣な搾取であろうとそれは封建的な「経済外」的力によるそれではなく、市場経済の論理に立った「経済的強制」ではないかと説くのである。

それではなぜ「現物納」という、市場経済にはそぐわぬ形態をとるのかに論をすすめる。農家の家計調査、生産費調査から農民が貨幣経済に大きく組みこまれていることを示し、かかる条件下では、形態は米現物納であってもそれは「観念的には貨幣化されている」。米はますます商品化していき、米で地代を搾取する地主にとって「米は金」である（この「観念的には貨幣化」云々の規定は、マルクスのいわゆる貨幣の「価値尺度機能」によるものであり、そこが呑みこめぬ平野義太郎らからは「観念論だ」というトンチンカンな批判がされる）。

この「観念的に貨幣化」している事実から櫛田はさらに展開していく。すなわち、資本主義社会における地主の目的とするところは「使用価値ではなく貨幣」である。「封建社会では使用価値目的の生産が支配的であったから、耕作者にたいして経済外の強制を用いたにしても限度があった。年貢米が支配階級所属者の諸欲望をみたすにたることがまず必要な限度であろう。だから不時の必要あれば強制を用いるかわりに減免ということも行われえた。ところが…地主化せる商人であるわが国地主にとりては…都市の発達にともなう農産物需要の増加は、小作人側の圧力にしてないならば、地主にとりては…小作料の引き上げとなるだけである。資本家社会ではすべては貨幣にかかり小作米は米であると同時に観念的に金である」。

この平易な解説は、当時の封建農奴すら連想させた小作農の実態から受ける、「資本主義以前」という認識を、冷静な眼差しから科学的にあらためていく。

重要なのは、まず農業部門だけを分析するのではなく、農業を包摂している資本主義の発展段階との関連でとらえる必要が強調されていることである。その上で生産者にたいする搾取は封建社会より資本主義社会のほうが緩やかなわけではないこと、むしろ「使用価値」目的の社会より「利潤」目的の社会の方が、米は観念的に金であるがゆえに搾取強化の衝動は無制限になっていること、ただ、資本主義社会においては直接生産者の側に団結したたかう自由が形式的にせよ存在し、「小作料ひきあげ」も「小作人の圧力」にさまたげられうること、などが示唆されている。

それでは、封建地代でも資本主義地代でもないならば、日本の小作料はどういう範疇といえるのかが問題となる。土地を耕作して農産物の売りあげから地主に地代を支はらうという農民は、理論的には生産手段を有する経営者でありながら耕作者として労働者である矛盾した存在である。この矛盾をはらんだ存在であるがゆえに、原理的には少数の農業資本家と多数の労働者に階級分化してゆき、農業資本家が農業労働者が生産した農産物の売り上げから地主に地代（資本主義地代）を支払うようになるのである。だが、日本の農業は自小作、小作が主流の状態が岩盤のように強いから複雑である。この複雑な性格を櫛田は見さだめて分析をすすめるのである。

資本主義的地代であるならば、理論的には地代を支払っても耕作者の労働力の再生産費用だけでなく、生産を拡大するための利潤が残る。しかし日本の小作料は利潤はもとより労働力の再生産費にまで食いこんでいる。土地に対する小作、自小作農民の競争の激化という、これまた「経済的」強制の結果である。

地租改正以降、むしろ自作農は減少し自小作、とりわけ小作農が増加したことをしめしながら、櫛田はこう解釈する。（小作人が土地を求め競いあうかぎり）「地主は…所有地供給の制限によって高率の地代をせしめうる。そはあたかも借り手の窮迫に乗じてうるところの暴利と異なるところがない」。「かくてわが国の高率な地代は近代的土地所有したがって土地の商品化を前提するものであって、もはや封建的な従属関係を前提しない。たとえ現在の実収小作料が収穫高の五割であって昔日の五公五民と同じだとしても、昔日のそれは経済外の強制により今日のそれは経済的強制によるがゆえに区別せられなければならぬ」。くわえて「現物納」であることは、米価騰貴の際の利益は地主だけのものとなり、農民の手元に残った米は自家消費用で市場に出せない一方で、生活資料のかなりを市場に依存せる農民は、物価の騰貴によって窮乏の度をますます強める事情も解明する。

それでは日本の小作料はいかなる範疇と規定されるべきか。櫛田の結論は「前資本主義的地代」である。すなわち「封建的地代でもなくまた資本主義的地代でもないという意味においてわが国の高率な現物納小作料は概して前資本主義的地代の範疇に入る」。この「前資本主義的地代」は日本特殊の範疇ではない。「農業が小生産者の農業を存続せしむるかぎり…現今いずれの資本家社会にも共通する。わが国小作料の特徴は、むしろその前資本主義的地代が実に支配的であることおよびとくに現物納形態を保持することである」。そして地主小作人関係も同じく「前資本主義的でなければならぬ」。

しかし、櫛田の分析のすぐれたところは「前資本主義的」階級関係を固定したものとせず、そこにはらむ矛盾の展開が資本主義的階級関係を生むことを示唆したことであった。

「前資本主義的地代がもたらしたところのものは大地主の富の蓄積であり、小寄生層としての多数の中小貸付地主であり、半ば土地を奪われた半小作人としての自小作および小作の一部のプロレタリア化である。かかる関係のもとでは農民自身に土地耕作を改良する余力なく、しかも土地および資本を集積しえた大地主階級はその資本を農業に用いないで工業に投資するがゆえに、農業においては土地生産力の発達は阻害せられるのみならず労働力それ自体が破壊せられつつある」。

こうして最後には、地主のブルジョア化と小作農民組合の伸長、農民組合のたたかいによる小作料引き下げにともなう、すくなくとも労働力再生産費を割りこまぬような資本主義的地代への接近、さらには無産政党の対農民政策の在り方などもふくめ論じたのである。事態を発展においてとらえ、そして発展させる要素に階級闘争を位置づける櫛田の態度が示唆された論文である。

なお櫛田は一九三一年に刊行されたソ連の経済学者・プレトネルの『日本における農業問題』（日本農業の生産関係は封建的なものではなく資本主義的であるとした）も参照したようで、その書評を起草したが未完のままになっていた。櫛田没後に大内が「日本農業における資本主義の発展」として『中央公論』一九三五年二月号に発表する。

7. マルクス主義の政治主義的硬直化に警鐘

「わが国小作料の特質」が発表されてから四カ月後、野呂栄太郎が「櫛田氏地代論の反動性」を『中央公論』一〇月号に発表した。講座派によるこの問題についての最初の批判である。櫛田は翌一一月に『改造』で「河上博士に答う―併せて野呂氏へ―」で簡単に、やや当惑しながら反論した。それによれば野呂は「異常なるけんまくをもってつかみかかってきた」。すなわち、地代の根拠を「土地所有の独占」でなく「土地の商品化から説明する」「土地所有を弁護する俗学的理論」であり、「土地立ち入り禁止、財産差し押さえ」等は「債権の行使」だとして「搾取行為までもブルジョア法律的に合理化せんとしている」と。野呂は数年前はすぐれた日本資本主義の分析を世に問うて嘱望された青年学究であったが、この論文では党派性丸出しに変容していた。櫛田は彼にたいしてまっとうに応えるすべもなく、彼の誤解を正すよう求めただけであった。櫛田の文章ではめずらしい「弁明」である。

すなわち「野呂氏は私をもって解党派の理論的代表者であり同派と密接な関係あるかに書いているが虚構である。解党派および日本経済研究会には、他の諸団体と同じく二、三の知人があり、理論的問題で質問をうけたことはあるが、その活動とは無関係である」。それから八カ月ほどのちに、こんどは河上から櫛田が解党派と見なされ猛烈に詰めよられ、櫛田が爆発寸前になったことは第一〇章3で紹介したとおりである。

講座派からの批判の矢は三三年だけでもつぎつぎと降りそそいだ。そのうちから落合洋三、服部之総、相川春喜にまとめて答えたのが三三年『大原雑誌』七月号の「小作料の地代範疇について（小作農は農奴か）」である。櫛田は冒頭部分で、この三人を取りあげたのは「それが新興科学の一角に再生産せられた新傾向を極端に代表」するからであるとしている。「新傾向」とは何であるかはのちに触れることにしよう。

櫛田説の批判者たちは「封建地代」か「資本主義地代」かの二者択一しかありえないという立場で共通していた。櫛田は「事物が発展するところにおいて範疇と事実との乖離は当然であり、封建地代からいきなり資本主義地代にうつることはまれだから過渡的現象として非封建的または非資本主義的地代は存在しなければならず、したがってまたかかる概念規定も当然許さるべきであり許されねばならぬ」と応えた。『資本論』では原理的に資本主義地代だけがとりあつかわれたのであって、その公式からわりきろうとする無理を指摘したわけだ。

服部之総も「封建的土地所有と資本主義的土地所有」の二つしかないから、「全剰余価値」を地主が吸収する以上日本では「封建的土地所有」だと主張した。これにたいしても櫛田は「観念的であり、機械的であり独断である」と批判する。服部がしきりと「近代的」という概念を純粋に規定したがるのにたいして、「資本にたいする土地所有の制限による絶対地代」の存在自体が「純粋に近代的」とは言えないのであって、地主の存在しない原理的に純化しきった資本主義に至らねば、服部の論法では「近代的」とはいえないのではないかと批評する。そのような「純粋概念」では「地主的土地所有の現段階が問題であるとき」に「問題は解けるだろうか」と問う。

さらに封建派の方法の粗雑さに櫛田は切りこんでゆく。彼らは「生産手段の所有者と直接生産者との直接の関係」をすべての基準としてしまう。この「直接的関係」云々は論争の初期段階（一九二九年）で野呂が猪俣を批判する際にもちだして以来、講座派の切り札となっていた。むろんこれは『資本論』第三巻の地代論の中で重要なキイワードとされているものであって、櫛田もその意義を認めるのに異論はない。しかし櫛田はこう述べる。

「階級社会の生産様式は搾取様式であり、生産諸条件の所有者が直接的生産者にたいする関係ではあるが、この『様式』『関係』の特殊形態は問題の場合いったいどうなのだ」。土地の売買・譲渡ができない場合と自由な場合でも、地主と小作人の直接の関係は同じだというなら、奴隷と奴隷主の関係も、賃労働と資本家の関係も「何もかも『直接関係』におしこむなら」、「奴隷も農奴も賃労働もなんの区別もない」ことになる。櫛田はこの件でレーニンの『ロシアにおける資本主義の発展』を服部は理解しておらず、むしろレーニンの分析「によってむしろ日本現在の土地所有がいかに封建制と異なるものであるかを知る」ことができるではないかと指摘する。

最後に櫛田みずからの党派性を、つぎのように「要約」している。

「日本小作料の特質をあるいは先資本主義的とよびあるいは半封建的と呼ぶのは、かくブルジョア化された封建地代の比重のとり方のちがいでありその根拠にして明白なるかぎり私は特別の異論をもたない。しかるにわが三氏においては小作料の地代範疇を半封建的から『封建的』に転化し、かつての日の野呂説を再生産し始めた。拙稿『わが国小作料』は元来野呂氏らの封建地代説を対象として疑問を述べたものであり、はたして氏はこれに応答せられたが、この応答ではすでに小作料は封建地代ではなく『半封建的地代』に変わっている…野呂氏さえいったん放棄した小作料封建地代範疇がいまや三氏によって…基礎づけられようとしている。かつての小作料封建地代説は、…搾取事実の強烈さを形容詞的に語ることによって一般大衆の意識を獲得しようとする実際運動家の標語をそのまま受け入れたほどのものであったが、今日の新封建地代説はそれを理論的にまた歴史的に基礎づけようとする。しかし維新以降六十余年…地主と小作人の関係が封建的統制経済のもとにおける地主小作人の関係と同じものであって…今日に継続されているというようなことは科学的に立証しうるはずはない」。

ここに指摘した傾向が、「小作料の地代範疇について」の冒頭で櫛田が「ある種の傾向」と呼んだものである。それはコミンテルンの「三二年テーゼ」（三二年夏に河上が訳出し『赤旗』に公表された）のしめした絶対主義天皇制論を、理論的に基礎づけようとする講座派の政治主義的な傾向であった。櫛田が指摘している通り、野呂栄太郎は、もともと一九二七年のデビュー論文「日本資本主義発達史」では「土地は全く資本主義的所有に転化された」とみなしていた。以降、党派的な立場から封建性を強調していったものの、地主的土地所有が私的土地所有であること自体は否定しなかった。だから櫛田からの批判に「応答」して「封建的地代」論から「半封建的地代」論に転じたかのようであった。しかしそれも「三二年テーゼ」によってもとにもどったのである。野呂のようなすぐれた理論家ですら態度を変容させた。マルクス主義を科学としてあつかおうとする者にとっては、この政治主義的傾向は問題であった。そして櫛田はいち早く警鐘をならしたのである。

この「傾向」との論争は、「封建制」については幅のある見解をしめしていたコミンテルンの「二七年テーゼ」の受けとめの相違を起点に、山川の諸論稿と猪俣―野呂論争によって展開されてはいた。ただ途中で封建的性格を否定して一段階革命戦略を示唆する「三一年テーゼ」という奇妙なものがコミンテルンからしめされ一時講座派系はとまどい、「傾向」が確定するのは、「三二年テーゼ」と山田盛太郎の『日本資本主義分析』（一九三四年二月）が出てからであった。その時猪俣はこの種論争からはひきあげていた。向坂ら労農派の学者グループ（阿部事務所）が『日本資本主義分析』の検討を開始するのは三四年秋からであったから、三三年夏に櫛田が「小作料の地代範疇」で「傾向」に警鐘をならしたのは先駆的であった。

櫛田は本稿の最後に、農村に封建的伝統が残存することは否定しないが「それにもかかわらず…日本農村における資本主義の侵入にともなう農村諸階級の分化、ことに農村小生産者または小ブルジョアとしての小作農のプロレタリア化の発展を疑うことはできない。…農村ブルジョア化の過程をぬきにした方法論的指示に私は賛成しない」と断言して筆をおいていたのである。ここに示唆された態度は、櫛田没後に主に向坂逸郎によって継承され、展開されることになる。

さて櫛田論文にたいしては、ただちに講座派の主砲・山田盛太郎が八月に配本された『日本資本主義発達史講座』の「明治維新における農業上の諸変革」で、現物納は「観念としての金納」だという説を中心に批判した。櫛田は反論「代金納は現物年貢の仮装なりや」を起草したが、それは生前には公にされることができず、没後に『櫛田民蔵全集』第三巻に収録された。また、一九三三年六月に大原研究所月次講演会で「最近時における土地所有の移行」という講演を研究所講堂でした。これも生前には公にされず、没後に『中央公論』一九三五年二月号に掲載される。

したがって、櫛田の小作料論争としては「小作料の地代範疇」が生前としては最後の公表論文となったが、「わが国小作料の特質」と本論文で、大事なことはほぼ尽くされていた。そして両論文とも、櫛田の論稿としてはもっとも論理的な透明感あるもので、その思索の深化をしめす力作であった。

第一二章　早逝と定まる「値打ち」

1.「殉職」

櫛田は、小作料論争を通じて日本農業の歴史的性格を、さらに理論的にも実証的にも掘りさげる構想をいだいたようで、そのための個別研究に精力をそそぎはじめた。その最初の研究発表が一九三四年九月一八日に大阪でおこなわれた大原研究所講演会「米生産費について」であった（『櫛田民蔵全集』第三巻に「米穀生産費の分析的考察」と題し「米生産費」の一部として所収）。同年七月に公にされた帝国農会報告書は、自作農反当稲作生産費を詳細に経営規模別に比較研究したもので、櫛田の研究にとって有意義な実証資料を提供したものだった。櫛田はこれを素材として分析する一方で、『剰余価値学説史』中のロードベルツス論、レーニンの『農業問題とマルクス批判家』などの諸文献の研究にもはげんだ（『櫛田民蔵全集』第三巻所収「米生産費にかん

1934年9月18日大原社会問題研究所講演会ポスター

するノート」)。大内によれば、農村恐慌下の東北の農家経済を視察すべく旅費まで用意していたという。

この研究が猛烈であったらしい。一〇月には終日書斎にこもるようになった。

櫛田没後すぐの大内の追悼文(「櫛田君の死」『改造』一九三四年一二月号)にはこうある。

「痔の出血があったセイでもあるが、最近では櫛田君は極めて小食で、僅かに小さいお握りを一つと肉汁を少量と果物とだけを摂っていた。彼はこんな小食を二階の書斎に運ばせて、障子をしめきり、一方の室には床をとり他方の部屋には研究資料をならべて、起きては机に対し疲れては床に入り、読んでは書き、書いては破り、天井をにらんでは考え、独りで会心の笑いをもらしてはまた筆を運んでいたそうである。家人によれば論文執筆中こんなに機嫌がよくやさしく、また論文の出来るのをこんなによろこんでいたことは嘗つてなかったという。」

よくなかったのは『大原雑誌』の原稿締めきりが迫り焦っていたことで、来月に回せばよかったのに「頑固な彼はどうしてもこの際書き終えようと決心したらしく、奥さんには、出来るよ、明日は出来るよといいながら、最後の数日殆ど毎夜を徹していたらしい。そのため便器まで二階へ運んでいたという。十一月一日の午後のことだ。二階から聞こえてくる変なうなり声をいぶかって奥様が二階へ上がって見ると、どうしたことか彼は机の前に頭を北にして倒れていたのである。積み重ねてあった百余枚の原稿は座敷いっぱいに散乱していた。…六日の午前、私は解剖台の上で、生前あまり人に見せることを好まなかった彼の裸の肉体を見た。…腹中何物をも蔵していまいかと思えた。精神が肉体を、『米生産費』が米を食う人間を、食いつくしたものらしい」。

長男克己によれば、「一〇月の一カ月ほどはなぜか夜も寝ずに机の前にいた。中旬からは階下へ降りるのも惜しみ、食事も二階へ運ばせたし、用便も二階で便器にという有様である。空気を入れかえようとするのか、夜中に雨戸をあける音がする。パジャマのうえにドテラを着た姿を時折階下に見せた。当時、中学一年の編者の頭をなで『坊は大きくなりました』といった」(『櫛田民蔵　日記と書簡』所収「櫛田民蔵年譜」)。

この死にざまは、マルクシズムと格闘して殉職したとでもいうべきか。長谷川如是閑が『経済往来』一九三四年一二月号に寄せた追悼文のタイトルは「櫛田民蔵君の殉職」であった。

こうして一一月一日、自宅二階でクモ膜下出血で原稿執筆中にたおれた櫛田は、東京帝大病院に入院した。大内の前掲追悼文によれば、病院では「どうもお腹が苦しい、なにしろ二三十年間の調査がたまっていて出ないからなァ」とか「商工会議所へ行って材料を貰って来ないとどうもわからぬ」とか「おれは目をつぶって計算をしたのだが、大丈夫、間違ってはいないよ」とかいう類のうわごとをいっていた。永眠したのは一一月五日午後七時五分。四九歳であった。

すぐ読経に駆けつけた坊さんがいた。幼い櫛田を自宅すぐの常慶寺住職として教え、その後水戸の神崎寺住職となったさい、出奔した櫛田青年を受け入れて世話をした渡辺隆善和尚だった。「棺の前に座してただ一人読経をつづけていたこの老師の姿を私はいまも忘れていない。中学一年の私に母親がいった――『お父さんの小さいときからの先生ですよ』と」（前掲　櫛田克己「櫛田民蔵素描」）。隆善和尚は一周忌にも読経に来た。

一一月七日、新宿の落合の火葬場で荼毘にふされた。また大内の名文を借りよう（前掲）。

「炎々として燃えあがる電気炉の前に白木の棺が置かれた。最後の告別をなすべく悲しみの人が並んでいる。どんな複雑な事柄の中にも何が焦点であるかを見付けるのに驚くべき力を有していたあの奇怪な脳味噌がいよいよ灰となるのだ。あらゆる皮肉と悪口雑言を一時に吐き出して誰れをも辟易させたあの不格好な口が焼かれるのだ。そして、愛する者好む者に対しては全身の力を隠すことが出来なかったあの細いやさしい眼がこの世から失くなるのだ。そんなあらゆる感情と記憶とが私の胸にも去来して茫然として自失した刹那、ガチャンという大音と共にまっ黒な鉄の扉が下りた、扉の中にはゴウゴウと一段高い焔がうなった」。

六日通夜、七日告別式には高野岩三郎、森戸辰男、久留間鮫造、大内兵衛、権田保之助、長谷川如是閑、小島祐馬、永雄策郎、細川嘉六、佐多忠隆ら旧友・同僚のほかに、つぎのような多彩な参列者が記帳している。岩波茂雄、山本実彦、島中雄作、河上秀（肇の妻）、柳瀬正夢、菊川忠雄、北沢新次郎、山名義鶴、上野道輔、舞出長五郎、三輪壽壮、河田嗣郎、河野密、河上丈太郎、矢内原忠雄、石浜知行、鈴木茂三郎など、出版界、学界、政治家はじめ各界。労農派理論家は、猪俣津南雄、向坂逸郎、有沢広巳、土屋喬雄、大森義太郎、宇野弘蔵、脇村義太郎、美濃部亮吉、岡田宗司、伊藤好道、鈴木鴻一郎とほぼフルメンバー。片や論敵・講座派系統は、服部之総、平野義太郎、山田盛太郎、小林良正、三枝博音、市川義雄、大塚金之助と居並ぶ。西雅雄、門屋博、藤井米蔵という共産党から離れ独自のスタンスにあった者もいた。草野心平、鈴木安蔵、小泉鐵は志をもって福島を後にした青年だ。代理もいたであろうが櫛田でなければあつまらない顔ぶれである。数年の内に六割近くが獄につながれることになる。

また一二月八日には大阪の大原研究所で追悼会がおこなわれ、大内が司会をつとめた。

東京多摩墓地にある墓は長谷川如是閑の書で「櫛田民蔵墓」と彫られている。また上小川の常慶寺にある櫛田家の墓に分骨され、民蔵の名が彫られている。

遺されたのは櫛田フキ（三五歳）、長女緑（一四歳）、長男克巳（一三歳）であった。

2. 偲ばれた人柄

長谷川如是閑は没後すぐ、同時に二本も追悼文を書いた。一九三四年一二月号の『中央公論』と『経済往来』である（ともに『櫛田民蔵全集』第五巻に収録）。前者ではともに仕事をした「大阪朝日」時代の櫛田が活写されている。

「学者的に―というよりもむしろ芸術家的に―潔癖な櫛田君はとうとう我慢しきれずに、一年足らずで新聞記者生活に別れを告げたのであった。…君の学者的潔癖と、事務化した新聞社に超然と学究的生活をつづけることを苦痛とする、君のデリケートの神経とは、ついに君をそこから離れせしめた。それほど君はほんとうの自分自身に忠実な人だったのである。しかして死にいたるまでその態度を貫徹した珍しい人であった」。

後者は冒頭に「櫛田君の死はまったく学徒としての殉職であった」とあり、健康を顧みぬキャラクターをこう回想していた。

「櫛田君の専門は学問の方面では、いわゆるマルクシストのように学問的障壁を高くして、マルクシズム以外を異端視するようなこともなく、むしろ同情をもってできるだけ広い範囲の基礎的研究を怠らないという態度をとり、オルソドックスの経済学の方面にも造詣深く、現に各大学で原論はじめ銀行、貨幣、交通等の諸方面を講演していたくらいだが、専門の学問以外のこととなるとむしろ偏狭と思われるほど独り合点の傾きを示すことも稀でなかった。病気のことなどもたいていは自分で判断して療法を講じていた。それについて一たび何かの信念をもつとだんじて人のいうことはきかない。…熱のあるなしは尿の色でわかると頑張って、とうとう検温器の使い方も知らないでしまった」。「学問上のマテリアリストであった櫛田君の半面には、一種のアイデアリズムが濃厚に潜んでいたようであった。…文学や芸術の方面では、櫛田君ははなはだ伝統に対する理解が深く、ことに観念的なるものにも強く心をひかれるのであった。喜んで随筆の類を読んだが同君が読んだ随筆のうちで一番心をうたれるのはケーベルの『小品集』であったと、君自らしばしばそれを語るのであった。私の創作のことを、君はよく仮面をかぶった精神主義だといったがそれをいうたびに『それでいいのだ』とつけ加えることを忘れなかった」。

草野心平は「思い出」を『社会』一九三四年一二月号に寄せた。心平は櫛田の末弟三郎と磐城中学に往復五里を暗いうちから提灯つけて通ったことを思い出しながらこう語った。

「櫛田さんの時代はもっと道も悪くそして途中の家もすくない淋しい道を一人で往復五里、弁当の風呂敷を帯に結んで通ったのである。…私達は、貧困の中で熱い勉学に燃える櫛田民蔵さんの姿をその往復に想像することが出来るような気がする。後年牛乳配達や吉原での俥ひきや、そんな仕事に平気で耐え得たのも、みんなこの往復五里時代のはげしい意欲が絶えずその内臓に燃えていたからだろうと思われるのである。四年程前私が屋台の焼き鳥屋を始めた時、屋台への寄付のお礼に何年振りかで牛込の家を訪ねたとき、櫛田さんは昔の自分を思い出しながらのように、自分はいろんな労働をやってきた。だから万一大原を馘になっても家族とその日暮らしをするだけのことは、どんなことをしたって行ける積もりだ、そんなようなことを話していた」。克巳によれば、焼き鳥屋は一九三一年に開業したが一年後には閉店してしまった。寄付は五円だったとか。

心平らしい文もある。「いつか神楽坂に牛肉をつつきに行ったことがあった。恰度築土八幡の停留所に出る近くの溝へ私が立小便を始めると、気づかずに行った櫛田さんがもどってきて私と並んで小便をした。それは昼間だった。一足先に済んだ私は氏の頭の上にチョコンと載っかっている色あせた安っぽい鳥打を見ていた。この鳥打も忘れられない。矢っ張り冠るというよりはチョコンとのっけて、私の屋台の暖簾から現れたことがあった。その時は豚の肝臓を食って行った」。昭和初期とは言え神楽坂は東京きっての花街だった。かなりの蛮勇である。

もっとも古くからの親友・権田保之助は「櫛田君の思い出」を『改造』同年一二月号に寄せた。

「櫛田君は一見常識を逸脱した所があるやうで、實は大なる常識家であり、もっとも義理堅い人であった。…銭湯へ行ってはよく他人の下駄を履いて帰ったり…甚しい時は他人の着物を着て帰って来て、奥さんを面食らわせたことが度々あったやうであるが、しかし夫等は生活上些末な事柄でどうでもいいと思はれることに就いてのみであって、重要な事になると決して其のやうな放心は示さざるのみか、却って何人よりも一番に細心で注意深かった。議論も亦、脱線や飛躍を極度に嫌って、何処までも常識的な堅実な風格を維持し来た」。

「所謂立志伝中の人物が事毎に『艱難汝を玉にす』といったやうなことを後進に説いてゐるのに対して、櫛田君は『艱難は汝を瓦にする。決して艱難なぞさせるべきものではない。僕も馬鹿馬鹿しい艱難なぞさせられて、こんな曲った根性になってゐる。呑気に楽な生涯ですくすくと育った人が本当に羨ましい』と云ってゐた。櫛田君にはいい所が多くある。しかし其の中でも最もいい点は此れだと、私は思ってゐる」。

「一頃、『東京』文化に憧れて、江戸趣味の色物寄席に通ったこともあったが、近頃では映画のチャンバラ趣味が櫛田君を捉へてゐた。外国映画も現代日本映画も同君には風馬牛、大河内伝次郎、河辺五郎のあの剣戟一本調子であった。最近最も喜んで読んでゐたのは東京朝日の夕刊に連載されて居た大佛次郎の『水戸黄門』で、これ許りはどんなに忙しくともいち早く読んでゐたとの事、殊にその中の不死身の立花甚左衛門が大の贔屓で、自ら甚左を以って任じてゐたとの事である」。

　大原社研の俊英・森戸辰男は『中央公論』一九三四年一二月号に「櫛田君の学問的風格」を寄せた。

「櫛田君の真骨頂は闘士櫛田であって、閉門脩史に終始する書斎への遁亡者では決してない。櫛田君が時折ばかに頑丈な赤靴をはいてゐるのを見た人があらう。あの靴をベルリンで買うた折、他日にこれをはいて故国の街頭に立つであらう時を想像しながら、さも嬉しげに私に話かけたことを今でもはっきり記憶してゐる。其後における時勢の逆転はむざんにもかかる想像を粉砕してしまった。そして櫛田君もまたかき消えた幻影を夢遊病者的に追求することをしなかった。…彼は現実における可能事と不可能事の限界を見定めるに足る十分の眼識を備へてゐたから。かやうにして櫛田君の理性はその実践的闘志を緊縛した。閉門脩史する櫛田君の姿は恰も鎖に繋がれたプロメチウスの姿であった。

　だが、実践的闘志の緊縛はそれだけ熾烈に彼の学問的闘志を燃えさからせた。しかも客観的な社会的制約は、彼に残されたこの学問的闘志をさへも愈愈抑圧し押隠さざるをえざらしめたのである。彼の本性に逆うたこの努力において、櫛田君はどれだけ彼の精根を揩り減らしたことであらう。年毎に深まり行ったかに見える櫛田君の顔の憂色は、それが彼の多くの知人の暗い運命の反映でないとすれば、きっと彼のこの内的苦悩の投じた暗影であったに違ひない。が同時に又、櫛田君の学問的研究に、その無味乾燥であるべき調査的労作にさへ、いなその沈黙にまでも、異常の魅力と迫力を與へてゐるものは、実に、強い意志力に自制せられて、地火のやうに灼熱する彼の不屈の階級的闘志に外ならないのである」。

差額地代論において「農村プロレタリアの立場」に立とうとするあまりに混乱した姿（第一一章3）は、「プロメチウスの鎖」が一時ゆるんだというべきか。

弟子筋の佐多忠隆はこう追悼した。「櫛田さんは…高野先生と長谷川如是閑氏とを彼の理想的親方と思っておられたやうだ。…どこに就職しても気に喰はぬことや都合の悪いことがあれば、さっさとその椅子を投げ出せたのは、ひとつは、このやうな親方が背後に控えてゐたからである。近頃は資本主義的になったせいか、こんな親方がゐなくなった。その点君たちのやうな近ごろの若い人々は可哀想だ、とよく話された」。

没後百箇日にフキは絶筆となった「米生産費の研究」の冊子化（娘・緑の櫛田書見のスケッチ付き）。したものと、櫛田の書き入れなどがある手択蔵書を形見分けとして各方面に贈った。山川均、大森義太郎などからの礼状が草野心平記念館に保存されている。

「学者各々信ずるところがあって、すみからすみまで学説が一致するといふことはどんな親友の間にもありませ

長女・緑によるスケッチ書斎の父。草野心平記念文学館所蔵

ん。しかし…私は、櫛田さんが執筆の最中に倒れられたといふことだけで、すでに故人の究学精神の態度が表はれてゐるやうで、深く敬意を表するものです。…地味な学風をもって、しばしば前人未踏の領域を開拓され、ジャーナリズムの手には一切乗らずどこまでも学者として終始された態度は、私もまた今後よく学んで行きたいと思ひます」（大塚金之助）。大塚は講座派の論客で東京商大助教授だったが投獄されて職を辞した。この礼状は出獄後間もない時期と思われる。

「先生去って百か日になるとは早いのに驚きました。先生の御教示を頼りにしておりました私は、『櫛田先生、五十歳では早すぎた』と口ぐせの様に言って家の者に笑はれております」（向坂逸郎）。

3．家族のこと河上肇のこと

櫛田は家族のことは忘れたかのごとく日常生活すべてが研究の日々だった。

「姉と私との二人の子どもたちと、この父親は日常生活のなかでも交流をもたなかった。二階からおりてきて『坊は勉強していますか、しっかりやりなさい』というほどのものであった。…廊下で私に『父はまだ死ねません。やることがたくさんある』といって頭をなでたこともあった。子どもにとってはこわかったこの父親の言葉はめずらしく、だから私はこのときのことをいまも忘れないでいる」（櫛田克己「櫛田民蔵素描」）。

こんな日々だったから、今までの記述でも家族の登場の機会はすくなかった。他人にも家族のことは口にしなかったようで、向坂逸郎ですら「櫛田さんは令息や令嬢の話をされたことがない。だから令息や令嬢があるということを、はじめには知らなかった」という。

そこで家族についてすこしふれておこう。

櫛田にはもう一人、次男・民弥がいたが、一九二七年四月九日に病気で失っていた。克巳は櫛田が没する年には一中を落第し早稲田中学に入っていた。

フキはこう回想している。（櫛田の）「思索を乱すまいと、はれものにさわるような細心の心づかいが私の妻としての一生だったようだ。夜更し朝寝坊だった夫の眠りを妨げまいと、どんな小さな音もたてないように気を使った。子どものことはもちろん、親戚、近隣のつきあいは一切わたしが引きうけて、夫とそれらの間に垣をつくってしまった。夫はそれをよいことにして、学問ゆえに変人扱いにされたのは、その責がわたしにあったように申しわけなく思う。子どもたちと仲のよいわたしを『子どもがよくなついていいね』と羨ましがったのを気の毒に思い出している」。「夫のよいところは、子どもの前では決して私を叱ったり、バカ扱いにしなかったことだ。『坊のお母さんはえらいお母さんだよ、世界一よいお母さんだから何でもお母さんに聞きなさい』と口ぐせのようにいっていた。このひとことに裏づけられてわたしは、むつかしい子どもたちの思春期の躾や教育を無事に果たすことができた。『母への信頼』を夫がつくってくれたことはどんなに感謝しても足りない。早く先立つことを予感したかのように『とうの本を売ると坊の学資になる』ともいっていた。その通りになってしまった」（前掲『たくさんの足音』）。一六歳も年下のフキの当時の懸命さが偲ばれる。

しかし櫛田は克巳を心にはかけていた。一九三二年に末弟三郎にあてた手紙にはこうある。「克巳はチビだ。チビの方は来年中学の試験受けるわけだが、例により官立はむつかしいかもしれぬ。家内はそればかり気にしておる」。この手紙を『櫛田民蔵　日記と書簡』に収録するさい、克巳は「『例により』ということはマルクス学者の子ということで、官学ではきらわれる、と民蔵は考えていた」と注を附している。同じく三郎宛の一九三四年二月の手紙には（克巳は）「一中落第、早稲田へ入学、淀橋小学は一番で卒業、ご安心乞付…。克巳以下での卒業生が十名も官公立校に入学できたのに克巳の一中落第は残念だといって、一中崇拝の愚妻は大こぼしでしたが、この頃収まってゐます」とある。

櫛田が没する一年ほど前の一九三三年一〇月二四日、「まったくめずらしく、妻子をともない、秋の日を東京郊外飯能の武蔵野の野辺に遊ぶ。…静かな田園を民蔵は例のように、和服、ハンチング、ステッキ姿。むっつりと黙って歩く。二階の書斎にこもりきりのこの父と歩くのは、子どもたちにとって奇異な感じのする一日でさえあった。妻フキはこの日の日付けを忘れたことはない」（前掲、克巳の回想『櫛田民蔵　日記と書簡』所収「櫛田民蔵年譜」）。いわきに帰省した際には、小名浜の海水浴に子連れでいったことはあるが、家族と時間をとって遊びにでかけたのはこれが最初で最後だったらしい。

実はこの年の一月に河上が検挙されていた。三月には大原研究所の越智道順と細川嘉六が検挙され、研究所は資料取りあつかいや外国からの左翼文献の購入など神経を使うようになっていた。左翼文献も以前なら輸入は大目に見られていたが、きびしくなってきて、ベルリンの古書店主・シュトライザントは、表紙を破り検閲の眼をくぐり日本に送本することもあった。櫛田の良き論敵であった野呂栄太郎は一九三三年一一月二八日に検挙され病身を故意に放置され翌年二月に獄死した。満州事変による社会のファッショ化は一段と深刻化していた。最早実際運動に関与しているかどうかではなく、どのような思想を保持しているかが問題とされはじめていた。「特高がよく家に来たが、母から『お父さんは世の中のためになる正しい学問をしている人』と聞かされていたし、子ども心に『貧乏人の味方をする学問をしている人』と信じていた」（前掲「櫛田民蔵素描」）。

櫛田もいつ何時わが身にも官憲の手が伸びるかと、何かしらの覚悟も秘めながらの家族との小旅行であったのかもしれない。

フキは克巳の急逝後「夫に内緒でかけていた生命保険」と、旧友たちが刊行した『櫛田民蔵全集』の収益、蔵書の東北帝大への売却などにくわえ、洋裁で弟子をとり仕立物もして収入を得た。そちらの方は一年で挫折したが、ともかく克巳を早稲田へ、娘を女子学院からＹＷＣＡの体育部へ進学させた。

なお、櫛田の蔵書約七千冊は、高野と東北大教授になっていた宇野弘蔵の線で、東北大が三千円で買いとることになった。それにはマルクスの手拓本である『哲学の貧困』もふくまれていた。戦後向坂逸郎が訪ソの折、そのコピーをモスクワのマルクス・エンゲルス・レーニン主義研究所に土産で持参してよろこばれた。

さて、櫛田逝くの報は獄中の河上にもとどいた。一一月二〇日に河上秀宛ての獄中からの書簡で「外に居たならば同君を憶ふ一文を何かに載せ得たでせうが、今は何事にも思ふに任しません。先きで一度追憶を書きたいと思ひますから、記念になるやうな書類は自由を得た際に見せて頂きたいと申して居ると奥様に伝へてください」とあった。また一二月二日の次女芳子宛獄中書簡で、「卒然たる友人の死を機会に…私の一生を特徴づけている私の心の特殊な働き」を「メンタルヒストリー」として残しておきたいと述べていた。櫛田との交流と真剣な論争は河上の人生そのものであり、櫛田の死は河上にかなり大きな心理的作用をおよぼしたことはまちがいない。

また櫛田の一周忌に際してやはり獄中から秀夫人宛の書簡で「出獄したら一度櫛田君の小伝を書いて置いてあげようかなどと思って見る」とあった。これが「河上肇より櫛田民蔵への書簡集」およびそれに付した「思出」として後年実るのである。

4. 棺を蓋いて事定まる
――『全集』刊行と論戦継続

櫛田の業績を残す努力はただちにはじまった。まずは没後に発見された直近の遺稿の整理と『中央公論』や『改造』の一九三五年二月号などへの発表である。「代金納は現物年貢の仮装なりや　山田盛太郎の批評に答う」、「最近時における土地所有の移行」、「日本農業における資本主義の発展―プレトネル『日本における農業問題』論評」である。また地代論争にかんする遺稿であるが「過渡期における現物納地代の意義」も『改造』三月号に発表された。

同時に『全集』の編纂作業が開始された。執筆途上で倒れた「米生産費」については、そのまま雑誌に発表というわけにはいかず、大内らの手によって『全集』用に整理・補正された。

『全集』刊行にあたっては、大内と権田保之助で相談して改造社との交渉を二人でおこなうことと、編集事務を佐多忠隆に依頼することにした。

『全集』第五巻（最終配本）の大内の「編集後記」によれば、出版は改造社の山本が引きうけた。雑誌『改造』への寄稿は四回だけで、同僚にくらべればとてもすくなかった。しかもマルクス関係で売れゆきが上がった時代は終わり、むしろその方面には風あたりが強まっていた時期に、ジャーナリズム向けの文章ではない櫛田の『全集』出版をよく引きうけたものだ。「材料の収集や、清書はもちろん、解題を書くことから校正までの事務」は「佐多忠隆君が、これもまた異常の熱意をもって、やってくれるということになった」。佐多は櫛田のもとで、大原研究所の研究員としてもっぱらマルクス・エンゲルス、カウツキーなどの翻訳と総合雑誌への寄稿で身を立てていた。

三回目の刊行である社会主義協会版の『全集』では、各巻冒頭の「編者序説」筆者はすべて大内兵衛の名になっているが、この初版と戦後すぐ復刻された第二版ではいずれも「編者序説」の筆者は「編者」としか記していない。また佐多忠隆の記念誌『雷魚のかば焼』にある正木千冬によれば、五巻以外の「編者序説」はすべて佐多の執筆とされている。大内の「編集後記」の記述とあわせると、やはり佐多の執筆が主と考えられる。初版の編集者は、高野岩三郎、長谷川如是閑、権田保之助、森戸辰男、大内兵衛となっているが大内をのぞいては名前だけが多かったと思われる。クロース装丁で背文字は金箔の立派なものである。

それはともかく第一回配本（第三巻「農業問題」）は没後わずか四カ月後の一九三五年三月に刊行された。大内によれば第一回配本は「売れ行きの成績も悪くなかったらしく、学界には好評を博した。ついで第二巻（「価値及び貨幣」）、第一巻（「唯物史観」）、第四巻（「社会問題」）を一カ月に一冊ずつ出し、それぞれ相当の成績であったから予定より一巻を増して」、第五巻「軍事税および戦時経済」が三五年七月に刊行されることになった。

なお櫛田の業績のほとんどを網羅しえたとはいえ、「『共産党宣言』の研究」だけは発禁を慮って収録できなかった。七カ月後には二・二六事件が迫っていた。

『全集』には高い評価が寄せられたが、書評をいくつか紹介しよう。

『全集』第三巻「農業問題」への書評は近藤康夫が書いた（『帝大新聞』一九三五年四月二八日）。

近藤は当時東京帝大助教授。資本主義論争には関与しなかったが、農業経済学者として労農派、講座派問わず戦後は高い評価を得た人物である。近藤は櫛田と山田盛太郎の見解の相違をこう判定した。

「何れが正しいか歴史が示してくれるであらう。山田氏が我国経済にいつも後方で牽制的に作用…してゐるところの要素を指摘するは意味あることであるけれども、…それが我国資本主義の基礎なりとするは一つの社会において農業が占め得る役割について過重評価に陥るものではなからうか。櫛田氏は資本主義経済が支配的となってゐる国において、農業のみが封建的たり得ない、農業においても貨幣が一般に価値尺度たる地位を占めてゐるといふ見地において山田氏の見解に反対してゐる。勿論櫛田氏においても農村における半封建性は認められ剰余価値の主要部分が地代となってゐることは認めるけれどもそれは身分的関係の結果ではなくて、契約関係に立つものであり、土地に対する小作農の競争といふ経済的競争が経済外的強制となるものであるとしてゐる」。「本書を一読して今更ながら感ずることは、著者が問題に向かってひたむきに突進してゐる良心的態度である」。よく勘所を突いた櫛田評価である。また「櫛田氏がその勉強ぶりに於てむしろ奇行的であった」と指摘し、「その身体に対してもっと忠実で」あればよかったのにと「自ら戒心」をこめて付言していた。ちなみに近藤は一〇六歳まで生きた。

猪俣津南雄は『全集』全五巻の新聞書評を書いた（掲載紙不明）。執筆は一九三五年秋頃と思われるが、猪俣はすでに資本主義論争からはひきあげ、アジア的生産様式論の角度から労農派でも講座派でもない第三の道をいく風であった。小作料の性格つけと差額地代論争ではたまたま櫛田と同じ理解で臨んだが、気脈を通じていたわけではない。にもかかわらずつぎのような高い評価をしていた。

「学徒の研究的熱意と学問的良心とがジャーナリズムのために損はれやすいこと日本の如聞くには多くないのだが、そのジャーナリズムと交渉を持ちながら、それの一切の悪影響から超然としてゐた櫛田氏であった。思ひつき程度のものを理論がましく書き立てたもの、セクト意識に根差した批判、論争のための論争、さうした低調な言説は、この全集のどこを探しても見当たらぬ。櫛田氏ほどよく論争した人も珍しいが、氏はそれを真理のための争ひとして一貫していた」。

このくだりは資本主義論争の過度の党派性に何か不満を感じて、一歩距離を置いた猪俣の心境がにじみ出ている。「日本におけるマルクス研究を最高の国際的水準にまで高めた学問的運動全体の、もっとも傑出した部分を代表する」。「心から真理を愛する学徒が故に大成を期する学徒があって、基礎的な勉強のために何を読まうかとたづねるとしたら、私は躊躇なく『櫛田を読め』と答へたい」。他者に理論的に同調することなく孤高を保った猪俣にしては、最大級の賛辞であろう。

さて、櫛田は世を去ったが、櫛田の小作料論にたいする平野義太郎、相川春喜ら講座派からの批判はなお止まなかった。まずこれに反撃したのは大内であった。彼は『改造』一九三五年一一月号に「櫛田氏に対する『事実上の虚偽』の誣告について」を寄せ平野義太郎の櫛田批判に論駁した。この種論争には口をはさまなかった大内にしてはめずらしい。

そして櫛田説をさらに発展させ全面的に反撃に出たのは向坂逸郎だった。櫛田が矢面に立った封建論争が佳境に入ってからすでに三~四年たち、講座派の経典と言われた山田盛太郎の『日本資本主義分析』が刊行されてから二年近くたっていたころもなお、向坂は論争に参加しなかった。その向坂が「『日本資本主義分析』における方法論」(『改造』一九三五年一〇月号)を引っ提げて堰を切ったように猛然と論争にくわわったのは、櫛田民蔵亡きあとに彼の説を擁護する有力な論者が不在になったことも一因ではないだろうか。その後向坂は『中央公論』一九三五年一二月号の「資本主義における構造的変化の問題」や翌一九三六年『改造』四月号での「農民の歴史的性質」、『サラリーマン』五月号での「『封建派』批判・余論」、『中央公論』一一月号での「資本家的農業経営について」、『日本経済四季報』一一月刊での「農民層分解の一研究」など立てつづけに、櫛田批判への反駁を心がけた論争文を執筆した。

たとえば、「農民の歴史的性質」では櫛田説を援用してつぎのように平野を批判している。

「封建的性質が残存していることについては…何人もも

んだいなく承認しており、したがってわれわれがこれを半封建的性質という場合には、農村経済機構をさして、『範疇として』封建的ともいうべからず、しかもなお『範疇として』資本主義的ともいうべからざる状態にあるとする」。それは「前者が崩壊しつつ後者に移行せる状態」であって、「過渡的な具体的な現象について半というのである。一つの範疇に属しないとすれば、他の範疇に属しなければならぬという考え方は、発展の法則を忘れた公式論である」。「小作農は…生産手段の自由なる所有者として独立の農民であり…かかるものとして資本家と同一の性質をもち、…賃金労働者の性質をもつ。正確にいえば、この二つに分解発展すべき性質を内在している」。この「農民の二重の立場」とは、レーニンも強調したことであって、「農民の内部にある経営主的傾向とプロレタリア的傾向の対立」であり、このことをナロードニキはまったく理解できず、ロシアにおける資本主義の発展の傾向を認識できなかった。山田盛太郎、平野義太郎らもナロードニキと変わりない、と。

また『日本資本主義の諸問題』（一九三七）収録の「第四章　土地所有の近代化」では、地主は資本主義社会においても土地を公有化しないかぎり、本質的に封建的存在として存続する。ところが山田盛太郎と平野義太郎は「地主のブルジョア化」＝封建的性質の消失と誤解した。だから「絶対主義」を論証するためには何としても「地主のブルジョア化」を否定しなければならぬ自縄自縛に陥ったと指摘した。これも櫛田が説いたことであった。

このように向坂は、櫛田の示唆に立脚し、「半封建的」存在にはかならず階級分化にみちびく矛盾が働くこと、その分化の形態はその国の資本主義発達の歴史的性格によることなどを解明して、櫛田の弔い合戦で論敵を圧した。

このほか、主に平野を対象にして、例の現物地代も「観念において金である」なる櫛田の規定を「観念論」と的外れに批判したことをとらえ、「平野氏はマルクスの貨幣論をまったく知らない」とやっつけたり、櫛田の小作料の性質規定は「流通関係」からする「流通主義」だという批判も再三取りあげて反駁した。

櫛田の時代は論争の時代であり多かれ少なかれ「党派性」が、時には本人の意思とは無関係に押印された。そして日本資本主義論争では、櫛田は講座派にたいする労農派の論客として後世一般的にみなされるようになった。櫛田にとってはどうでもいいことであったろうが、最後に晩年の彼の客観的な位置をまとめておこう。

「労農派」という表現自体が幅の広い人びとを包摂しうるものであったが、雑誌『労農』の同人ないし『労農』廃刊後も『前進』、『先駆』へと継承された同人の流れがいわば狭義の「労農派」であった。その同人も宗派的なものではなく、無産政党、労働組合、農民組合の運動との関係で、首尾一貫した理論的指針を研究するシンク・タンクのような存在であった（拙著『労農派マルクス主義』上下参照）。櫛田は同人的組織にはまったく関与していない。『マルクス・エンゲルス全集』編纂問題では、向坂や大森とは対抗する五社聯盟版に尽力した。河上への理論的な批判を強め、河上が再建日本共産党関係に傾倒しはじめても、しばらくは関係を絶やさなかった。強いて研究の共同の場としては大原社会問題研究所の研究員たちと雑誌『我等』の同人であった。

しかし櫛田は徹底的に自主的にマルクス・エンゲルスに対しようとした存在だった。その態度は、結果として小作料論争から講座派系への批判となり、とりわけ「三二年テーゼ」に依拠した講座派の傾向への意識的な対決につらなっていった。その内容は、やはり結果として厳密なる「労農派」の主砲・向坂逸郎のそれとほぼ同じ認識となったのである。しかし向坂の論争参加が遅れたせいもあって、講座派関係者からは、あるいは河上からも、櫛田は「労農派」ではなくして「解党派」（労働者派）としてあつかわれた。

ただ、広義の労農派との関係が深まる機会がなかったわけではない。それは一九三一年初から活動をはじめた「阿部事務所」である。いわゆる「労農派教授グループ」と呼ばれ、一九三八年の第二次人民戦線事件で検挙される三八名の中枢である。大内、美濃部亮吉、有沢広巳、脇村義太郎、芹澤彪衛、高橋正雄、阿部勇らで、純粋な研究集団であった。それでも当時の時世で警戒しメンバーも厳選し、大学を追われていた向坂と大森だけは札付きながら出入り自由だった。世界の情勢分析をし、総合雑誌に発表していた。櫛田の後追いながらも、資本主義論争の研究会も開いていた。大内と櫛田の人間関係からして、この研究会にはさそわれる可能性もあったと思われる。ただあまりに大物すぎて敬遠されたかもしれない。しかし早逝してしまった。

なお、『労農』同人でもなく、阿部事務所にも無関係だったが、徹底的な実証主義で講座派の見解に疑問をいだき、やはり結果的に櫛田や向坂と同じ認識にたって講座派批判をした人物に土屋喬雄がいた。彼は東大学生時代に櫛田のドイツ語経済学の演習に出席したが、以降は櫛田との関係はなく、小作料論争のころ古本屋で市が立つと、農業関係資料をあさりにいって顔あわせした程度だったようだ。

しかし没後の向坂による猛烈な講座派批判は、櫛田の業績を咀嚼した弔い合戦でもあり、櫛田は論壇では死して「労農派」の戦列に加えられた感があった。

5．その後―河上肇書簡集など

一九三七年六月に河上が出獄した。しばらく謹慎したあと、翌三八年一〇月から出獄のあいさつまわりをはじめるが、最初におとずれたのは櫛田フキのもとであった。翌年四月には櫛田宅をたずねた際に、夫人から櫛田宛の河上書簡の束をあずかった。河上は二六四通に上る手紙を整理し、解説と注釈を附す作業をし、一五〇字詰め原稿用紙九六枚の「櫛田民蔵君に送れる書簡についての思ひ出」（本評伝でたびたび引用した「思出」）としてまとめ、七月にフキ夫人に進呈し手紙は返却した（法政大学大原社会問題研究所所蔵）。

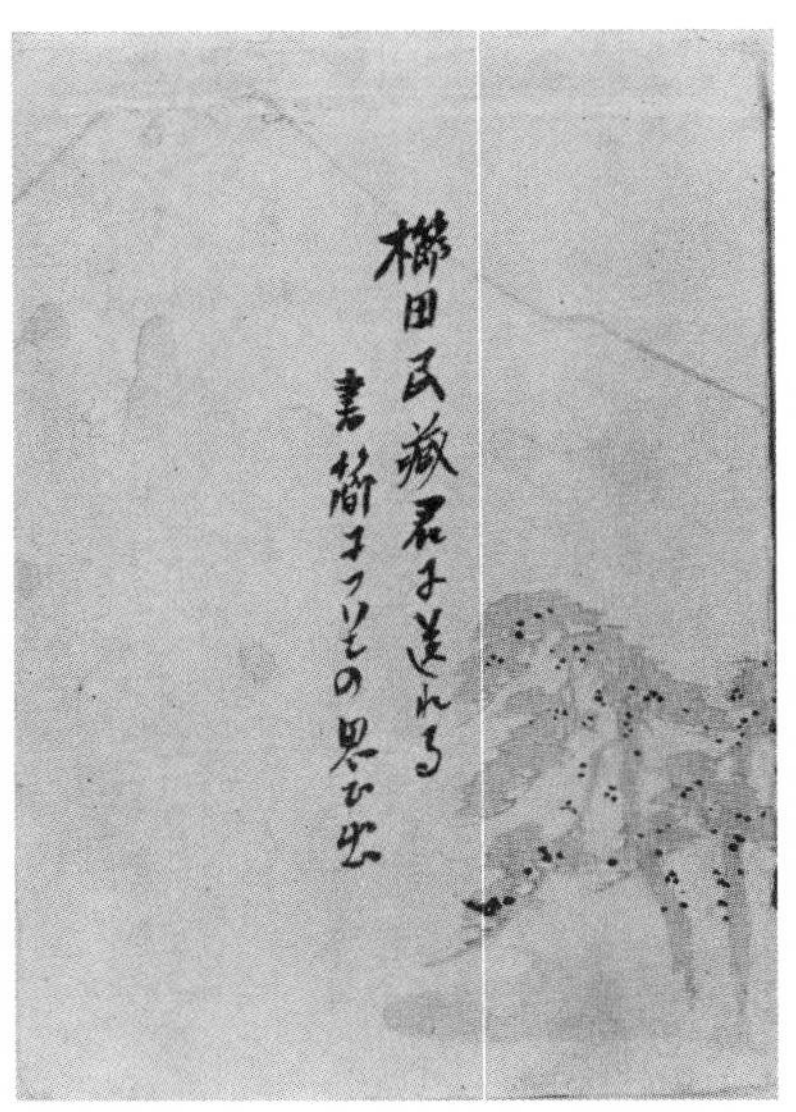

河上肇が櫛田フキに託した「櫛田民蔵君に送れる書簡についての思ひ出」原稿の表紙

『河上肇全集』第二四巻の杉原四郎の解題はこう述べている。「河上がこの『書簡集』を作成したことは、結果的に見ると彼が『自叙伝』…を書くための準備作業をはたしたことになる。…元来河上が自分の『こころの歴史』を書きのこしておきたいと思い立ったのは、櫛田の死を獄中で知ったのが動機であった。…もし河上がこの櫛田への書簡集を入手することができなかったとすれば、彼の『自叙伝』はたとえ書かれたとしてもかなりちがった内容になっていたであろうと思われる」。

「思出」では、櫛田からの批判に応える自分の率直な心境も吐露し、櫛田を口ぎたなくののしることもない。それは櫛田との書簡のやりとりは、二人が政治的に決定的に別の道を行く直前までであったためもあろう。フキ夫人にすべてあずけたことからもわかるように、河上はこれを公にすることは予定していなかったのではないか。しかし櫛田宛書簡が大きな刺激となったと思われる『自叙伝』では、紹介したようにかなり感情的に櫛田をこき下ろしている。しかも三回ほど櫛田の法要に参列はしたものの、浅野晃や藤井米造と顔を合わせることへの不快感まで吐露している。この落差の大きさも河上らしいが、ともかく櫛田はよ

長男・櫛田克己　1983年

きにつけ悪しきにつけ河上にとっては他に例を見ない肉体連結感のある存在だったことはまちがいない。

河上は敗戦後間もなく、一九四六年一月三〇日に没した。フキ夫人は書簡と「思出」の原稿を大内に託した。これを読んだ大内は「感慨多少ならざるものを覚えた。それは、ただに偉大なる先生と偉大なる弟子との交情についての感動ばかりではない。偉大なる学者の自己鍛錬と自己革命との努力が如何にして遂げられらかの秘密を、明治大正昭和を通じてのわが学界の巨星河上先生自身から聞いてゐるやうなうれしさに私の心緒がふるへたのである」（大内兵衛編『河上肇より櫛田民蔵への手紙』一九四七年　鎌倉文庫「編者のことば」）。かくて大内によってこの貴重な資料は世にだされることになった。

『朝日評論』一九四九年九月号には、長谷川、大内、小島祐馬の座談会「河上肇と櫛田民蔵」が掲載された。これは本評伝でもたびたび引用したが、両者をよく知る人物による河上『自叙伝』における櫛田理解への訂正をも意識したものであった。

また、一九四七年には改造社から『櫛田民蔵全集』全五巻が復刻された。大原社研の柏木の倉庫奥深くしまわれていた「『共産党宣言』の研究」はまだ発見されず、この復刻版にも収録されなかった。陽の目をみるのは、大内兵衛の補筆・監修による青木書店版と、長男・櫛田克己によって編纂され社会主義協会から刊行された三回目の『櫛田民蔵全集』第一巻（一九七八年六月）である。

なお、櫛田克己はこの三回目の『全集』をしあげ、さらに『櫛田民蔵　日記と書簡』という九百頁近い大作を編纂して一九八四年一二月に社会主義協会から上梓した。そして一月もたたぬ翌八五年一月二日に倒れ、四時間ばかりで六四歳の生涯を閉じた。その二二日後に『全集』と『日記と書簡』の出版を発起し、克巳に編纂を依頼した向坂逸郎が生涯を終えた。

櫛田フキは戦後、婦人民主クラブ結成に参画したあと、

婦人団体連合会、新日本婦人の会など女性運動にかかわり、
二〇〇一年二月五日に長寿をまっとうした。

執筆を終えて

日本の社会主義運動に多くの足跡を遺した山川均と、マルクス経済学の一山脈を形成した向坂逸郎の評伝を上梓して、私の仕事は一段落と思っていた。しかし、日本のマルクス主義の先覚者で一人気がかりな人物がいた。それが櫛田民蔵だった。

櫛田民蔵の長男の故克己さんとは、克己さんが九〇〇頁近い大冊・『櫛田民蔵・日記と書簡』を一九八四年秋にしあげた直後、四谷にあった社会主義協会の本部で机を並べて仕事をさせていただいたことがある。私は雑誌『社会主義』の編集部に入局したばかりであった。分厚いレンズの眼鏡をかけ、あまりおもしろくない冗談を口にされ、物静かにお仕事をされていた。お酒の好きな方で、古風な銀色のポケット容器も携帯されていたように記憶する。私は下戸なものだから、まったくお付き合いもできなかった。

ところが、お近づきになりかけて間もなく、一九八五年一月二日に六三歳の若さで急逝された。今から思えば、櫛田民蔵のことについてたくさんうかがっておけばよかったのにと、思う。

だが、当時私は三〇代にさしかかったばかりの生意気盛り。櫛田民蔵の著作は読んでもいなかった。『櫛田民蔵全集』全五巻の刊行は、一九七七年に向坂先生が櫛田克己さんに勧めたもので、克巳さんはそれから協会本部を仕事場として打ちこんでおられたのだが、当時の私は興味はなかった。いわゆる「社会主義協会規制」の嵐が吹き荒れたあとで、協会の出版物の売れ行きも芳しくなくなりはじめたころで、向坂先生の「鶴の一声」とはいえ、「こんな高い全集が売れるのだろうか」と内心疑っていた。

それから四〇余年を経て、櫛田民蔵の論稿を真面目に読んで、当時の若気の至りに気がつかされた。なるほど櫛田民蔵の業績を無理をおしてでも世に遺しておいた値打ちはあったのだ。

拙著にとりくんだのも、私の小生意気さの罪滅ぼしみたようなものである。

さて、堺利彦、荒畑寒村は大勢の方が論じてこられたし、『寒村自伝』を超えるものなど誰にも書けない。大森義太郎は、ご子息・映さんによる伝記がある。やや冷遇されてきたのは猪俣津南雄であるが、彼は「日記」や書簡などがほとんど現存していないようで、全体像をつかむ素材に乏しい。

だが、実力がありかつ文献が遺されているわりには照明があたらない人物は櫛田民蔵である。評伝執筆の材料は豊富だ。『櫛田民蔵全集』全五巻と、その社会主義協会版にあわせて編纂された大部の『櫛田民蔵・日記と書簡』は、その収録の完ぺきさで『山川均全集』にならぶ。巻数が少ないのは、櫛田は一冊の単行本も遺さなかったし寡作であったうえ、山川よりずっと短命だったからである。河上肇からの残存する全書簡も公にされている。櫛田の理論的人生の半分は河上肇との切磋琢磨だったたから、これも貴重である。

ただ、評伝の仕事では不可欠の来信などの第一次資料の所在がわからなかった。山川と向坂のそれは親族や関係者の努力で相当数が保存されているが、実際運動にはかかわらなかった櫛田の場合は少ないとは想像した。それにしても、これだけの人物だ。何か遺っているにちがいないと、お宝探しの蟲がうずいた。

フキさんは二〇年程前に亡くなられ、克巳さんと親しくしていた方の多くも鬼籍にはいられていた。櫛田家の末裔の方に伺っても、代が離れすぎていてわからない。終の棲家となった大原社会問題研究所には意外と見あたらなかった。蔵書は東北大学図書館に寄贈され、貴重なマルクスの手拓本などはあるが、一次資料はないようだった。

糸を手繰っていくうちに、櫛田民蔵の弟、政松の孫の櫛田啓子さんといわき市の草野心平記念文学館の小野浩さんが、櫛田フキさんが保管しておられた遺品を長女の緑さんから引き取り、草野心平記念文学館に収めていたことがわかった。多数の来信、研究ノートなど貴重な一次資料が、郷里で大事に保管されていたのである。櫛田啓子さんと小野浩さんのご努力がなければ、これらはまとめて閲覧することは困難になっていたであろう。拙著もこの資料に裨益すること大であった。この種の資料は自治体の予算が削られ、公共施設では保管に消極的になっていると聞くが、いわき市は立派である。

いわきでは、お二人のほかにも櫛田の業績を遺すため多くの方が努力されている。聞き取りに協力いただいた国府田英二さん、櫛田啓子さんをご紹介いただいた佐藤龍彦さんはじめお世話になった皆さんに御礼を申し上げる。

なお、櫛田啓子宅は民蔵の生家を改築したもので部屋の一部は昔のままである。蔵と外の旧手洗いはその時代のもので蔵（本文一五頁写真）にはゆかりのものが眠っているかもしれない。

先達の伝記をものそうとすれば、彼らが論じたマルクス・エンゲルスの著作にある程度は通じていなければならないので、自分の勉強になる。当方もそれなりに半世紀来その種の著作をひもといてきたが、実は節穴からのぞいていたようなものだと反省しきりである。

幾つになって読んでも新たな発見があるというのはマルクス・エンゲルスのだいご味だが、櫛田があれやこれやと理解に苦労している文献を、当方も必要に駆られて今回読みかえした。とくに『哲学の貧困』や「経済学批判序説」などは数十年も前に読んでいたし、その後も時折のぞいたのだが、その意味がやっと見えてきたように思う。櫛田の試行錯誤の思索を追ったおかげで、唯物史観への浅薄な理解からすこしは脱し得た感もある。

今日のマルクス・エンゲルス研究のレベルは、櫛田の時代とくらべれば格段の前進がある。訳出された文献はごくわずかだった。櫛田はドイツ語に堪能だったが、『資本論』も原書で厳密に読解するのは容易でなかったろう。重要な新発見の文献はモスクワで漸く公刊されはじめたころだった。啓蒙的な解説書はカウツキーのものなどわずかしかなかった。

『マルクス・エンゲルス全集』の新版（新ＭＥＧＡ）はソ連・東独崩壊後も刊行がつづき、今では文献は櫛田の時代の倍近くに及んでいるのではなかろうか。だが今、櫛田が生きていたらどうだろう。文献に埋もれて筆を執ることなく一生を終わったかもしれぬ。

誰に教わるでもなく、限られた文献をくりかえし読み、なめるように吟味し、その意味を探り当てて本質に肉迫しようとした櫛田の姿を拙著から想像していただければ幸いである。

最後に、またもや売れそうにもない出版をひきうけていただいた社会評論社の松田健二さんに御礼を申し上げたい。

二〇二〇年一二月　新型コロナ禍中にて

＊櫛田民蔵　年譜

1936年 5月『櫛田民蔵全集』第1巻刊 『櫛田民蔵全集』第4巻、第5巻刊	
	1937年　河上出獄　人民戦線事件
	1938年　人民戦線学者グループ検挙
	1939年　河上「櫛田民蔵君に送れる書簡についての思出」脱稿
	1946年1.30　河上肇没
1947年　大内編『河上肇より櫛田民蔵への書簡』刊 『櫛田民蔵全集』復刻	

1932年 2月『大原雑誌』に「河上博士の地代論」 3月　改造社経済学全集『資本論大系上』にマルクス書簡訳出 5月　大原研究所講演会で「地代論争」 7月『批判』に「『地代論争鳥瞰』を評す」 8月　長谷川と河上宅訪問 河上秀夫人、櫛田宅に河上隠匿を依頼に来る 8.20～9.9　河上をかくまう 10月『大原雑誌』に「河本氏の地代論」	1932年 1月　向坂『労農』に「河上博士の地代論」 3月　橋田三郎『批判』に「地代論争を鳥瞰す」連載（～8月） 5月『日本資本主義発達史講座』刊行開始　コミンテルン「32年テーゼ」 5.15事件 夏　農村恐慌 9月　河上、共産党入党
1933年 6月大原研究所講演会で「最近時における土地所有の移行」 7月『大原研究所雑誌』に「小作料の地代範疇について」 10月　一家で飯能にハイキング	1933年 1月　河上検挙 2月　向坂『地代論研究』刊 3月　大原研究所細川・越智検挙 7月　河上獄中から「引退声明」 8月　山田盛太郎『発達史講座』で櫛田批判
1934年 2月　克巳、早大へ入学 8月『大原雑誌』に「リュビーモフ『地代論』の紹介」 9月　大原研究所講演会で「米穀生産費の分析的考察」 11月1日　書斎にて倒れる 5日　逝去　7日告別式 12月　大原研究所追悼会	1934年 2月　山田盛太郎『日本資本主義分析』刊　野呂栄太郎獄死 8月　ヒトラー総統に 秋、阿部事務所で『山田分析』検討 12月　長谷川『中公』『経済往来』に追悼文、大内『改造』に追悼文、草野心平『社会』に追悼文、権田『改造』に追悼文、森戸『中公』に追悼文
1935年 2月『中公』に遺稿「日本農業における資本主義の発展」 3月『改造』に遺稿「過渡期における現物納地代の意義」『櫛田民蔵全集』第3巻刊 4月『櫛田民蔵全集』第2巻刊	1935年 10月　向坂『改造』に「『日本資本主義分析』における方法論」 11月　大内『改造』に「櫛田氏に対する『事実上の虚偽』の誣告」

＊櫛田民蔵　年譜

1930 年 春〜夏　入院中の高野を世話 5 月『ドイツイデオロギー』河上・森戸と共訳で刊 『批判』に「差額地代と平均利潤」 9 月『大原雑誌』に「金本位制の基礎理論について」 10 月『中央公論』に「マルクス労働価値説の擁護」 11 月　牛込新小川町・山口家に転居 12 月　改造社版『マル・エン全集』に「ドイツ・イデオロギー」森戸と抄訳	1930 年 1 月　塚本三吉、ヒルファディング『反バヴェルク』訳出　高田保馬『経済論叢』に「マルクス価値論の価値論」 2 月　総選挙 新労農党党首・大山当選　河上、新労農党から立候補し落選 春　高野手術、長期入院 4 月　猪俣『改造』に「マルクス主義の前進のために」 6 月　森戸、大原研究所所長代理に 8 月　高田保馬『改造』に「労働価値説は支持し得るらるるや」 秋　河上、新労農党解消を提唱 12 月　向坂逸郎『改造』に「マルクスの地代理論」 高田『中公』に「労働価値説の擁護難」
1931 年 1 月『批判』に「差額地代と価値法則」 2 月『中公』に「マルクス批判者のマルクス地代論」 大原研究所講演会で「我国小作料の特質」 5 月『批判』に「差額地代と平均利潤」 6 月『中公』に「近代的土地所有の弁護について」 『大原雑誌』に「我国小作料の特質」 9 月『中公』に「マルクス批判の必然性」 『批判』に「ブルジョア民主主義革命の一図表としての『差額地代表』」 11 月『中公』に「河上博士に答う―併せて野呂氏へ」 父・兵蔵没	1931 年 4 月　高田『改造』に「マルクス地代論と価値論」 5 月　草野心平焼き鳥屋開業 向坂『中公』に「猪俣津南雄氏の資本蓄積論と地代論」 『改造』に「地代理論の展開のために」 6 月　高田『改造』に「マルクス地代論をめぐりて」 向坂『改造』に「櫛田民蔵論」 9 月　柳条湖事件　満州事変へ 河上『中公』に「地代論にかんする諸氏の論争」 10 月　向坂『中公』に「地代の『戦闘的解消』」、河本勝男『プロレタリア科学』に「マルクス地代論とその歪曲者」 野呂『中公』に「櫛田氏地代論の反動性」 11 月河上『改造』に「地代論にかんする共同戦線党の暴露」

1928年	1928年
2月労農党細迫書記長から選挙資金協力依頼	2月第1回男子普選　大山郁夫当選 岩波茂雄、高野に『マル・エン全集』協力依頼
	3月　大原研究所、連盟版『マル・エン全集』編纂監修へ 土方成美「地代論より見たるマルクス価値論の崩壊」
	3月15日　共産党関係一斉検挙 大原研究所に捜査入る
4月　京都に河上を訪ねる	4月　岩波、聯盟版『マル・エン全集』で大原研究所に再要請 河上京大辞職、大森東大辞職、向坂ら九大辞職
6月　聯盟版『マル・エン全集』編集主任に	6月　大原研究所、聯盟版『マル・エン全集』責任引き受けへ
＊大原研究所東京支所の諸事務作業、大原研究所存続問題、『マル・エン』全集などで奔走し、論文執筆殆どなし	改造社版『マル・エン全集』第1回配本 7月　岩波、聯盟脱退
9～10月　聯盟版『マル・エン全集』後始末に奔走	9月　聯盟版『マル・エン全集』断念
10月　労農党系新党準備会傍聴 秋　カウツキー『貨幣論』を研究	10月　大原孫三郎から大原研究所への援助打ち切り提案 小泉『改造』に「河上博士とマルクス論争」
12月『鼎軒田口卯吉全集』第4巻解説に「田口鼎軒博士の経済時評」	12月　高野、日本大衆党党首要請されるが胆石で病臥
1929年	1929年
	1月　大原研究所継続を確認
4月『我等』に「河上博士『資本論入門』」 『中央公論』に「資本の現段階における金の意義」 大原研究所東京支所の同人社捜索	4月　共産党関係一斉検挙 6月　高野病気再発し長期入院へ
9月『大原雑誌』に「通貨原理にかんするマルクスの書簡」訳出	
10月　浅野晃妻の弔慰金呼びかけ	10月　NY株暴落、世界恐慌へ
	11月　河上、新労農党結党大会参加
	12月　二木保幾『中央公論』に「マルクス価値論における平均観察と限界原理との矛盾」 金輸出解禁

＊櫛田民蔵　年譜

1926 年 2 月『我等』に「組合法問題における資本家の『危険思想』」「マルクス・エンゲルス全集インタナショナル版の刊行」 3 月『大原雑誌』に「労働組合法問題をめぐる二つの経済思想」 4 月『改造』に「カール・マルクスを克服するもの」 5 月『我等』に「ドイツ・イデオロギー」抄訳 6 月 同「ドイツ・イデオロギー」抄訳続 次男・民弥生まれる 7 月『大衆』社講演会で英国炭坑争議 カウツキー『マルクス・エンゲルス評伝』（大内と共訳）我等叢書で刊 8 月『我等』に「イギリス労働争議所感」 9 月 ショウペンハウアー『宗教問答』（権田と共訳）刊 10 月『社会科学』に「福本氏著『経済学批判の方法論』に就いての一感想」 『我等』に「学生事件と『社会科学』」	1926 年 1 月 京都学連問題で河上宅捜索 3 月 労働農民党結党 4 月 福本『経済学批判の方法論』 5 月 小泉『改造』に「櫛田氏に答う」 7 月 河上『社会問題研究』に「『資本論』劈頭の文句とマルクスの価値法則」 12 月 日本共産党再建 無産政党分裂 労農党、社民党、日労党などへ
1927 年 1 月『我等』に「ロシア共産主義『過渡期』の特質にかんする論争」 2 月『我等』に「価値法則にかんする小泉教授の『答弁』」 3 月『大原雑誌』に「マルクス価値法則と平均利潤－河上教授の批判に答う」 『我等』に「『教授』と無産党の『委員』と『委員長』」 4 月 次男・民弥没 6 月『社会問題講座』に「商品価値の批判序説」 盲腸で入院 夏 田口卯吉全集編纂で河上を手伝う 8 月 河上から『資本論』共訳の依頼来るが固辞 9 月『我等』に「マルクス価値論の排撃」「種々なる『政治学校』の成長」	1927 年 1 月 野呂栄太郎『日本資本主義発達史』刊 5 月 土方成美『社会科学研究』で「労働価値説批判」 7 月 コミンテルン「27 年テーゼ」 福本、モスクワで批判される 小泉『我等』で櫛田との「論叢打ち切り」を宣言 8 月 土方『マルクス価値論の排撃』刊 秋 改造社『マル・エン全集』企画 10 月 河上『資本論』岩波文庫第 1 冊 12 月『労農』創刊 山川「政治的統一戦線へ」

1923年 1月『我等』に「無産者の道徳と人間の道徳」 2月『我等』に「産児制限批評」 3月『我等』に「『哲学の貧困』の一節」訳出 4月『大原パンフレット』に「マルクス自由貿易問題」訳出 5月『我等』に「対角線に見たる水平社問題」 8月『大原雑誌』創刊号に「唯物史観の公式における『生産』および『生産方法』」	1923年 3月 双葉大三『我等』に小泉批判 6月 第1次共産党検挙 8月『大原社会問題研究所雑誌』創刊 河上『資本主義経済学の史的発展』 9月 関東大震災
1924年 1月『我等』に「無産階級と世界恐慌」連載(～5月号) 4月『大原雑誌』に「ケネーの経済表と唯物史観の交渉」 6月 河上に書簡と面談で『資本主義経済学の史的発展』を批評す 7月『我等』に「普選と総同盟の右傾化と政治研究会」、『改造』に「社会主義は闇に面するか光りに面するか」	1924年 3月 第1次共産党解党 6月 河上、和歌の浦にて「旅の塵…」を詠む 政治研究会発足し無産政党準備へ 12月 福本和夫『マルクス主義』に寄稿開始(福田・河上批判)
1925年 1月『大原雑誌』に「河上博士の『価値人類犠牲説』に対する若干の疑問」 2月『我等』に「マルクスの価値論中誤解しやすき一句について」 4月『大原雑誌』に『剰余価値学説史』訳出開始(森戸・大内・久留間と共訳)、同「日本現時の労働人口と問題の無産政党」 5月 河上から京大社研に勧誘はじまる 6月『改造』に「学説の矛盾と事実の矛盾－小泉信三氏のマルクス評」 『我等』に「資本論劈頭の文句とマルクスの価値法則」 9月 同人社内の大原研究所東京支所員に 淀橋区大久保柏木に転居 10月『我等』に「ローザルクセンブルクの思い出」、同「学生事件と『社会科学』」	1925年 1月 福本『マルクス主義』に「唯物史観序説」 2月 河上『社会問題研究』で櫛田説受け入れを表明 3月 福本『マルクス主義』に河上批判 猪俣津南雄『金融資本論』訳出 河上、京大社研に講師として参加 4月 治安維持法公布 5月 男子普通選挙法公布 6月 河上『社会問題研究』に櫛田批判 7月 河上、櫛田に『社会問題研究』共同著作化をもちかける 11月 小泉信三『改造』に「四度労働費用と平均利潤との問題を論ず」 12月 農民労働党結党(即禁止)

義評」として訳出 2月　長女・緑生まれる 『我等』に「森戸助教授筆禍事件」 3月　東大講師辞任 5月　『著作評論』に「河上肇著改訂社会問題管見」 7月　『著作評論』に「唯物史観と階級闘争説および正統派経済学との関係－河上肇著『近世経済思想史論』批評」、『我等』にカウツキー「マルクス派社会主義の思想的背景」訳出 8月　大原研究所研究員に 秋　大原研究所に「共産党宣言の研究」を提出（未公表） 10月　『我等』に「マルクス学における唯物史観の地位」 大原研究所留学生として久留間鮫造同行でドイツへ	第1次普通選挙権運動開始 2月　堺『改造』に「唯物史観と社会主義」 3月　高野、大原研究所所長に就任 河上『近世経済思想史論』 5月　大阪に大原社会問題研究所落成 6月　高畠素之『資本論』訳出開始 10月　森戸事件判決　森戸辰男禁固3カ月、大内兵衛禁錮1カ月（執行猶予）
1921年 1月　ベルリン着 5月　長男克巳生まれる 7月　ドイツ社民党アルヒーフで『哲学の貧困』マルクス手拓本入手 12月　リヤザノフの招待で森戸とモスクワへ	1921年 2月　森戸、出獄し大原研究所へ 3月　ロシア新経済政策（ネップ）へ 4月　大内、森戸ベルリン着 10月　山川、ブディン『マルクス学説大系』、ウンターマン『マルクス経済学』訳出
1922年 春　ベルリン発、米国経由で帰路へ 6月　『我等』に「ベルリン大ストライキ」連載（～9月） 8月　アメリカ経由で帰国 兵庫県武庫郡西宮に転居 11月　大原研究所の人員整理に尽力 12月　『我等』に「社会主義における二種の政党論」	1922年 2月　小泉信三『改造』に「労働価値説と平均利潤率の問題」 5月　山川、『社会主義研究』に「反マルクス主義者の古証文」 7月　小泉『改造』に「再び労働価値説と平均利潤の問題を論ず」 第1次日本共産党結党 8月　山川「無産階級運動の方向転換」 9月　山川『社会主義研究』に「亜流趣味者の見たマルクス説」 アナ・ボル対立で総連合分解 10月　高畠素之『解放』に小泉批判 11月　河上『社会問題研究』に小泉批判

1918年 2月「大阪朝日」に「ドイツの大罷業」 3月「大阪朝日」に「優良職工の表彰」 4月「大阪朝日」退社　京都市上京区に転居 同志社大経済学部講師に 『共産党宣言』を河上と訳出試みる 7月『経済論叢』に「軍事経済動員法について」 8月『経済論叢』に「救済調査会について」 9月　同志社大教授に就任 10月『国家学会雑誌』に「米騒動の社会観」 12月　個人雑誌発行を河上に勧め段取りする	1918年 1月　ドイツ革命 7月～9月　米騒動 10月　鳥居素川、長谷川如是閑、大山郁夫「大阪朝日」退社 秋　大原孫三郎、河上に大原研究所設立への協力要請 11月　第1次大戦終了 12月　新人会結成
1919年 1月『国家学会雑誌』に「スミスの賃金論」 同志社大『政治経済学論叢』に「スミスの賃金論と社会問題」 2月　同志社大法学部長に「半年」条件に就任 3月　同志社大辞任　東京のフキ実家へ転居 4月　高野から大原研究所嘱託を依頼される 5月『我等』に「資本家経済における矛盾と調和」 7月『国家学会雑誌』に「ゼ・エス・ミルの社会思想」 東中野に転居 『我等』同人に参加 9月　東大経済学部講師　テキストはメンガー使用（有沢、大森ら受講）、専大講師テキストはカウツキー『エルフルト綱領解説』 『我等』に「新聞紙の自殺」 10月『我等』に「堺・河上二氏の論点」 『改造』に『共産党宣言』3章匿名で訳出 社会政策学会高野理事長のもとで学界事務局 『我等』にカウツキー「マルクスの歴史的貢献」訳載開始（～20年7月号） 11月　新人会創立1周年集会に招待される 12月　新人会学術講演会で「資本家社会における矛盾の発展」	1919年 1月　河上『社会問題研究』創刊 2月　大原社会問題研究所開設 『我等』創刊（主筆長谷川如是閑） 3月　堺『新社会』に「河上肇君を評す」 4月　山川『社会主義研究』創刊 同誌にウンターマン「マルクス経済学」訳載（～20年12月）、エヴェリング『資本論大綱』訳出 東大法学部から経済学部独立 9月　高野、ILO労働委員受諾で紛糾、受諾を撤回する 10月　高野、東大に辞表提出 12月　高野、大原研究所所長就任を請われる 社会政策学会大会で左右論争
1920年 1月　東大経済研究会『経済学研究』1号に『共産党宣言』第3章を「社会主義者の社会主	1920年 1月『経済学研究』で森戸事件 森戸、大内起訴される

『国家学会雑誌』に「ドイツにおける 2 大経済学者の訃」	
1915 年 1 月『国家学会雑誌』にバヴェルク訳出 3 月　同人会発足に参画 4 月　東大大学院満期　助手辞任 5 月　友愛会本部支所にて講演 6 月『国家学会雑誌』編集事務局に 8 月『国家学会雑誌』に「福田博士著『改訂経済学研究』」 9 月『国家学会雑誌』に「本邦大都会における細民生活の現状」 12 月『法学協会雑誌』に「戦争と経済組織」	1915 年 1 月　堺、カウツキー『倫理と唯物史観』訳載開始 3 月　同人会発足　高野・森戸・大内 4 月　河上留学から帰国　京大教授に 9 月　堺、『新社会』創刊　ゴルテル「唯物史観解説」訳載開始
1916 年 1 月『国家学会雑誌』に「福田博士著『改訂経済学講義』」 春　河上から縁談勧められる 5 月『国家学会雑誌』に「河上博士の『奢侈と貧困』を読みて」 6 月『国家学会雑誌』に「河上博士の示教について」 7 月　カーネギー財団委嘱研究論文「軍事税および戦時経済論」完成 高野の姪に恋慕　翌春までこじれる 9 月『国家学会雑誌』に「戦争と経済国家主義」連載（～ 12 月）	1916 年 1 月　吉野作造、民本主義提唱 3 月　ドイツ社民党戦時公債賛成 6 月　河上『国家学会雑誌』に「櫛田法学士に答う」 6 ～ 7 月　河上「大阪朝日」に櫛田への奨学金支給と採用を打診 9 月　工場法制定 9 ～ 12　河上「大阪朝日」に『貧乏物語』連載
1917 年 『国家学会雑誌』にドイツの労働組合、政党、第 1 次大戦関係の論評多数寄稿 4 月「大阪朝日」入社　論説記者 河上宛福田書簡（高野姪の件）に激怒 5 月『国家学会雑誌』に「河上教授著『貧乏物語』を読む」 10 月　山口小太郎長女・フキと婚約 11 月「大阪朝日」に「現内閣と労働問題調査」 12 月　フキと結婚　兵庫県武庫郡鳴尾に新居 「大阪朝日」に「過激派政府とマルクシズム」	1917 年 1 月　山口小太郎急逝 3 月　山川、民本主義批判開始 10 月　ロシア社会主義革命

4月　帰省し父母に京大志望を相談 6月　京都へ転居 7月　京大法科政治学科試験合格 9月　山口小太郎友人・藤代教授宅に下宿 ?　河上肇に翻訳仕事斡旋を依頼	河上、京都帝大講師に 権田保之助、東京帝大入学
1909年 6月　東大転入を決意し上京　東大転入は断念 8月　帰省してから京都へ 9月『日本経済新誌』時報欄への寄稿開始	1909年
1910年 7月　学資の金策に上京 12月～　権田妹、永井家令嬢との婚約問題こじれる	1910年 ヒルファディング『金融資本論』 5月　大逆事件検挙開始 12月　堺「売文社」開設
1911年　一時、婚約問題で権田と絶交 11月『京都法学会雑誌』にバヴェルク訳出 12月　河上から京大に残ること勧められる	1911年　大逆事件で12名処刑
1912年 春　河上の勧誘ことわり、興業銀行か『大阪朝日』か高等弁務官かで迷う 3月　東京行きを決意 6月　7月の卒業式を待たず上京 7月　福田徳三を訪ね仕事依頼、高野を紹介され翌日高野訪問 10月　東大大学院入学　高野研究室の無給手伝い　専修大、中大など講師 11月　河上の仲介で『平民新聞』など文献を京大に寄贈　専修大で初めて演説「現代労働者階級の心理」　高野演習でゾンバルト勉強	1912年 堺利彦『国民雑誌』に「唯物的歴史観」 8月　友愛会発足
1913年 4月　東大経済統計室の助手発令　森戸辰男、大内兵衛らと親しくなる 7～8月　京都に遊ぶ、河上と歓談	1913年 10月　河上、欧州留学へ
1914年 2月　岩本貴美子と結婚しすぐ離婚 『国家学会雑誌』に「バヴェルクの価値論」 7月　カーネギー財団の委嘱調査開始	1914年 7月　第1次大戦勃発

櫛田民蔵 年譜

凡例：著書・論文は本文で引用・言及したものにかぎった
『』は単行本名ないし雑誌名。「」は論文名
『マルクス・エンゲルス全集』は『マル・エン全集』と略記した
『中央公論』は『中公』、『文芸春秋』は『文春』、『大原社会問題研究所雑誌』は『大原雑誌』と略記した

櫛田民蔵の動向・著作など	社会主義運動・政治経済情勢など
1885年11.6 福島県岩城郡上小川に生まれる 1898年 尋常小学校卒 4月 磐常中学入学 仙台の東北学院入学 東北学院中退し水戸の渡辺隆善師のもとに 1901年 上京し錦城中学に転入 牛乳配達や人力車車夫などで学資得る 1904年 平民社に出入はじめる 1905年 錦城中学卒 東京外語学校入学 山口小太郎に師事 実母キサ没	1871年 高野岩三郎生まれる 1879年 河上肇生まれる 1888年 大内兵衛生まれる 1896年バヴェルク『マルクス体系の終焉』 1902年 メーリング『マルクス・エンゲルス遺稿集』 1903年「週刊平民新聞」創刊 1904年「週刊平民新聞」に『共産党宣言』訳載 ヒルファディング『反バヴェルク』
1906年 高野岩三郎経済学講義聴講 権田保之助と知り合う 幸徳秋水の演説きく	1906年 日本社会党結成 河上、セリグマン『新史観』訳出 カウツキー『倫理と唯物史観』
1907年 1月 平民社で幸徳・堺・西川・石川と会う 2月 社会党2回大会傍聴 4月 足尾鉱毒裁判傍聴 10月 幸徳秋水帰郷送別会参加 権田とシヨウペンハウアー翻訳	1907年 カウツキー、マルクスの「序論」を付して『経済学批判』再刊 2月 社会党2回大会、議会政策論争 8月 山川「大阪平民新聞」に『資本論』第1巻抄訳連載 12月 社会政策学会第1回大会
1908年 2～3月『新仏教』にシヨウペンハウアー訳出 3月 東京外語卒業	1908年 カウツキー『マルクス伝』 プレハノフ『マルクス主義の根本問題』

▼主な未公刊資料　いわき市草野心平文学記念館所蔵

1. **権田保之助宛書簡控え**　約半数は『櫛田民蔵日記と書簡』に収録。
   形態　横書きノート　京都帝大在学中　1911年10月29日～12月24日
2. **備忘録**
   形態　大判　櫛田銘入り弘文堂より献呈された特製ノート／1926年～1928年の研究ノート
   「カールマルクスを克服する者」(『改造』1926年4月号) の準備草稿。平均利潤率についての研究ノート (1926年10月)。エンゲルス『資本論』第3巻補遺、『資本論』『剰余価値学説史』のメモ等、経済学の方法論の探求の一端を示す。1928年2月　第1回普選の感想と「東京朝日」など各紙の報道メモ。カウツキー『貨幣論』の研究メモ等
3. **書簡**
   櫛田政松宛、桑田熊蔵宛、河上肇宛、松崎政之助宛　ほか多数
   来信／福田徳三、大山郁夫、森戸辰男、大内兵衛、宇野弘蔵、嘉治隆一、佐野学、他多数
   民蔵没後の櫛田フキ宛書簡／細迫兼光、淡徳三郎、山川均、向坂逸郎、大森義太郎、大塚金之助、ほか多数
4. **東京帝大大学院の学業報告**　1917年10月12日付
   1916年9月、大学院入学時の高野による面接内容、研究題目、テキストなどを筆記したもの。

このほか写真、櫛田葬儀の芳名帳など多数あり。

法政大学大原社会問題研究所に河上からの来信などあり（同研究所HP）。
東北大学図書館に『哲学の貧困』マルクス手拓本など櫛田蔵書（同図書館HP）。

＊主要な参考文献

長谷川如是閑「櫛田民蔵君の殉職」『経済往来』1934 年 12 月号
北久一「櫛田民蔵先生を憶ふ」『社会』1934 年 12 月号
向坂逸郎「論争余話—櫛田さんの思い出」『評論』1947 年 9 月号
向坂逸郎「櫛田民蔵」『戦士の碑』所収 1970 年　労働大学
嘉治隆一「斜めに見た櫛田さん」『歴史を創る人々』1948 年 6 月
櫛田克己「櫛田民蔵素描」『社会主義』1980 年 6 月号
大塚一二「永井元蔵と櫛田民蔵」『いわき地方史研究』10 号 1972 年
『望峰』櫛田民蔵先生記念講演集　法政大学岩城法友会　1957 年 6 月
　森戸辰男、櫛田フキ、大内兵衛、佐多忠隆
　座談会 / 櫛田政松・松崎政之助
宇野弘蔵『資本論五十年』上　1970 年　法政大学出版局
鈴木鴻一郎『一途の人　東大の経済学者』1978 年　新評論
大村哲也編修『生誕百年を迎えて　櫛田民蔵評伝』1985 年　いわき市社会問題研究会

『河上肇全集』第 24 巻　1983 年　岩波書店　櫛田宛の全書簡を収録
『河上肇　自叙伝』　岩波書店
『高野岩三郎伝』大島清　1968 年　岩波書店
『大原社会問題研究所 50 年史』1970 年　法政大学大原社会問題研究所
『研究資料月報』1983 年 7 月　法政大学社会労働問題研究センター・大原社会問題研究所共同編集　宇佐見誠次郎「櫛田民蔵蔵書に関連して」
『資料室報』1978 年 1 月　法政大学大原社会問題研究所
　櫛田民蔵顕彰碑建立特集　大島清、大内兵衛、櫛田克己ほか
『雷魚のかば焼　佐多忠隆の歩んだ道』
　1981 年　佐多忠隆記念集企画編集委員会
向坂逸郎『地代論研究』復刻　1977 年　社会主義協会
小島恒久「地代論争」『社会主義講座』第 7 巻所収　1956 年河出書房
鈴木鴻一郎「虚偽な社会的価値について」　1948 年『唯物史観』3 号　河出書房
鈴木鴻一郎『価値論論争』1959 年　青木書店
川口武彦『価値論争史論』1964 年　法律文化社
鎌倉孝夫「価値論争の批判的一考察」　1967 年『唯物史観』4 号　河出書房
桜井毅「櫛田民蔵」　1968 年　『日本のマルクス経済学』下　青木書店

『櫛田民蔵　日記と書簡』

社会主義協会　1984年　監修／大内兵衛、向坂逸郎　編纂／櫛田克己

向坂逸郎「序文」　櫛田克己「解題」

日記／1904年~1916年

収録書簡宛先／櫛田兵蔵・政松・三郎、草野四郎平、権田保之助、松崎政之助、河上肇、森戸辰男、小島祐馬、本庄栄治郎、櫛田フキ、久留間鮫造、林要

大島清「櫛田民蔵の青春時代」（大内兵衛・大島清編『河上肇より櫛田民蔵への手紙』1974年所収　法政大学出版局）

年譜（櫛田克己編）

『「共産党宣言」の研究』櫛田民蔵著・大内兵衛監修

1970年　青木書店

『社会主義は闇に面するか光に面するか　他』櫛田民蔵著

1951年　朝日新聞社

座談会「河上肇と櫛田民蔵」、大内兵衛「櫛田民蔵の生涯と学績」

『社会主義は闇に面するか光に面するか』（新版）

1980年　朝日新聞社

大島清「新版への解説―櫛田民蔵の理論的業績について」

『たくさんの足音』櫛田ふき

1978年　草土文化社

『河上肇より櫛田民蔵への手紙』

大内兵衛編　1947年　鎌倉文庫

『河上肇より櫛田民蔵への手紙』（新版）

大内兵衛・大島清編 1974年　法政大学出版局

『河上肇』大内兵衛　1966年　筑摩書房

『私の履歴書』大内兵衛　1951年　黄土社

『旧師旧友』大内兵衛　1948年　岩波書店

追悼文・回想文（『櫛田民蔵全集』新版に収録されたものを除く）

権田保之助「櫛田君の思い出」『改造』1934年12月号

草野心平「櫛田民蔵氏の思い出」『社会』1934年12月号

森戸辰男「櫛田君の学問的風格」『中央公論』1934年12月号

大内兵衛「櫛田君の死」『改造』1934年12月号

主要な参考文献

『櫛田民蔵全集』

初版　改造社 1935 ～ 1936 年　責任編集高野岩三郎、長谷川如是閑、権田保之助、森戸辰男、大内兵衛

復刻版　改造社　1947 年　責任編集者名は初版に同じ。櫛田民蔵全集刊行会代表者・大内兵衛。全文復刻

新版　大内兵衛・向坂逸郎監修

社会主義協会　1978 ～ 1981 年

旧 2 版との異同

1．各巻編集者序説は、新版ではすべて大内兵衛名になっているが、佐多忠隆筆もあると思われる

2．新版各巻に新たに収められたもの

第 1 巻『唯物史観』

「『共産党宣言』の研究」、「新しきドイツより」

向坂逸郎「新版への序」　大内兵衛「櫛田民蔵論」（『朝日ジャーナル』1963 年 1 月 6 日号）　荒牧正憲「解説」

第 2 巻『価値及び貨幣』

向坂逸郎「櫛田民蔵という人」（『中央公論』1931 年 6 月号）

川口武彦「解説」

第 3 巻『農業問題』

大島清「櫛田民蔵の人と学問」（NHK 放送原稿　1978.12.3）

小島恒久「解説」

第 4 巻『社会問題』

短編 16 本

座談会「河上肇と櫛田民蔵 / 長谷川如是閑、小島祐馬、大内兵衛」（『朝日評論』1945 年 9 月号）

長坂聡「解説」

第 5 巻『軍事税および戦時経済』

長谷川如是閑「櫛田民蔵君と新聞記者」（『中央公論』1934 年 12 月号）

同「櫛田民蔵君の殉職」（『経済往来』1934 年 12 月号）

鎌倉孝夫「解説」　向坂逸郎「新版監修者後記」

＊人名索引

＊人名索引

人名索引

◎著者紹介

石河　康国（いしこ やすくに）

1945年生まれ
社会主義協会、新社会党などにたずさわる

▼主な著書、共著書、編著書

共著『日本労働者運動史①　日本マルクス主義運動の出発』（1975 河出書房新社）
『政治的統一戦線へ！　山川均論文集』（編著　1975 社会主義青年同盟）
『三池と向坂教室　向坂逸郎・灰原茂雄往復書簡をめぐりて』（灰原茂雄述　往復書簡集と解題　1989 社会主義協会）
共著『戦後日本政治史』（塚本健編　1992 社会主義協会）
共著『現代に生きるマルクス主義』（塚本健編　1994 社会主義協会）
共著『山川均・向坂逸郎外伝』（上巻 2002　下巻 2004 社会主義協会）
「灰原茂雄さんの足跡」（『労働者には希望がある』所収　2005 早田昌二郎著　非売）
『労農派マルクス主義　理論・ひと・歴史』（上巻下巻　2008 社会評論社）
『あのとき　このひと　社会主義二代』（塚本健述　2011 非売）
『マルクスを日本で育てた人　評伝・山川均』（Ⅰ 2014　Ⅱ 2015 社会評論社）
共著『堺利彦　初期社会主義の思想圏』（2016 論創社）
『向坂逸郎評伝』（上巻下巻　2018 社会評論社）

櫛田民蔵
マルクス探究の生涯

2021年3月25日　初版第1刷発行

著　者———石河康国
装　幀———右澤康之
発行人———松田健二
発行所———株式会社 社会評論社
東京都文京区本郷 2-3-10
電話：03-3814-3861　Fax：03-3818-2808
http://www.shahyo.com
組　版——— Luna エディット .LLC
印刷・製本—倉敷印刷株式会社